공무원·경찰·소방직 수험서

2020년 합격을 위한

한국사 필수 기출문제 415제

김유돈 편저

유캠퍼스 김기남공학원

[0] 목차

[1] 역사학습 · 선사시대 ································· 3

[2] 군장국가 · 연맹왕국 ···························· 9

[3] 고대국가 ·· 19

[4] 남북국시대 ··· 37

[5] 중세 고려시대 ···································· 53

[6] 근세 조선시대 ···································· 85

[7] 근대사 ·· 133

[8] 현대사 ·· 185

[1] 역사학습 · 선사시대

01 한국사의 올바른 이해에 대한 설명으로 적절하지 않은 것은?

14. 사회복지직

① 조선이 일본의 식민지로 전락하였던 것은 분권적인 봉건제도가 없었기 때문이다.
② 한국사는 한국인의 주체적인 역사이며 사회구성원들의 총체적인 삶의 역사이다.
③ 한국사의 보편성과 특수성의 문제는 세계사 안에서 한국사를 올바르게 보는 관점을 제공한다.
④ 다양한 기준에 의거해 시대구분을 하더라도 한국사의 발전 양상에 주목할 필요가 있다.

<정답 및 해설> ①
중세 봉건제를 부정하는 이론을 중세부재론이라 하고 이는 식민사학의 관점이다. 이로써 한국사의 정체성(停滯性)을 강조한다.

02 다음 글을 근거로 할 때, 사료를 탐구하는 자세로 옳지 않은 것은?

16. 국가직

> 역사라는 말은 사람에 따라 다양한 뜻으로 사용되고 있지만, 일반적으로 '과거에 있었던 사실'과 '조사되어 기록된 과거'라는 두 가지 뜻을 지니고 있다. 즉, 역사는 '사실로서의 역사'와 '기록으로서의 역사'라는 두 측면이 있다. 전자가 객관적 의미의 역사라면, 후자는 주관적 의미의 역사라 할 수 있다. 우리가 역사를 배운다고 할 때, 이것은 역사가들이 선정하여 연구한 '기록으로서의 역사'를 배우는 것이다.

① 사료는 '과거에 있었던 사실'이므로 그대로 '사실로서의 역사'라고 판단한다.
② 사료를 이해하기 위해 그 사료가 기록된 당시의 전반적인 시대상황을 살펴본다.
③ 사료 또한 사람에 의해 '기록된 과거'이므로, 기록한 역사가의 가치관을 분석한다.
④ 동일한 사건 또는 같은 시대를 다루고 있는 여러 다른 사료와 비교·검토해 본다.

<정답 및 해설> ①
① 사료는 역사가의 주관적 기록 내용이므로 사실이 아니라 기록이 된다. 즉 주관적 역사(기록으로서의 역사)라고 한다.

03 구석기시대 사람들의 생활상에 대한 설명으로 가장 옳은 것은?

18. 서울시

① 대체로 동굴이나 바위그늘에서 생활하였으며 불을 사용할 줄 알았다.
② 단양 수양개, 연천 전곡리, 공주 석장리 등 강가에 살던 사람들은 주로 고기잡이와 밭농사를 하며 생활하였다.
③ 이 시기의 대표적인 무덤 형식은 고인돌과 돌널무덤이다.
④ 주먹도끼, 가로날도끼, 민무늬토기 등의 도구를 사용했다.

<정답 및 해설> ①
① 구석기인들은 동굴이나 바위그늘의 막집생활, 불과 언어를 사용하고 이동생활과 채집경제에 의존하였다.
② 공주석장리 유적 및 농경생활은 신석기시대, ③ 청동기시대의 무덤양식, ④ 민무늬토기는 청동기시대의 유물이다. 주먹도끼와 가로날도끼는 연천 전곡리에서 출토된 구석기시대 전기의 유물이다.

04 **<보기>의 밑줄 친 ㈎에 들어갈 토기의 이름으로 가장 옳은 것은?**

19. 보훈청

<보기>
기원전 4천 년경부터 새로운 토기가 출현하였는데, ㈎가 그것이다. 밑이 뾰족하거나 둥글어 땅에다 박아 놓고 사용한 것으로 보인다. 이 토기는 전국 각지에서 출토되고 있는데, 대표적인 유적지로는 서울의 암사동 선사 유적지를 들 수 있다.

① 빗살무늬 토기   ② 덧무늬 토기
③ 송국리식 토기   ④ 미송리식 토기

<정답 및 해설> ①
「밑이 뾰족하거나 둥글어 땅에다 박아 놓고 사용」, 「서울의 암사동 선사 유적지」 등에서 후기 빗살무늬토기가 된다. 자료의 기원전 4천년 경은 신석기 후기에 해당한다.
② 신석기 전기에 사용된 토기, ③·④ 청동기시대에 사용되었다.

05 **밑줄 친 '이 토기'가 주로 사용되었던 시대에 대한 설명으로 옳은 것은?**

16. 지방직

이 토기는 팽이처럼 밑이 뾰족하거나 둥글고, 표면에 빗살처럼 생긴 무늬가 새겨져 있다. 곡식을 담는 데 많이 이용된 이 토기는 전국 각지에서 출토되고 있는데, 대표적 유적지는 서울 암사동, 봉산 지탑리 등이다.

① 농경과 정착생활이 이루어졌다.
② 고인돌이나 돌널무덤을 만들었다.
③ 빈부의 격차가 나타나고 계급이 발생하였다.
④ 군장이 부족의 풍요와 안녕을 기원하는 제사를 지냈다.

<정답 및 해설> ①
제시된 자료는 신석기시대를 대표하는 빗살무늬토기에 관한 내용이다. ①항이 옳다.
② 고인돌은 청동기시대의 거석문화로 군장의 출현과 관련, ③ 생산력이 발달한 청동기의 모습으로 지배와 피지배 관계를 입증, ④ 군장은 곧 족장으로 청동기시대의 지배자였다. 그는 제사와 정치를 모두 관장하였다.

06 **한반도 선사시대에 대한 설명으로 옳지 않은 것은?**

17. 지방직

① 구석기시대 전기에는 주먹도끼와 슴베찌르개 등이 사용되었다.
② 신석기시대 집터는 대부분 움집으로 바닥은 원형이나 모서리가 둥근 사각형이다.
③ 신석기시대 사람들은 조개류를 많이 먹었으며, 때로는 장식으로 이용하기도 하였다.
④ 청동기시대의 전형적인 유물로는 비파형동검, 붉은간토기, 반달돌칼, 홈자귀 등이 있다.

<정답 및 해설> ①
슴베찌르개는 구석기 후기에 등장한 대표적인 석기로 창의 기능을 하였다.

07 다음의 유적지에 대한 설명으로 가장 옳은 것은?

17. 서울시

① 사천 늑도 유적에서 반량이라는 글자가 새겨진 청동화폐가 출토되었다.
② 부산 동삼동 패총에서는 주춧돌을 사용한 지상가옥이 발견되었다.
③ 단양 수양개에서 발견된 아이의 뼈를 흥수아이라 부른다.
④ 울주 반구대에는 사각형 또는 방패 모양의 그림이 주로 새겨져 있다.

<정답 및 해설> ①
① 반량전은 초기 철기시대에 사용된 청동화폐. ② 동삼동 패총은 신석기 유적이므로 움집. ③ 청원두루봉 동굴 유적에서 발굴된 구석기시대의 인류화석. ④ 거북이 넙죽 엎드린 형상이므로 반구대(盤龜臺)라 한다.

08 <보기>의 유적들이 등장한 시대의 사회상에 대한 설명으로 가장 옳은 것은?

18. 서울시

<보기>	• 서울 암사동 유적	• 제주 고산리 유적
	• 양양 오산리 유적	• 부산 동삼동 유적

① 움집을 청산하고 지상가옥에서 거주하기 시작하였다.
② 벼농사를 위하여 각종 수리시설이 축조되었다.
③ 조개무지(패총)를 많이 남겼다.
④ 마을을 보호하기 위한 방어시설이 발전하였다.

<정답 및 해설> ③
제시된 내용은 신석기시대의 유적지에 해당한다.
③ 부산동삼동 패총으로 대표. ① 지상가옥은 철기시대. ② 수리시설은 철기 삼한시대. ④ 청동기시대 이후 환호시설에 관한 내용이다.

09 다음은 각 유물과 그것이 사용되던 시기의 사회 모습에 대한 설명이다. 옳은 것만을 모두 고르면?

18. 지방직

ㄱ. 슴베찌르개 - 벼농사를 짓기 시작하였고 나무로 만든 농기구를 사용하였다.
ㄴ. 붉은간토기 - 거친무늬거울을 사용하여 제사를 지내거나 의식을 거행하였다.
ㄷ. 반달돌칼 - 농사를 짓기 시작했지만 아직 지배와 피지배 관계는 발생하지 않았다.
ㄹ. 눌러찍기무늬토기 - 가락바퀴와 뼈바늘을 이용하여 옷이나 그물을 만들어 사용하였다.

① ㄱ, ㄴ
② ㄱ, ㄷ
③ ㄴ, ㄹ
④ ㄷ, ㄹ

<정답 및 해설> ③
ㄴ) 청동기시대. ㄹ) 신석기시대. ㄱ) 구석기시대, 벼농사는 청동기의 내용. ㄷ) 청동기시대의 유물로 당시는 지배와 피지배의 계급이 출현하여 국가가 등장하고 노비가 출현하였다.

10 밑줄 친 '이 시기'에 해당하는 사실로 옳은 것은?

17. 국가직

> 이 시기에는 반달돌칼 등 다양한 간석기가 사용되었고 민무늬토기를 비롯한 토기의 종류
> 도 다양해졌으며, 고인돌과 돌널무덤이 만들어졌다.

① 농경과 목축이 시작되었다.
② 주로 동굴이나 강가의 막집에 거주하였다.
③ 용호동 유적에서 불 땐 자리가 확인되었다.
④ 목을 길게 단 미송리식토기가 사용되었다.

<정답 및 해설> ④
제시된 내용에서 「반달돌칼」, 「민무늬토기」, 「고인돌과 돌널무덤」 등에서 청동기시대임을 알 수 있다. ④
미송리식토기, 비파형동검, 고인돌 등은 고조선의 세력범위를 알려주는 대표적인 청동기시대의 유물·유적이다.
① 농경의 시작은 신석기시대, ② 이동생활을 하는 구석기시대의 주거지, ③ 부산 용호동 유적은 신석기시대의
유적지이다.

11 청동기시대에 대한 설명으로 옳은 것은?

19. 국회직

① 우경이 보급되면서 농업 생산력이 급증하였다.
② 지배층의 무덤으로 돌무지덧널무덤이 축조되었다.
③ 저장 및 조리도구로 빗살무늬토기가 널리 사용되었다.
④ 마을 주위에 목책이나 환호 등의 방어시설이 조성되었다.
⑤ 찍개와 주먹도끼 등이 사냥과 채집에 주로 활용되었다.

<정답 및 해설> ④
① 우경(牛耕)의 보급은 신라 지증왕(502), ② 신라의 천마총으로 대표됨, ③ 신석기시대, ⑤ 구석기시대 전기의
모습이다.

12 청동기시대의 유적과 유물에 대한 설명으로 옳은 것은?

19. 국가직

① 연천 전곡리에서는 사냥 도구인 주먹도끼가 출토되었다.
② 창원 다호리에서는 문자를 적는 붓이 출토되었다.
③ 강화 부근리에서는 탁자식 고인돌이 발견되었다.
④ 서울 암사동에서는 곡물을 담는 빗살무늬토기가 나왔다.

<정답 및 해설> ③
③ 강화, 고창, 화순의 고인돌은 유네스코에 등재된 세계문화유산, ① 전기 구석기시대 유적지, ② 5자루의
붓이 출토됨, ④ 신석기시대 후기의 유적지이다.

[2] 군장국가 · 연맹왕국

13 고조선을 주제로 한 학술대회를 개최할 경우, 언급될 내용으로 가장 적절하지 않은 것은?

19. 서울시·보훈청

① 위만의 이동과 집권 과정
② 진대법과 빈민구제
③ 범금 8조(8조법)에 나타난 사회상
④ 비파형동검 문화권과 국가의 성립

<정답 및 해설> ②
② 고구려 고국천왕(194)이 실시한 춘대추납의 빈민구호 제도였다.
① 위만은 기원전 198년에 이동하여 194년에 집권, ③ 기자조선의 관습법, ④ 청동기 문화권으로 고조선의 세력범위와 일치하는 유물은 비파형동검, 북방식 고인돌, 미송리식토기 등이 있다.

14 다음 자료가 기록된 사서에 대한 설명으로 옳은 것은?

15. 서울시

곰과 호랑이가 찾아와 사람이 되기를 원하므로 환웅이 그들에게 쑥과 마늘을 주면서 이것을 먹고 100일 동안 햇빛을 보지 않으면 사람이 될 것이다. 라고 하였다. 곰은 이를 지켜 여자의 몸이 되었으나 호랑이는 사람이 되지 못하였다. 환웅이 사람으로 변신하여 웅녀와 결혼하였다. 아들을 낳으니 이가 단군왕검이다.

① 왕력, 기이, 흥법, 탑상, 의해 등으로 구성되어 있다.
② 김부식을 비롯한 유학자들이 편찬한 역사서이다.
③ 현존하는 우리나라의 가장 오래된 역사서이다.
④ 삼국에서 고려까지 고승들의 전기를 정리하여 편찬한 책이다.

<정답 및 해설> ①
자료는 단군신화(檀君神話)에 관한 <삼국유사>의 내용을 제시하였다.
① 삼국유사(5권 9편목), ② 삼국사기, ③ 삼국사기, ④ 해동고승전

15 (가)와 (나) 시기 고조선에 대한 <보기>의 설명으로 옳은 것만을 고른 것은?

16. 국가직

	(가)	(나)	

기원전 2333년　　　　　기원전 194년　　　　　기원전 108년
단군의 등장　　　　　　위만의 집권　　　　　　왕검성 함락

〈보기〉
ㄱ. (가) - 왕 아래 대부, 박사 등의 직책이 있었다.
ㄴ. (가) - 고조선 지역에 한(漢)의 창해군이 설치되었다.
ㄷ. (나) - 철기문화를 본격적으로 수용하며, 중계무역의 이득을 취하였다.
ㄹ. (나) - 비파형동검과 고인돌의 분포를 통하여 통치지역을 알 수 있다.

① ㄱ, ㄷ　　　　　　　　　　　② ㄱ, ㄹ
③ ㄴ, ㄷ　　　　　　　　　　　④ ㄴ, ㄹ

<정답 및 해설> ①
고조선의 단계별 내용을 제시하였다. 단군 - 기자 - 위만조선의 내용이다.
(가) 기자조선, (나) 위만조선이다.
ㄱ)은 기원전 3세기, ㄷ)은 2세기 초 위만의 집권 당시(194)의 상황이다.
ㄴ)의 창해군(滄海郡, 濊邑·예읍) 설치는 예군 남려(濊君 南閭)가 고조선을 배신하고 28만 명이나 되는 인구를 이끌고 요동군에 귀속하였다. 한의 무제(기원전 140~87)는 요동에 창해군을 설치하여 고조선의 일부를 지배하려고 했으나 곧 2년 만에 폐지되었다. 위만의 손자인 우거왕 시기(기원전 128년)였다. ㄹ)은 단군이 나라를 세울 당시의 청동기문화의 세력범위와 관련되는 내용이다.

17 (나)는 (가)의 결과이자, (다)의 원인이 되었다. (나)에 들어갈 내용으로 적절한 것은?

14. 사회복지직

(가) 위만 왕조는 철기문화를 기반으로 자신의 세력을 점차 확대하였다.
(나) (　　　　　　　)
(다) 한 무제의 대규모 무력 침략을 받아 마침내 왕검성이 함락되었다.

① 부왕, 준왕과 같은 강력한 왕들이 등장하여 왕위를 세습하였다.
② 위만은 준왕의 신임을 얻어 서쪽 변경을 수비하는 임무를 맡았다.
③ 고조선은 요령지방을 중심으로 성장하여 점차 한반도까지 발전하였다.
④ 고조선은 중국 대륙과 한반도 남부의 직접 교역을 맡아 중계무역의 이익을 독점하였다.

<정답 및 해설> ④
기원전 194년 위만이 준왕을 축출한 후 한강 이남의 진국과 한 무제와의 동방무역을 장악하자, 한은 대규모 병력을 동원하여 위만조선을 침략하였다.

18 **다음 중 고조선에 대한 설명으로 가장 옳지 않은 것은?**

17. 사회복지직

① 중국측 기록인 『관자』나 『산해경』등에는 고조선과 관련된 기록이 등장한다.
② 『삼국지』<동이전>에 인용된 『위략』에 따르면 연나라가 강성해져 스스로 왕을 칭하자 조선 후가 왕을 자칭하지 않았다는 기록이 있다.
③ 기원전 2세기 초, 위만은 고조선에 망명해 와 있다가 준왕을 몰아내고 왕이 되었다.
④ 위만조선은 기원전 108년 한나라의 침입에 의해 멸망했고, 이 지역에는 한의 군현이 설치되었다.

> **<정답 및 해설> ②**
> ②항은 연나라 역왕 때 고조선 국왕이 왕을 칭하자, 대부 예(濊)가 고조선 국왕에게 칭왕(稱王)을 말렸다는 일화가 수록되어 있다.

19 **다음 자료와 관련된 나라에 대한 설명으로 가장 옳지 않은 것은?**

16. 서울시

> • 풍속에 장마와 가뭄이 연이어 오곡이 익지 않을 때, 그 때마다 왕에게 허물을 돌려 왕을 마땅히 바꾸어야 한다. 라거나 혹은 왕은 마땅히 죽어야 한다. 라고 하였다.
> • 정월에 지내는 제천 행사는 국중 대회로 날마다 마시고 먹고 노래하고 춤추는데 그 이름은 영고라 한다.
>
> -『삼국지』위서 동이전

① 쑹화 강 유역의 평야 지대에서 성장하였다.
② 왕 아래 가축의 이름을 딴 여러 가(加)들이 있었다.
③ 왕이 죽으면 노비 등을 함께 묻는 순장의 풍습이 있었다.
④ 국력이 쇠퇴하여 광개토대왕 때 고구려에 완전 병합되었다.

> **<정답 및 해설> ④**
> 자료는 부여의 내용이다.
> ④ 부여는 선비족의 침략으로 약화되고, 493년 고구려 문자왕의 침략으로 멸망하였다.

20 ⊙~㉣에 대한 설명이 바르게 연결된 것은?

17. 서울시

> ⊙ 농경이 발달하였고, 어물과 소금 등 해산물이 풍부하였다.
> ㉡ 도둑질을 하면 물건 값의 12배를 변상하게 하였다.
> ㉢ 산과 내마다 각기 구분이 있어서 함부로 들어가지 못하였다.
> ㉣ 국읍에 각각 한 사람씩 세워 천신의 제사를 주관하게 하였다.

① ⊙ – 10월에 동맹이라는 제천행사를 실시하였다.
② ㉡ – 형이 죽으면 형수를 아내로 삼는 풍습이 있었다.
③ ㉢ – 족내혼과 함께 민며느리제라는 혼인풍속이 있었다.
④ ㉣ – 상가, 고추가 등이 제가회의를 열어 국가대사를 결정하였다.

> **<정답 및 해설>** ②
> 제시된 자료의 ⊙ 옥저, ㉡ 부여·고구려, ㉢ 동예의 책화, ㉣ 삼한의 소도에 관한 내용이다.

21 (가), (나)의 특징을 가진 국가에 대한 설명으로 옳은 것은?

17. 지방직

> (가) 옷은 흰색을 숭상하며, 흰 베로 만든 큰 소매 달린 도포와 바지를 입고 가죽신을 신는다.
> (나) 부여의 별종(別種)이라 하는데, 말이나 풍속 따위는 부여와 많이 같지만 기질이나 옷차림이 다르다.
>
> – 삼국지위서동이전

① (가) – 혼인풍속으로 민며느리제가 있었다.
② (나) – 제사장인 천군이 다스리는 소도가 있었다.
③ (가) – 남의 물건을 훔쳤을 때는 12배로 배상하게 하였다.
④ (나) – 단궁이라는 활과 과하마, 반어피 등이 유명하였다.

> **<정답 및 해설>** ③
> (가) 부여, (나) 고구려에 대한 내용이다.

22 <보기>에 해당하는 고대국가에 대한 설명으로 가장 옳은 것은?

19. 서울시

<보기>
- 은정월(殷正月)에 제천행사를 행하면서 국중대회를 열었다.
- 전쟁이 일어났을 때는 소를 죽여 그 굽으로 길흉을 점쳤다.
- 형이 죽으면 형수를 부인으로 맞아들였다.
- 남의 물건을 훔쳤을 때는 물건 값의 12배를 배상하게 하였다.
- 지방 행정구획으로 사출도가 있었다.

① 소와 말을 순장하였고 큰 새의 깃털을 장례에 사용하였다.
② 제천행사는 '동맹'이었으며 국동대혈에서의 제사가 있었다.
③ 천군이 신성지역인 소도에서 농경의례 등을 올렸다.
④ 재해가 발생하면 왕은 교체 혹은 죽임을 당하기도 하였다.

<정답 및 해설> ④
자료는 부여(夫餘)와 관련된 내용이다.
④ 왕권이 미약했기 때문. ① 삼한의 대조우(大鳥羽) 합장제, ② 고구려, ③ 삼한

23 (가), (나)의 나라에 대한 설명으로 옳은 것은?

19. 국가직

(가) 음력 12월에 지내는 제천행사가 있는데, 이를 영고라고 한다. 이때에는 형옥을 중단하고 죄수를 풀어주었다.
(나) 해마다 10월 하늘에 제사를 지내는데, 밤낮으로 술 마시며 노래 부르고 춤추니 이를 무천이라고 한다.

-삼국지

① (가) - 5부가 있었으며, 계루부에서 왕위를 차지하였다.
② (가) - 정치적 지배자로 신지, 읍차 등이 있었다.
③ (나) - 죄를 지은 사람이 소도에 들어가면 잡아가지 못하였다.
④ (나) - 다른 부족의 영역을 침범하면 책화라 하여 노비나 소, 말로 변상하였다.

<정답 및 해설> ④
(가) 부여, (나) 동예의 풍속이다.
④ 책화(責禍)는 동예의 폐쇄적 사회상을 의미, ① 고구려의 내용, ② 삼한의 군장세력, ③ 소도(蘇塗)는 삼한의 제정분리를 의미하였다.

24 **다음 자료에 나타난 나라에 대한 설명으로 옳은 것은?**

17. 국가직

> 해마다 10월이면 하늘에 제사를 지내는데, 밤낮으로 술을 마시고 노래 부르며 춤을 추니 이를 무천이라 한다. 또 호랑이를 신(神)으로 여겨 제사지낸다. 읍락을 함부로 침범하면 노비와 소, 말로 변상하는데, 이를 책화라 한다.

① 후·읍군·삼로 등이 하호를 통치하였다.
② 국읍마다 천신에 대한 제사를 주관하는 천군이 있었다.
③ 사람이 죽으면 가매장한 다음 뼈만 추려 목곽에 안치하였다.
④ 아이가 출생하면 돌로 머리를 눌러 납작하게 하는 풍습이 있었다.

<정답 및 해설> ①
자료는 동예(東濊)에 관한 내용이다.
② 삼한, ③ 옥저의 가족공동묘제, ④ 진한에서 행해졌다고 <삼국지위서동이전>에 기록되어 있다. 「兒生, 便以石厭 其頭, 欲其褊. 今辰韓人皆褊頭」<아이가 출생하면 곧 돌로 그 머리를 눌러서 납작하게 만들려하기 때문에, 지금 진한 사람의 머리는 모두 납작하다>. 김해 예안리 85호 고분에서 편두인골이 출토되어 사실로 확인되었다. 단, 이곳은 진한이 아닌 변한지역이고, 편두(褊頭)가 확인된 유골들은 모두 여성들이다.

25 **다음과 같은 풍속이 있었던 나라에 대한 설명으로 옳은 것은?**

19. 국회직

> 옛 풍속에 장마와 가뭄이 연이어 오곡이 익지 않을 때, 왕에게 허물을 돌려 '왕을 마땅히 바꾸어야 한다'라거나 '왕을 마땅히 죽여야 한다'라고 하였다.
>
> -『삼국지』위서 동이전

① 동맹이라는 제천행사가 있었다.
② 남의 물건을 훔친 자는 노비로 삼는 법률이 있었다.
③ 왕이 죽으면 주변 사람을 함께 묻는 순장의 풍습이 있었다.
④ 대군장이 없었고 후, 읍군, 삼로가 읍락을 다스렸다.
⑤ 사람이 죽으면 옛 집을 버리고 새 집을 짓고 살았다.

<정답 및 해설> ③
자료는 부여(夫餘)의 풍속에 관한 내용으로 왕권이 미약했음을 시사한다.
① 고구려의 제천의식, ② 기자조선의 8조법, ④ 옥저와 동예, ⑤ 꺼리는 것이 많았던 동예의 풍속이다.

26 **(가), (나) 국가에 대한 설명으로 옳은 것은?**

19. 지방직

> (가) 그 나라의 혼인풍속에 여자의 나이가 열 살이 되면 서로 혼인을 약속하고, 신랑 집에서
> 는 (그 여자를) 맞이하여 장성하도록 길러 아내로 삼는다. (여자가) 성인이 되면 다시
> 친정으로 돌아가게 한다. 여자의 친정에서는 돈을 요구하는데, (신랑 집에서) 돈을지불
> 한 후 다시 신랑 집으로 돌아온다.
> (나) 은력(殷曆) 정월에 하늘에 제사를 지내며 나라에서 대회를 열어 연일 마시고 먹고 노래
> 하고 춤추는데, 영고(迎鼓)라고 한다. 이때 형옥(刑獄)을 중단하여 죄수를 풀어 주었다.

① (가) - 무천이라는 제천행사가 있었다.
② (가) - 계루부집단이 권력을 장악하였다.
③ (나) - 사출도라는 구역이 있었다.
④ (나) - 철이 많이 생산되어 낙랑과 왜에 수출하였다.

<정답 및 해설> ③
(가) 옥저의 민며느리제, (나) 영고는 부여의 제천의식
① 동예, ② 계루부 집단이 권력을 장악하는 시기는 고구려의 고대국가 체제의 내용이다.

27 **밑줄 친 '이 나라'에 대한 설명으로 옳은 것은?**

17. 국가직

> <u>이 나라</u>는 서쪽에 자리 잡고 있다. 그 민인(民人)은 토착하여 곡식을 심고 누에치기와 뽕나
> 무를 가꿀 줄 알며 면포를 만든다. 각기 장수(長帥)가 있어 큰 세력을 지닌 이는 스스로 신
> 지(臣智)라 하고 그 다음은 읍차(邑借)라 한다.
>
> ― 삼국지

① 남의 물건을 훔친 자는 12배의 배상을 하게 하였다.
② 집집마다 부경이라는 창고를 두었다.
③ 특산물인 단궁, 과하마, 반어피 등을 수출하였다.
④ 파종한 5월과 추수한 10월에는 제의를 행하였다.

<정답 및 해설> ④
자료의 「신지」와 「읍차」는 삼한의 군장 명칭이다.
④ 5월의 기풍제(祈豊祭, 단오), 10월 상달고사(추수감사제)를 지냈다. ① 부여·고구려의 1책12법, ② 고구려,
③ 동예의 3대 특산물 내용이다.

16   한국사 필수 기출문제 415제

28 ㉠을 사용하여 만든 것은?

19. 지역인재

> 그 나라에서는 ㉠이(가) 생산되어 한, 예, 왜 등이 모두 와서 사 간다. 시장에서 물건을 사고 팔 때 모두 ㉠을(를) 사용하는데, 마치 중국에서 돈을 쓰는 것과 같으며, 낙랑과 대방의 두 군에도 공급한다.
>
> -『삼국지』

① 철제 괭이
② 신라 금관
③ 비파형동검
④ 백제 은제 관식

<정답 및 해설> ①
제시된 ㉠은 <삼국지위서동이전>에 기록된 변한(弁韓)의 철(鐵) 생산과 관련된 내용이다.
철기시대 변한(삼한)에서는 철제 농기구를 제작 사용하고, 철괴(쇳덩이)를 낙랑, 대방, 왜, 예 등에 수출하였다.
② 금관(金冠)은 금제장식, ③ 구리와 아연·납 등을 섞어 주조, ④ 은제관식은 은으로 장식한 갓을 의미한다.

[3] 고대국가

29 (가) ~ (다)는 고구려의 발전과정을 시기 순으로 나열한 것이다. (나)에 들어갈 내용으로 옳은 것만을 <보기>에서 모두 고른 것은?

17. 국가직

> (가) 낙랑군을 차지하여 한반도로 진출하는 발판을 마련하였다.
> (나) (   )
> (다) 평양으로 도읍을 옮기고, 백제의 수도인 한성을 함락하였다.

> <보 기> ㄱ. 태학을 설립하였다.
> ㄴ. 진대법을 도입하였다.
> ㄷ. 천리장성을 축조하였다.
> ㄹ. 신라를 도와 왜를 격퇴하였다.

① ㄱ, ㄴ　　　　　　　　　　② ㄱ, ㄹ
③ ㄴ, ㄷ　　　　　　　　　　④ ㄷ, ㄹ

<정답 및 해설> ②
(가) 4세기 초 15대 미천왕, (다)는 5세기 말 20대 장수왕이다.
ㄱ) 17대 소수림왕, ㄹ) 19대 광개토대왕의 업적이다. ㄴ) 9대 고국천왕, ㄷ) 631년(영류왕 14) 당나라 사신 장손사(長孫師)가 고구려에 와서, 수나라와의 전쟁에서 승리한 것을 기념하기 위해 세운 경관(京觀, 고구려 때 전사자의 시체를 한 곳에 모아 장사지내고 그들의 전공을 기념하기 위해 세운 합동분묘 비)를 헐어버린 사건을 계기로 고구려는 장차 당나라의 침략이 있을 것을 예상하고 그 해부터 장성을 쌓기 시작하였다. 동북쪽으로는 부여성(扶餘城, 눙안)에서 서남쪽으로는 발해만의 비사성(卑沙城, 따련)에 이르기까지 1,000여리에 걸친 장성으로 16년이라는 기간이 소요되어 보장왕(642~668) 647년에 완성하였다. 특히, 이 공사를 감독하던 연개소문은 642년 10월 군사를 이끌고 평양성으로 쳐들어가 영류왕을 비롯해 자신의 반대파를 대량 학살하고 스스로 대막리지(大莫離支)가 되어 무단독재 정치를 실시하였다.

30 <보기>에서 백제의 발전 과정을 순서대로 바르게 나열한 것은?

19. 서울시

> <보기>
> ㄱ. 6좌평제와 16관등제 및 백관의 공복을 제정하였다.
> ㄴ. 고구려의 평양성을 공격하였다.
> ㄷ. 지방에 22담로를 설치하였다.
> ㄹ. 불교를 받아들여 통치이념을 정비하였다.

① ㄱ→ㄴ→ㄷ→ㄹ　　　　　② ㄱ→ㄴ→ㄹ→ㄷ
③ ㄴ→ㄹ→ㄷ→ㄱ　　　　　④ ㄹ→ㄴ→ㄷ→ㄱ

<정답 및 해설> ②
ㄱ) 3세기 고이왕, ㄴ) 4세기 근초고왕(371년),
ㄹ) 4세기 말 침류왕(384년), ㄷ) 6세기 웅진시대 무령왕(501~523)

31 <보기>에서 밑줄 친 '이 나라'에 대한 설명으로 가장 옳은 것은?

19. 서울시

<보기>
천지가 개벽한 뒤로 이곳에는 아직 나라가 없고 또한 왕과 신하도 없었다. 단지 아홉 추장이 각기 백성을 거느리고 농사를 지으며 살았다. … 아홉 추장과 사람들이 노래하고 춤추면서 하늘을 보니 얼마 뒤 자주색 줄이 하늘로부터 내려와서 땅에 닿았다. 줄 끝을 찾아보니 붉은 보자기에 금빛 상자가 싸여 있었다. 상자를 열어 보니 황금색 알 여섯 개가 있었다. … 열 사흘째 날 아침에 다시 모여 상자를 열어 보니 여섯 알이 어린아이가 되어 있었다. 용모가 뛰어나고 바로 앉았다. 아이들이 나날이 자라 십수일이 지나니 키가 9척이나 되었다. 얼굴은 한고조, 눈썹은 당의 요임금, 눈동자는 우의 순임금과 같았다. 그달 보름에 맏이를 왕위에 추대하였는데, 그가 곧 이 나라의 왕이다.

-삼국유사

① 중국 동진으로부터 불교를 받아들여 왕실의 권위를 높였다.
② 재상을 뽑을 때 정사암에 후보 이름을 써서 넣은 상자를 봉해두었다.
③ 큰일이 있을 때에는 반드시 화백제도를 통해 여러 사람의 의견을 따랐다.
④ 철기를 만들 때 사용하는 덩이쇠를 화폐와 같은 교환수단으로 이용하기도 하였다.

<정답 및 해설> ④
자료의 「아홉 추장과 사람들이 노래하고」, 「자주색 줄이 하늘로부터 내려와서 땅에 닿았다」, 「보름에 맏이를 왕위에 추대」 등에서 수로왕(首露王)의 금관가야(金官伽倻)에 관한 내용을 제시하였다. ④ 이 지역은 변한(弁韓) 이래 철, 토기, 벼(김해평야)의 생산이 풍부하여 일본에 수출하기도 하였다. 일본의 스헤키문화는 가야문화의 영향을 받았다.
① 백제 침류왕(384), ② 백제의 정사암회의(政事岩會議), ③ 신라의 화백회의(和白會議)는 진골만이 참여하는 만장일치제로 경주 부근의 4영지(四靈地)에서 회의하였다.

32 고대국가들의 흥망성쇠에 대한 설명으로 옳은 것은?

19. 국회직

① 고조선은 기원전 3세기 무렵 진나라를 공격하여 현재의 요서일대를 새 영토로 편입하였다.
② 신라는 6세기 후반 고구려의 남진에 저항하기 위해 백제 및 왜와 동맹을 맺었다.
③ 백제는 4세기에 한성에서 웅진으로 천도하여 한반도 남부일대에 대한 장악력을 강화하였다.
④ 고구려는 3세기에 위나라 관구검의 침입을 받아 환도성을 빼앗기는 위기를 맞았다.
⑤ 가야연맹은 7세기에 금관가야를 마지막으로 완전히 몰락하였다.

<정답 및 해설> ④
④ 동천왕, ① 기원전 3세기 연의 침입으로 요동지방을 상실함, ② 5세기(433) 나제동맹, ③ 5세기 475년 문주왕 때 웅진으로 천도, ⑤ 632년 7세기 초 대가야를 끝으로 멸망하였다.

33 **다음은 고구려에 대한 내용이다. (가), (나) 사이에 있었던 사실로 옳지 않은 것은?**

17. 국가직

> (가) 전진에서 불교를 받아들였고, 유학 교육기관으로 태학을 설립하였으며, 율령을 공포하였다.
> (나) 수도를 평양으로 옮기고, 백제의 수도 한성을 공격하여 개로왕을 죽였다.

① 모용황의 공격을 받았다.
② 후연을 공격하여 요동지역에 진출하였다.
③ 북쪽으로 숙신을 정복하였다.
④ 신라를 도와 낙동강 유역에서 왜병을 대파하였다.

<정답 및 해설> ①
(가) 4세기 17대 소수림왕, (나) 5세기 20대 장수왕
① 3세기 동천왕. ②·③·④ 19대 광개토대왕의 업적이다.

34 **고구려와 관련된 <보기>의 사건을 시간 순으로 바르게 나열한 것은?**

18. 서울시

> <보기>
> ㄱ. 평양천도 ㄴ. 관구검과의 전쟁
> ㄷ. 고국원왕의 전사 ㄹ. 광개토왕릉비 건립

① ㄷ - ㄱ - ㄹ - ㄴ   ② ㄱ - ㄷ - ㄴ - ㄹ
③ ㄴ - ㄷ - ㄹ - ㄱ   ④ ㄹ - ㄴ - ㄱ - ㄷ

<정답 및 해설> ③
ㄴ) 동천왕 18년(244), ㄷ) 근초고왕의 침입(371)으로, ㄹ) 장수왕 2년(414), ㄱ) 장수왕 15년(427)

35 (나) 시기에 발생한 사건으로 옳은 것은?

19. 지방직

> (가) 백제왕이 병력 3만 명을 거느리고 평양성을 공격해 왔다. 왕이 출병하여 막다가 날아 오는 화살에 맞아 서거하였다.
>
> ↓
>
> (나)
>
> ↓
>
> (다) 왕이 보병과 기병 5만 명을 보내 신라를 구원하게 하였다. (고구려군이) 남거성을 통해 신라성에 이르렀는데 그곳에 왜가 가득하였다. 관군이 도착하자 왜적이 퇴각하였다.

① 태학을 설립하고 율령을 반포하였다.
② 평양으로 도읍을 옮기고 한성을 함락하였다.
③ 관구검이 이끄는 위나라 군대의 침략을 받았다.
④ 왕이 직접 말갈 병사를 거느리고 요서지방을 공격하였다.

<정답 및 해설> ①
(가) 391년 근초고왕의 침공으로 고구려의 16대 고국원왕이 패사하였다.
(다) 400년 19대 광개토대왕이 내물왕의 원병 요청으로 왜구를 격퇴하였다.
① 17대 소수림왕, ② 20대 장수왕, ③ 11대 동천왕, ④ 26대 영양왕 9년(598)이었다.

36
다음 사실들을 시기 순으로 바르게 나열한 것은?
16. 지방직

> ㄱ. 고구려 - 살수에서 수양제의 군대를 격파하였다.
> ㄴ. 백 제 - 사비로 도읍을 옮기고 국호를 남부여로 고쳤다.
> ㄷ. 신 라 - 율령을 반포하고 백관의 공복을 제정하였다.
> ㄹ. 가 야 - 고령지역의 대가야가 신라의 공격으로 멸망하였다.

① ㄴ→ㄷ→ㄹ→ㄱ   ② ㄴ→ㄹ→ㄷ→ㄱ
③ ㄷ→ㄴ→ㄹ→ㄱ   ④ ㄷ→ㄹ→ㄱ→ㄴ

<정답 및 해설> ③
ㄷ) 520년 법흥왕, ㄴ) 538년 성왕, ㄹ) 562년 진흥왕, ㄱ) 612년 을지문덕의 살수대첩

37 **다음 내용을 오래된 시기 순으로 옳게 나열한 것은?**

19. 국회직

ㄱ. 관산성 전투	ㄴ. 사비천도
ㄷ. 금관가야 멸망	ㄹ.『신집』편찬

① ㄱ → ㄴ → ㄷ → ㄹ
② ㄱ → ㄹ → ㄴ → ㄷ
③ ㄷ → ㄱ → ㄹ → ㄴ
④ ㄷ → ㄴ → ㄱ → ㄹ
⑤ ㄹ → ㄷ → ㄱ → ㄴ

<정답 및 해설> ④
ㄷ) 532년 법흥왕, ㄴ) 538년 성왕, ㄱ) 554년 성왕의 전사, ㄹ) 영양왕 11년(600)

38 **삼국간의 경쟁 과정에서 일어난 사건을 순서대로 바르게 나열한 것은?**

16. 서울시

(가) 백제 성왕이 관산성 전투에서 전사하였다.
(나) 백제 의자왕은 신라의 대야성을 함락시켰다.
(다) 고구려 광개토대왕은 신라 지역으로 쳐들어온 왜국의 침략을 격퇴하였다.
(라) 백제는 고구려의 침략으로 말미암아 수도를 웅진으로 옮겼다.

① (나) - (다) - (라) - (가)   ② (다) - (가) - (라) - (나)
③ (다) - (라) - (가) - (나)   ④ (라) - (다) - (나) - (가)

<정답 및 해설> ③
(다) 4세기 말, (라) 문주왕 1년(175), (가) 554년, (나) 645년으로 대야성은 합천이다.

39 다음 글의 밑줄 친 '왕'이 재위할 때의 사실로 옳은 것을 〈보기〉에서 모두 고른 것은?

15. 서울시

> 왕이 군사 3만을 이끌고 백제에 침입하여, 백제왕의 도읍 한성을 함락시키고 백제왕 부여경을 죽이고, 남녀 8천명을 사로잡아 돌아왔다.
>
> -삼국사기

〈보기〉
㉠ 백제가 국호를 남부여로 고쳤다.
㉡ 고구려가 도읍을 평양으로 옮겼다.
㉢ 금관가야가 가야 연맹을 주도하였다.
㉣ 신라가 백제와 친선정책을 추진하였다.

① ㉠,㉡   ② ㉠,㉢
③ ㉡,㉣   ④ ㉢,㉣

<정답 및 해설> ③
자료는 475년 장수왕의 남진정책 내용을 제시한 것으로, 부여경은 21대 개로왕(455~475) 이다. ㉡ 남하정책, ㉣ 433년 나제동맹 체결, ㉠ 538년 사비천도 후 성왕, ㉢ 전기 가야연맹으로 금관가야는 수로왕(뇌질청예, 42~199)이 건국하였다.

40 고구려 광개토왕의 업적으로 옳은 것은?

19. 지역인재

① 태학을 설립하고 율령을 반포하였다.
② 후연을 격퇴하여 요동지역을 확보하였다.
③ 평양으로 천도하여 남진정책을 추진하였다.
④ 낙랑군을 몰아내고 대외진출의 발판을 마련하였다.

<정답 및 해설> ②
① 소수림왕, ③ 장수왕, ④ 미천왕의 업적이다.

41 밑줄 친 ㉠의 결과에 해당하는 사실로 옳은 것은?

18. 국가직

> (영락) 6년 병신(丙申)에 왕이 직접 수군을 이끌고 백제를 토벌하였다. (백제왕이) 우리 왕에게 항복하면서 "지금 이후로는 영원히 노객(奴客)이 되겠습니다."라고 맹세하였다. … (중략) … ㉠10년 경자(庚子)에 왕이 보병과 기병 5만 명을 보내어 신라를 구원하게 하였다.

① 고구려가 신라 내정간섭을 강화하였다.
② 백제가 고구려의 평양성을 공격하였다.
③ 신라가 관산성 전투에서 백제 성왕을 살해하였다.
④ 금관가야가 가야지역의 중심 세력으로 대두하였다.

> **<정답 및 해설> ①**
> 제시된 사료는 신라 내물왕(399) 때 왜구가 침략하자 고구려에 원병을 요청한 내용으로 광개토대왕비문의 내용이다. 이에 경자년(400) 고구려측이 신라를 도와 구원한 내용이다. 이후 고구려는 신라 경주에 군대를 주둔시키고, 신라의 왕위계승에 개입하는 등 내정에 깊이 간섭하였다. ② 371년 근초고왕, ③ 554년 진흥왕, ④ 기원 후 42년~400년까지 초기 6가야의 맹주국이었다. 신라를 원병한 고구려 광개토대왕에 의해 약화되었다.

42 <보기>의 밑줄 친 '왕'의 업적으로 가장 옳은 것은?

19. 보훈청

> **<보기>**
> 영락 6년 병신년에 왕이 친히 군사를 이끌고 백잔국을 토벌하였다. 영팔성 등을 공격하여 빼앗았는데, 백잔이 의에 복종치 않고 감히 나와 싸우니 왕이 크게 노하여 아리수를 건너 정예 병사를 보내어 그 도성에 육박하였다. 이에 백잔주가 곤핍해져, 남녀 생구(生口) 1천 명과 세포(細布) 천 필을 바치면서 항복하고, 이제부터 영구히 노객(奴客)이 되겠다고 맹세하였다. 이에 58성 700촌을 획득하고, 백잔주의 아우와 대신 10인을 데리고 개선하였다.

① 낙랑군 등 중국 군현을 축출하였다.
② 태학을 설치하고 불교를 공인하였다.
③ 왜병을 물리치고 신라를 구원하였다.
④ 국내성에서 평양으로 수도를 옮겼다.

> **<정답 및 해설> ③**
> 제시된 자료는 고구려 광개토대왕비문의 내용이다.
> ③ 내물왕의 원병 요청으로 신라를 구원함. ① 미천왕. ② 소수림왕. ④ 장수왕과 관련된 내용이다.

43 <보기>의 밑줄 친 '왕'대에 이루어진 내용을 옳게 고른 것은?

19. 서울시

<보기>
재위 19년에는 금관국주인 김구해가 비와 세 아들을 데리고 와 항복하자 <u>왕</u>은 예로써 대접하고 상등(上等)의 벼슬을 주었으며, 23년에는 처음으로 연호를 칭하여 건원(建元) 원년이라 하였다.

ㄱ. 국호를 사로국에서 '신라'로, 왕호를 마립간에서 '왕'으로 고쳤다.
ㄴ. 왕은 연호를 고쳐 '개국(開國)'이라 하였으며 국사를 편찬토록 하였다.
ㄷ. 왕호를 '성법흥대왕'이라 쓰기도 하였다.
ㄹ. '신라육부'가 새겨진 울진봉평신라비가 세워졌다.
ㅁ. 연호를 '인평(仁平)'으로 고쳤으며 분황사와 영묘사를 창건하였다.

① ㄱ, ㄴ   ② ㄴ, ㄷ
③ ㄷ, ㄹ   ④ ㄹ, ㅁ

<정답 및 해설> ③
자료의 「금관국주인 김구해가 비와 세 아들을 데리고 와 항복」에서 532년 법흥왕 때 금관가야의 정복과 관련된 내용이다. 건원은 법흥왕의 연호였다.
ㄱ) 지증왕, ㄴ) 진흥왕, ㅁ) 선덕여왕 2년(634)부터 사용된 연호였다.

44 신라 법흥왕의 업적으로 옳은 것은?

19. 지역인재

① 한강유역을 차지하였다.
② '건원'이라는 독자적인 연호를 사용하였다.
③ 이사부로 하여금 우산국을 정벌하도록 하였다.
④ 김흠돌의 난을 계기로 진골세력을 숙청하고 왕권을 확립하였다.

<정답 및 해설> ②
법흥왕(法興王)은 514년부터 540년까지 재위한 신라의 23대 국왕이었다.
① 진흥왕, ③ 지증왕, ④ 신라통일 직후 31대 신문왕과 관련된 내용이다.

45 삼국시대 정치제도에 대한 설명으로 가장 옳은 것은?

17. 서울시

① 신라 화백회의는 만장일치 원칙이며 회의의 의장은 상좌평이다.
② 백제는 관품 구별에 따라 자·단·비·녹색의 공복을 입었다.
③ 신라는 진덕여왕 대 집사부와 창부를 통합해 정무기관인 품주를 설치하였다.
④ 국상, 대대로, 막리지 등은 고구려에서 재상의 직위를 지칭한다.

<정답 및 해설> ④
① 상좌평 → 상대등, ② 자·비·녹색, ③ 진덕여왕 때 품주(稟主)를 개편하여 집사부와 창부를 두었다.

46 삼국시대의 정치제도에 대한 설명으로 옳은 것만을 모두 고르면?

18. 지방직

ㄱ. 삼국의 관등제와 관직제도 운영은 신분제에 의하여 제약을 받았다.
ㄴ. 고구려는 대성(大城)에는 처려근지, 그 다음 규모의 성에는 욕살을 파견하였다.
ㄷ. 백제는 도성에 5부, 지방에 방(方) - 군(郡) 행정제도를 시행하였다.
ㄹ. 신라는 10정 군단을 바탕으로 영역을 확장하고 삼국 통일을 이룩하였다.

① ㄱ, ㄴ   ② ㄱ, ㄷ
③ ㄴ, ㄹ   ④ ㄷ, ㄹ

<정답 및 해설> ②
ㄴ) 욕살은 지방장관, 처려근지는 성주, ㄹ) 6정이어야 한다. 10정은 통일 직후 개편된 지방군이었다.

47 다음 (가)에서 이루어진 합의제도를 시행한 국가의 통치체제로 옳은 것은?

17. 지방직

호암사에는 (가)(이)라는 바위가 있다. 나라에서 장차 재상을 뽑을 때에 후보 3,4명의 이름을 써서 상자에 넣고 봉해 바위 위에 두었다가 얼마 후에 가지고 와서 열어 보고 그 이름 위에 도장이 찍혀 있는 사람을 재상으로 삼았다.

- 삼국유사

<보기>
ㄱ. 중앙 정치는 대대로를 비롯하여 10여 등급의 관리들이 나누어 맡았다.
ㄴ. 중앙 관청을 22개로 확대하고 수도는 5부, 지방은 5방으로 정비하였다.
ㄷ. 16품의 관등제를 시행하고, 품계에 따라 옷의 색을 구별하여 입도록 하였다.
ㄹ. 지방행정 조직을 9주5소경 체제로 정비하였다.
ㅁ. 중앙에 3성 6부를 두고, 정당성을 관장하는 대내상이 국정을 총괄하도록 하였다.

① ㄱ,ㄴ   ② ㄴ,ㄷ
③ ㄷ,ㄹ   ④ ㄹ,ㅁ

<정답 및 해설> ②
자료의 (가)는 백제의 귀족회의인 정사암(政事巖)이다.

48 다음 사건들이 일어난 시기 순서로 보아 ㈐에 들어갈 수 있는 내용은?

14. 사회복지직

㈎ 고구려가 국내성에서 평양으로 천도하였다.
㈏ 신라가 처음으로 연호를 사용하였다.
㈐ (   )
㈑ 백제가 일본에 처음으로 불교를 전하였다.

① 백제가 사비성으로 천도하였다.
② 고구려가 살수에서 수나라에 크게 승리하였다.
③ 신라가 불교를 공인하였다.
④ 백제의 비유왕과 신라의 눌지왕이 나제동맹을 맺었다.

<정답 및 해설> ①
㈑의 사실은 성왕에 해당하므로 당연히 사비천도(538년) 이후에 해당한다. ㈎는 장수왕, ㈏는 법흥왕의 건원에 해당한다. ② 612년, ③ 법흥왕 527년, ④ 433년에 해당한다.

49 **고구려의 대 중국투쟁에 대한 설명으로 가장 옳은 것은?**

19. 서울시

① 고구려는 요서지역을 선제공격함으로써 수나라를 견제하였다.
② 수양제의 침략에 대비하기 위해 천리장성을 축조하였다.
③ 을지문덕은 당 태종의 2차 침입을 살수대첩으로 막아냈다.
④ 양만춘은 수나라의 별동대를 안시성에서 격퇴하였다.

<정답 및 해설> ①
① 영양왕 9년(598)에 말갈병을 이끌고 선제공격하여 1차 여수전쟁의 배경이 되었다.
② 당태종의 침략 대비책, ③ 영양왕 23년(612) 수양제에 의한 2차 침략을 방어함. ④ 645년 양만춘의 안시성 혈전은 당태종의 1차 침략을 격퇴한 전쟁이었다.

50 **(가)~(라)의 시기에 해당하는 백제역사에 대한 설명으로 옳지 않은 것은?**

16, 국가직

	(가)	(나)	(다)	(라)	
↑	↑	↑	↑	↑	
기원전 18년 건국 회맹	475년 웅진천도	538년 사비천도	660년 사비성 함락	665년 문무왕과	

① (가) - 관등제를 정비하고 공복제를 도입하는 등 국가통치 체제의 근간을 마련하였다.
② (나) - 남쪽의 마한 잔여세력을 정복하고, 수군을 정비하여 요서지방까지 진출하였다.
③ (다) - 신라와 연합하여 한강유역 일부 지역을 수복했으나, 얼마 후 신라에게 빼앗겼다.
④ (라) - 복신과 도침 등이 주류성에서 군사를 일으켜 사비성의 당나라 군대를 공격하였다.

<정답 및 해설> ②
② 4세기 근초고왕, ① 3세기 고이왕, ③ 551년 성왕, ④ 660년 7월 신라와 당나라 연합군에 의해 사비성이 함락된 후 백제 부흥군은 주류성을 근거지로 백제 부흥운동을 전개하였다.

51 ㉠과 ㉡ 두 인물의 공통된 신분상의 특징으로 옳은 것은?

17. 국가직

> • (㉠) 은(는) 신문왕에게 화왕계를 통하여 조언하였다.
> • (㉡) 은(는) 진성여왕에게 시무책 10여조를 올렸다.

① 왕이 될 수 있는 신분이었다.
② 자색(紫色)의 공복을 착용하였다.
③ 중앙관부의 최고 책임자를 독점하였다.
④ 관등 승진에서 중위제(重位制)를 적용받았다.

<정답 및 해설> ④
㉠ 6두품 설총, ㉡ 6두품 최치원이다.
중위제(重位制)는 6두품 이하의 왕경인과 지방민을 대상으로 한 것이고, 진골은 중위제의 적용 대상이 아니었다. 엄격한 골품제 사회에서 신분간의 갈등을 완화시키기 위해 제정·운용되었다. ① 상대는 성골, 중대는 진골만이 가능, ② 자색은 진골, 6두품은 비색을 착용, ③ 상대등, 각 부의 장관 등은 진골만이 가능하였다.

52 <보기>의 밑줄 친 ㉠에 관한 설명으로 옳은 것은?

19. 서울시

> <보기>
> 신라에서는 사람을 등용하는 데에 ㉠을(를) 따진다. [때문에] 진실로 그 족속이 아니면, 비록 큰 재주와 뛰어난 공이 있더라도 넘을 수가 없다. 나는 원컨대, 서쪽 중국으로 가서 세상에서 보기 드문 지략을 떨쳐서 특별한 공을 세워 스스로 영광스러운 관직에 올라 고관대작의 옷을 갖추어 입고 칼을 차고서 천자의 곁에 출입하면 만족하겠다.

① 통일신라기에 성립하였다.
② 국학이 설립되면서 폐지되었다.
③ 진골은 대아찬 이상의 고위 관등만 받을 수 있었다.
④ 혈통에 따른 신분제로서 승진의 상한선을 결정했다.

<정답 및 해설> ④
골품(骨品)에 관한 내용이다.
자료는 진평왕 43년(621) 설계두(薛罽頭)가 친구들과 나눈 이야기로 <삼국사기>에 기록되었다. ① 고대국가 완성기, ② 국학의 설립은 신문왕 2년(682), ③ 진골은 제한 없이 17관등에서 1관등까지 승진할 수 있었다.

53 삼국시대 문화에 대한 설명으로 옳지 않은 것은?

19. 지방직

① 선덕여왕 때에 첨성대를 세웠다.
② 목탑 양식의 미륵사지석탑이 건립되었다.
③ 가야 출신의 우륵에 의해 가야금이 신라에 전파되었다.
④ 사신도가 그려진 강서대묘는 돌무지무덤으로 축조되었다.

<정답 및 해설> ④
④ 강서대묘는 고구려 후기의 고분으로 굴식돌방무덤으로 되어있다.

54 삼국의 사회·문화에 관한 설명으로 가장 옳지 않은 것은?

19. 서울시·보훈청

① 고구려는 영양왕 때 이문진이 『유기』를 간추려 『신집』 5권을 편찬했다.
② 백제의 승려 원측은 당나라에 가서 유식론(唯識論)을 발전시켰다.
③ 신라의 진흥왕은 두 아들의 이름을 동륜 등으로 짓고 자신은 전륜성왕으로 자처했다.
④ 백제 말기에는 미래에 중생을 구제한다는 미륵신앙이 유행하기도 하였다.

<정답 및 해설> ②
② 원측(圓測)은 신라의 왕족이었다.
① 영양왕 때 태학박사 이문진에 의함, ③ 두 아들의 이름은 불교의 윤회설에 따라 동륜과 사륜이라 하는데 둘째 사륜이 왕통을 계승하여 576년 25대 진지왕으로 옹립됨. ④ 그 결과 무왕 때 익산 미륵사지석탑을 축성하였다. 참고로 신라 말에는 밀교(密敎)가 유행하였다.

55
다음 내용이 새겨져 있는 비석은?
19. 지역인재

두 사람이 함께 맹서하고 기록한다. 하늘 앞에 맹서한다. 지금부터 3년 이후 충도(忠道)를 지켜 과실이 없기를 맹서한다. … (중략) …『시경』, 『상서』, 『예기』, 『춘추전』 등을 차례로 3년에 습득할 것을 맹서한다.

① 단양적성신라비   ② 이차돈순교비
③ 사택지적비   ④ 임신서기석

<정답 및 해설> ④
자료는 진흥왕 13년(552)에 제작된 임신서기석(壬申誓記石)의 내용이다.
① 진흥왕(551년), ② 헌덕왕 9년(817)으로 추정, ③ 의자왕 14년(654)에 건립되었다.
※이차돈순교비(異次頓殉敎碑)
명문 중에는 건립연대라고 고증할만한 확실한 연호나 연도가 없고, 『삼국유사』(권3) 염촉멸신조(厭觸滅身條)의 기사에 의해 건립연대를 당 헌종 원화(元和) 12년(헌덕왕 9, 817)으로 추정고 있다.

56 밑줄 친 '왕'대의 사실로 옳은 것은?

16. 국가직

> • 왕 재위 2년에 전진 국왕 부견이 사신과 승려 순도를 보내며 불상과 경문을 전해왔다. (이에 우리) 왕께서 사신을 보내 사례하며 토산물을 보냈다.
> • 왕 재위 5년에 비로소 초문사를 창건하고 순도를 머물게 하였다. 또 이불란사를 창건하고 아도를 머물게 하였다. 이것이 해동 불법(佛法)의 시작이었다.
>
>   - 삼국사기

① 역사서인 「신집」을 편찬하였다.
② 진휼제도로 진대법을 도입하였다.
③ 유학교육 기관인 태학을 설치하였다.
④ 왜에 종이와 먹의 제작 방법을 전해 주었다.

<정답 및 해설> ③
자료는 소수림왕과 관련된다.
③ 태학의 설립, 불교의 공인, 율령의 반포, ① 7세기 영양왕 때 이문진, ② 2세기 고국천왕, ④ 7세기 영양왕 21년(610)에 담징과 관련된다.

57 밑줄 친 '그'에 대한 설명으로 옳은 것은?

19. 지방직

> 그는 중국 유학을 마치고 귀국한 다음, 국왕에게 황룡사에 9층탑을 세울 것을 건의했다. 그가 9층탑 건립을 건의한 데에는 주변 나라의 침입을 막고자 하는 호국정신이 담겨 있다.

① 화랑이 지켜야 할 세속오계를 지었다.
② 대국통으로 있으면서 계율을 지키는 일에 힘을 보탰다.
③ 통일 이후의 사회갈등을 통합으로 이끄는 화엄사상을 강조하였다.
④ 일심(一心) 사상을 주장하여 불교 교리의 대립을 극복하고자 하였다.

<정답 및 해설> ②
신라 선덕왕 때 당나라에 유학한 자장법사에 관한 내용이다.
선덕왕 12년(643년) 왕의 요청으로 경(經)·상(像) 등을 챙겨왔다. 왕은 대국통으로 삼았고 불법을 널리 전하였다. 그가 양산의 통도사에서 계율종(戒律宗)을 창도하였다. ① 원광법사, ③ 의상, ④ 원효의 사상론이다.

www.ucampus.ac 33

58 밑줄 친 '무덤 주인'이 왕위에 있었던 시기의 사실로 옳은 것은?

16. 지방직

1971년 7월, 공주시 송산리 고분군 배수로 공사 도중 벽돌무덤 하나가 우연히 발견되었다. 무덤 입구를 열자, <u>무덤 주인</u>을 알려주는 지석이 놓여 있었으며, 백제는 물론 중국의 남조와 왜에서 만들어진 갖가지 유물들이 고스란히 남아 있었다.

① 중앙에는 22부 관청을 두고 지방에는 5방을 설치하였다.
② 고구려의 남진정책에 맞서 나제동맹을 처음 결성하였다.
③ 활발한 대외정복 전쟁으로 한강유역을 차지하고 가야를 완전히 정복하였다.
④ 지방에 22개의 담로를 두고 왕족을 파견하여 지방에 대한 통제를 강화하였다.

<정답 및 해설> ④
자료는 공주송산리고분으로 무령왕은 523년에 사망하고, 525년에 안장되었다.
④ 무령왕, ① 성왕, ② 눌지왕과 비유왕, ③ 진흥왕

59 다음 〈보기〉에서 백제의 문화재를 모두 고른 것은?

15. 서울시

〈보기〉
㉠ 백률사 석당   ㉡ 정림사지 5층 석탑
㉢ 창왕명석조사리감   ㉣ 법주사 쌍사자 석등

① ㉠,㉡   ② ㉠,㉣
③ ㉡,㉢   ④ ㉢,㉣

<정답 및 해설> ③
㉡ 의자왕, ㉢ 부여창은 위덕왕(554~598)의 이름. 1991년에 부여 능산리에서 발견된 화강석제사리함에 새겨진 명문에 의하면, 555년에 즉위한 것으로 되어 있다. 이름은 창(昌). 성왕(聖王)의 맏아들이다. ㉠ 이차돈의 순교를 기록한 신라의 돌기둥, ㉣ 통일신라 성덕왕 9년(720)에 건립한 것으로 추측된다.

60 우리나라 문화유산에 대한 설명으로 옳지 않은 것은?

19. 국가직

① 개성 경천사지 10층 석탑은 원의 석탑을 본떠 만들어졌다.
② 영주 부석사 무량수전은 주심포식 목조건물이다.
③ 부여 정림사지 5층 석탑에서는 백제 무왕의 왕후가 넣은 사리기가 발견되었다.
④ 김제 금산사 미륵전은 다층건물이나 내부가 하나로 통한다.

<정답 및 해설> ③
③ 익산미륵사지석탑에서 출토된 심초석유물(사리장엄)에 관한 내용이다.

61 신라의 돌무지덧널무덤에 대한 설명으로 옳은 것은?

14. 사회복지직

① 돌로 방을 만들고 외부와 연결되는 통로를 설치하였다.
② 황남대총, 장군총, 천마총 등의 사례가 있다.
③ 무덤 안에 벽돌로 널방을 만들고 그 안에 돌로 덧널을 설치하였다.
④ 무덤 안에서 많은 부장품이 출토되었는데 서봉총 등의 사례가 있다.

<정답 및 해설> ④
① 외부 연결통로가 없어 도굴이 어렵고 단장이다. ② 장군총은 고구려의 돌무지무덤, ③ 돌로 널방을 만들고 나무로 덧널을 설치한 후 부장품을 매장하였다.

62 삼국시대의 사상과 문화에 대한 설명으로 가장 옳지 않은 것은?

16. 서울시

① 부여 능산리에서 발견된 백제대향로에는 신선이 산다는 봉래산이 조각되어 있어 백제인의 신선사상을 엿볼 수 있다.
② 삼국 불교의 윤회설은 왕이나 귀족, 노비는 전생의 업보에 의해 타고났다고 보기 때문에 신분질서를 정당화하는 관념을 제공하였다.
③ 신라 후기 민간사회에서는 주문으로 질병 치료나 자식 출산 등을 기원하는 현실구복적 밀교가 유행하였다.
④ 고구려의 겸익은 인도에서 율장을 가지고 돌아온 계율종의 대표적 승려로서 일본 계율종의 성립에도 영향을 주었다.

<정답 및 해설> ④
④ 겸익(謙益)은 백제의 승려로 율종(律宗)의 시조이다. 성왕 4년(529)에 혼란스러운 정국의 인도에 다녀와서 율종을 개창하였다. 율종은 해탈(解脫)을 강조하는 불교 종파였다.
계율종은 신라 진골 출신인 자장법사로 대표된다. ① 백제금동대향로는 부여 능산리 사지터에서 출토된 유물로 불교·도교사상과 관련됨, ② 업설(業說)과 미륵신앙이 유행함, ③ 신라 하대 밀교(密敎)가 성행하였다.

[4] 남북국시대

63 **(가) 시기에 해당되는 사실로 옳은 것만을 <보기>에서 모두 고르면?**

18. 지방직

> 문무왕이 왕위에 올랐다.
>
> ↓
>
>   (가)
>
> ↓
>
> 신라가 기벌포에서 당의 수군을 격파하였다.

<보기>
ㄱ. 신라가 안승을 고구려왕에 봉했다.
ㄴ. 당나라가 신라를 계림대도독부로 삼았다.
ㄷ. 신라가 황산벌 전투에서 백제군을 무찔렀다.
ㄹ. 보장왕이 요동지역에서 고구려 부흥을 꾀했다.

① ㄱ, ㄴ   ② ㄱ, ㄷ
③ ㄴ, ㄹ   ④ ㄷ, ㄹ

<정답 및 해설> ①
자료의 문무왕 즉위는 661년, 기벌포 전투의 승리는 676년 11월이었다.
ㄱ) 674년, ㄴ) 663년, ㄷ) 660년, ㄹ) 보장왕(642~668)은 677년에 요동지역에서 고구려 부흥을 꾀하였다.

64 **신라 문무왕의 유언이다. 밑줄 친 ㉠~㉣의 내용과 부합하지 않는 것은?**

18. 국가직

> 과인은 운수가 어지럽고 전쟁을 하여야 하는 때를 만나서 ㉠서쪽을 정벌하고 ㉡북쪽을 토벌하여 영토를 안정시켰고, ㉢배반하는 무리를 토벌하고 ㉣협조하는 무리를 불러들여 멀고 가까운 곳을 모두 안정시켰다.
>
> - 삼국사기

① ㉠ - 태자로서 참전하여 백제를 멸망시켰다.
② ㉡ - 당나라 군대와 함께 고구려를 멸망시켰다.
③ ㉢ - 백제 부흥운동을 주도한 복신을 공격하였다.
④ ㉣ - 임존성에서 저항하던 지수신의 투항을 받아주었다.

<정답 및 해설> ④
제시된 자료는 문무왕의 삼국통일 과정의 내용이다.
④ '협조하는 무리를 불러들였다.'는 것은 고구려 부흥운동 세력이었던 안승이 투항하자 그를 받아들인 내용이다. 안승은 674년 문무왕에 의해 금마저에서 보덕국의 왕으로 추대되었다. 따라서 백제의 지수신이 아니라 고구려 보장왕의 서자인 안승이어야 한다. 지수신은 고구려와 일본의 지원으로 임존성(한산)에서 흑치상지와 함께 부흥운동을 전개하였으나, 663년 함락된 후 고구려로 망명하였다.

65 통일신라에 대한 설명으로 가장 옳은 것은?

18. 서울시

① 통일 후에는 주로 진골귀족으로 구성된 9서당을 국왕이 장악함으로써 왕실이 주도하는 교육제도를 구축하였다.

② 불교가 크게 융성한 통일신라의 수도인 경주에서는 주로 천태종이 권력과 밀착하며 득세하였다.

③ 신라 중대 때는 주로 원성왕의 후손들이 즉위하면서 비교적 강력한 왕권을 행사하였다.

④ 넓어진 영토를 관리하기 위해 지방행정을 구획하였는데, 5소경도 이에 해당한다.

<정답 및 해설> ④
④ 신문왕 때 9주 5소경, ① 9서당은 교육제도가 아니라 중앙군사제도, ② 의상의 화엄종을 비롯한 5교종파가 득세, ③ 무열왕(김춘추)의 후손들이 집권하여 진골을 무열계라고도 하였다. <삼국사기>에 의해 29대 무열왕부터 36대 혜공왕까지를 중대(中代)라 한다.

66 다음 왕의 재위기간에 있었던 사실로 옳은 것은?

18. 국가직

• 왕 원년 : 소판 김흠돌, 파진찬 흥원, 대아찬 진공 등이 반역을 도모하다가 사형을 당하였다.
• 왕 9년 : 달구벌로 서울을 옮기려다 실현하지 못하였다.

－삼국사기

① 관료에게 지급하는 녹읍을 부활하였다.

② 국학을 설치하여 유학을 교육하였다.

③ 수도에 서시와 남시를 설치하였다.

④ 사방에 우역을 설치하였다.

<정답 및 해설> ②
제시된 사료는 신문왕(神文王, 681~692)의 업적이다.
① 경덕왕, ③ 효소왕, ④ 우역(牛驛) 설치는 소지마립간(487)

67 시대별 지방행정 제도에 대한 설명으로 옳은 것은?

18. 국가직

① 통일신라 - 촌의 행정은 촌주가 담당하였다.

② 발해 - 전국 330여 개의 모든 군현에 수령을 파견하였다.

③ 고려 - 촌락지배 방식으로 면리제가 확립되었다.

④ 조선 - 향리 통제를 위하여 사심관을 파견하였다.

<정답 및 해설> ①
① 통일신라의 말단 행정구역인 촌은 촌주가 관장하며, 촌락문서를 3년마다 재작성하였다.
②·③항 조선시대는 고려의 속현과 향·소·부곡을 폐지하고 면리제를 실시하였다. ④항 태조 왕건이 시행하였다.

68 **(가) 시기의 경제상황에 대한 설명으로 옳은 것은?**

19. 국가직

		(가)		
국호 '신라' 확정	9주5소경 설치	대공의 난 발발		독서삼품과 실시

① 백성에게 정전을 처음으로 지급하였다.
② 시장을 감독하는 관청인 동시전을 신설하였다.
③ 백성의 구휼을 위하여 진대법을 제정하였다.
④ 청주(菁州)의 거로현을 국학생의 녹읍으로 삼았다.

> **<정답 및 해설> ①**
> 9주 5소경의 설치는 31대 신문왕 5년(685), 대공(大恭)의 난은 36대 혜공왕 767년(768년이라고도 함) 7월에 발발하여 한 달 뒤 진압·숙청되었다. ① 33대 성덕왕 21년(722), ② 22대 지증왕 10년(509) 경주에 설치한 시장 감독관청, ③ 고구려 9대 고국천왕(194년) 때 을파소의 건의로 실시, ④ 39대 소성왕 원년(799)의 내용이다.

69 **다음의 군사제도가 실시된 시기 순으로 바르게 나열한 것은?**

17. 지방직

	중 앙	지 방
ㄱ	9서당	10정
ㄴ	5위	진관체제
ㄷ	5군영	속오군
ㄹ	2군과 6위	주현군과 주진군

① ㄱ→ㄴ→ㄷ→ㄹ
② ㄱ→ㄹ→ㄴ→ㄷ
③ ㄴ→ㄱ→ㄷ→ㄹ
④ ㄴ→ㄹ→ㄱ→ㄷ

> **<정답 및 해설> ②**
> ㉠ 통일신라, ㉣ 고려, ㉡ 조선 전기, ㉢ 조선 후기

40 한국사 필수 기출문제 415제

70 다음 밑줄 친 '대사'에 대한 내용으로 옳지 않은 것은?

17. 지방직

> 이 엔닌은 <u>대사</u>의 어진 덕을 입었기에 삼가 우러러 뵙지 않을 수 없습니다. 저는 이미 뜻한 바를 이루기 위해 당나라에 머물러 왔습니다. 부족한 이 사람은 다행히도 <u>대사</u>께서 발원하신 적산원(赤山院)에 머물 수 있었던 것에 대해 감경(感慶)한 마음을 달리 비교해 말씀드리기가 어렵습니다.
>
> — 입당구법순례행기

① 법화원을 건립하고 이를 지원하였다.
② 당나라에 가서 서주 무령군 소장이 되었다.
③ 회역사, 견당매물사 등의 교역사절을 파견하였다.
④ 웅주를 근거지로 반란을 일으켜 장안(長安)이라는 나라를 세웠다.

<정답 및 해설> ④
제시된 자료의 '대사'는 장보고이다. 일본 승려 <엔닌일기>(입당구법순례행기)를 제시하였다.

71 통일신라의 경제상황에 대한 설명으로 옳지 않은 것은?

19. 지방직

① 왕경에 서시전과 남시전이 설치되었다.
② 어아주, 조하주 등 고급비단을 생산하여 당나라에 보냈다.
③ 촌락의 토지결수, 인구수, 소와 말의 수 등을 파악하였다.
④ 시비법과 이앙법 등의 발달로 농민층에서 광작이 성행하였다.

<정답 및 해설> ④
④ 조선 후기 농업생산력의 발전과 관련하여 농민의 계층분화가 촉진되고 빈부격차가 심화되었다.

72 다음과 같은 문서가 작성되었던 시대에 대한 설명으로 옳지 않은 것은?

16. 지방직

> 토지는 논, 밭, 촌주위답, 내시령답 등 토지의 종류와 면적을 기록하고, 사람들은 인구, 가호, 노비의 수와 3년 동안의 사망, 이동 등 변동 내용을 기록하였다. 그 밖에 소와 말의 수, 뽕나무, 잣나무, 호두나무의 수까지 기록하였다.

① 관료에게는 관료전을, 백성에게는 정전을 지급하였다.
② 인구는 남녀 모두 연령에 따라 6등급으로 나누어 파악하였다.
③ 전국을 9주로 나누고, 주 아래에는 군이나 현을 두어 지방관을 파견하였다.
④ 국가에 봉사하는 대가로 관료에게 토지를 나누어 주는 전시과 제도를 운영하였다.

<정답 및 해설> ④
제시된 자료는 촌락문서의 내용이다.
경덕왕 14년(755)에 세원(稅源)의 파악을 목적으로 편제되었다.

73 다음은 신라 토지제도의 전개에 대한 설명이다. ㉠~㉣에 들어갈 내용을 바르게 나열한 것은?

14. 사회복지직

- 신문왕 7년, ㉠을 차등 있게 지급하였다.
- 신문왕 9년, 내외관의 ㉡을 혁파하였다.
- 성덕왕 21년, 처음으로 백성에게 ㉢을 지급하였다.
- 경덕왕 16년, 다시 ㉣을 지급하였다.

	㉠	㉡	㉢	㉣
①	녹읍	식읍	민전	식읍
②	식읍	녹읍	정전	녹읍
③	문무관료전	녹읍	정전	녹읍
④	문무관료전	식읍	민전	식읍

<정답 및 해설> ③

관료전	관료에게 수조권만 지급 - 귀족경제 약화
녹읍	관료에게 수조권, 요역 징발권, 시지권, 공납권 등 지급 - 귀족경제 강화
정전	농민에게 토지 지급 - 자영농의 육성을 통한 민생안정 및 왕권강화

74 다음 자료에 나타난 통일신라시대의 신분층과 연관된 설명으로 옳은 것은?

16. 국가직

(그들의) 집에는 녹(祿)이 끊이지 않았다. 노동(奴僮)이 3천 명이며, 비슷한 수의 갑병(甲兵)이 있다. 소, 말, 돼지는 바다 가운데 섬에서 기르다가 필요할 때 활로 쏘아 잡아먹는다. 곡식을 남에게 빌려 주어 늘리는데, 기간 안에 갚지 못하면 노비로 삼아 부린다.

- 신당서

① 관등 승진의 상한은 아찬까지였다.
② 도당 유학생의 대부분을 차지하였다.
③ 돌무지덧널무덤을 묘제로 사용하였다.
④ 식읍·전장 등을 경제적 기반으로 하였다.

<정답 및 해설> ④
자료의 그들은 지배층인 귀족이다.
④ 식읍은 왕족이거나 공신만이 받을 수 있는 토지, 전장은 곧 농장을 의미함, ① 6두품의 승진 상한선, ② 6두품, ③ 통일 이전의 무덤 모습으로 천마총으로 대표된다.

42   한국사 필수 기출문제 415제

75 다음 글을 지은 사람들의 공통점으로 옳은 것은?

17. 지방직

> (가) 낭혜화상백월보광탑비문(朗慧和尙白月葆光塔碑文)
> (나) 대견훤기고려왕서(代甄萱寄高麗王書)
> (다) 낭원대사오진탑비명(郞圓大師悟眞塔碑銘)

① 골품제를 비판하고 호족 억압을 주장하였다.
② 국립 교육기관인 태학(太學)에서 공부하였다.
③ 신라뿐만 아니라 고려왕조에서도 벼슬하였다.
④ 당나라에 유학하여 빈공과(賓貢科)에 급제하였다.

<정답 및 해설> ④
(가) 최치원이 지은 비문, (나) 최승우가 견훤을 대신하여 지어 고려 왕건에게 보낸 서신. 다) 문장가인 최언위 (최신지)가 지은 비문이다.

76 다음 자료에 나타난 시기에 대한 설명으로 옳은 것은?

16. 지방직

> 곳곳에서 도적이 벌 떼같이 일어났다. 이에, 원종·애노 등이 사벌주(상주)에 의거하여 반란을 일으키니, 왕이 나마 벼슬의 영기에게 명하여 잡게 하였다.

① 지방에서는 호족세력이 성장하였다.
② 신진 사대부가 대두하여 권문세족을 비판하였다.
③ 농민들은 전정, 군정, 환곡 등 삼정의 문란으로 고통을 받았다.
④ 봄에 곡식을 빌려 주었다가 가을에 추수한 것으로 갚게 하는 진대법을 실시하였다.

<정답 및 해설> ①
자료는 신라 말 진성여왕 3년(889)에 사벌주에서 발발한 민란을 제시한 내용이다.
① 원종과 애노는 신라 말 최초의 호족, ② 고려 말, ③ 19세기 세도정치기, ④ 194년 고구려 고국천왕이 실시하였다.

77 삼국통일 과정에서 나타난 사건을 순서대로 바르게 나열한 것은?

17. 서울시

> ㈎ 나당 연합군이 평양성을 함락시켰다.
>
> ㈏ 신라가 매소성에서 당군을 크게 물리쳤다.
>
> ㈐ 계백의 저항에도 불구하고 사비성이 함락되었다.
>
> ㈑ 백제, 왜 연합군이 나당 연합군과 백강에서 전투를 벌였다.

① ㈏ - ㈎ - ㈐ - ㈑

② ㈏ - ㈐ - ㈎ - ㈑

③ ㈐ - ㈑ - ㈎ - ㈏

④ ㈑ - ㈐ - ㈎ - ㈏

<정답 및 해설> ③
㈐ 660년, ㈑ 663년, ㈎ 668년, ㈏ 675년

78 남북국시대에 대한 설명으로 옳지 않은 것은?

14. 사회복지직

① 신라는 백제와 고구려 옛 지배층에게 관등을 주어 포용하였다.

② 신라의 6두품 출신들은 학문과 실무능력을 바탕으로 정치적 진출을 활발하게 하였다.

③ 발해의 주민 중 다수는 말갈인이었는데 이들은 지배층에 편입되지 못하였다.

④ 발해는 당의 제도와 문화를 받아들였으나 고구려와 말갈의 전통을 유지하였다.

<정답 및 해설> ③
말갈인들 중 일부는 지배층에 편입되었다.
① 민족융합정책, ② 중대 왕권전제화에 공헌, ④ 문화의 이원적 성격에 따라 고구려 문화를 기초로 당의 문화를 흡수하고 피지배층인 말갈문화를 유지하였다.

79 다음 중 통일신라시대의 사회와 경제 관련 내용으로 가장 옳지 않은 것은?

17. 사회복지직

① 신문왕은 관료전을 지급하고 녹읍을 폐지하였다.

② 성덕왕대에는 일반 백성들에게 정전을 지급하였다.

③ 헌강왕대에 녹읍이 부활되고, 경덕왕대에 관료전이 폐지되었다.

④ 일본 정창원에서 발견된 신라 촌락문서는 서원경 부근의 4개 촌락을 대상으로 한 것이다.

<정답 및 해설> ③
③ 경덕왕 16년(757) 녹읍이 부활되고 관료전이 폐지되었다.

80 <보기>의 '왕' 재위기간에 있었던 사실로 가장 옳은 것은?

18. 서울시

<보기>
　나라 안의 여러 주군에서 세금을 바치지 않으니, 창고가 비고 나라의 쓰임이 궁핍하였다. 왕이 독촉하자 곳곳에서 도적이 벌떼같이 일어났다. 이에 원종, 애노 등이 사벌주(상주)에 의거하여 반란을 일으키니, 왕이 나마 벼슬의 영기를 시켜 사로잡게 하였다.

-『삼국사기』

① 관직과 주현의 이름을 중국식 한자로 바꾸었다.
② 귀족과 관리에게 주던 녹읍을 폐지하였다.
③ 해적을 소탕하기 위해 청해진을 세웠다.
④ 위홍 등이 향가를 모아 『삼대목』을 편찬하였다.

<정답 및 해설> ④
자료는 신라 말의 상황으로 진성여왕 3년(889)의 내용을 제시하였다. 진성여왕은 887년~897년까지 재위하였다. ④ 진성여왕 2년(888) 각간 위홍과 대구화상이 왕명을 받아 편찬한 향가집, ① 경덕왕의 한화정책(漢化政策), ② 신문왕 9년(689), ③ 흥덕왕 3년(828)에 설치되었다.

81 남북국시대에 대한 설명 중 옳지 않은 것은?

15. 서울시

① 발해는 일본과 교류하며 무역에도 힘썼다.
② 발해의 무왕은 신라와 연합해 당을 공격하였다.
③ 발해는 신라도라는 교통로를 이용해 신라와도 무역하였다.
④ 장보고는 청해진을 중심으로 동아시아의 무역을 장악하였다.

<정답 및 해설> ②
② 신라는 당과 연합하여 발해에 저항하였다.
① 동경을 통하여 교역, ③ 남경일대에 설치, ④ 「동국통감」의 흥덕왕 3년(828)의 기사로 기록되었다.

82 **발해에서 일어난 일을 시기 순으로 바르게 나열한 것은?**

17. 국가직

> ㄱ. 장문휴가 당의 산동지방 등주를 공격하였다.
> ㄴ. 수도를 중경현덕부에서 북쪽의 상경용천부로 옮겼다.
> ㄷ. 당으로부터 '발해군왕'에서 '발해국왕'으로 봉해졌다.
> ㄹ. '건흥'이라는 연호를 사용하였다.

① ㄱ→ㄴ→ㄷ→ㄹ   ② ㄱ→ㄷ→ㄹ→ㄴ

③ ㄴ→ㄱ→ㄹ→ㄷ   ④ ㄱ→ㄷ→ㄴ→ㄹ

<정답 및 해설> ①
ㄱ) 2대 무왕, ㄴ) 3대 문왕(756년), ㄷ) 3대 문왕(762년), ㄹ) 10대 선왕

83 **<보기>의 '왕'에 대한 설명으로 가장 옳은 것은?**

18. 서울시

> <보기>
> 왕은 당이 내분으로 어지러워진 틈을 타서 영토를 넓히고, 수도를 중경에서 상경으로, 다시 동경으로 옮겼다. 또한 대흥, 보력 등 독자적인 연호를 사용하였다.

① 산동지방에 수군을 보내 당을 공격하였다.
② 당으로부터 해동성국이라 불렸다.
③ 전륜성왕을 자처하고 황상이라는 칭호를 사용하였다.
④ 동모산에 나라를 세웠다.

<정답 및 해설> ③
발해 문왕(대흠무) 때의 내용을 제시하였다.
③ 문왕이 일본에 보낸 국서에 황상(皇上), 구생관계(舅甥關係), 고(구)려왕 등의 칭호를 사용하였다. ① 무왕
(732~733), ② 선왕, ④ 대조영(고왕)

84 발해에 대한 설명으로 옳지 않은 것은?

19. 국회직

① 『구당서』와 『신당서』에서는 대조영을 고려의 별종이라 전하고 있다.
② 대조영은 목단강 상류의 동모산 지역에 정착하여 698년 나라를 세우고, 국호를 진국이라 하였다.
③ 당나라는 대조영을 발해군왕으로 책봉하여 현실적인 세력으로 인정하였다.
④ 9세기에 융성하여 당으로부터 해동성국이라는 칭호를 얻었다.
⑤ 무왕의 뒤를 이은 문왕은 고려국왕임을 자처하였다.

> <정답 및 해설> ①
> ①항의 『신당서』는 속말말갈족(粟末靺鞨族)으로 보고 있다.

85 (가) 왕대의 사실에 대한 설명으로 옳은 것은?

19. 국가직

> (가)은/는 흑수말갈이 당과 통하려고 하자 군사를 동원하여 흑수말갈을 치게 하였다. 또한, 일본에 사신 고제덕 등을 보내 "여러 나라를 관장하고 여러 번(藩)을 거느리며, 고구려의 옛 땅을 회복하고 부여의 옛 습속을 지니고 있다."라고 하여 강국임을 자부하였다.

① 국호를 진국에서 발해로 바꾸었다.
② 신라는 급찬 숭정을 발해에 사신으로 보냈다.
③ 대흥이라는 독자적인 연호를 사용하였다.
④ 장문휴가 당의 등주를 공격하였다.

> <정답 및 해설> ④
> 「흑수말갈이 당과 통하려고 하자 군사를 동원하여 흑수말갈을 치게 하였다」에서 장문휴로 하여금 당을 공격한 발해의 대무예로 2대 무왕(武王, 719~737)에 관한 내용이다.
> ① 대조영 고왕, ② 헌덕왕 4년(812), ③ 대흠무 문왕(文王, 737~793)의 연호였다.

86 발해의 사회모습에 대한 설명으로 가장 옳지 않은 것은?

19. 서울시·보훈청

① 주민은 고구려 유민과 말갈인으로 구성되었다.
② 중앙 문화는 고구려 문화를 바탕으로 당의 문화가 가미된 형태를 보였다.
③ 당, 신라, 거란, 일본 등과 무역하였는데, 대신라 무역의 비중이 가장 컸다.
④ 유학 교육기관인 주자감을 설치하여 귀족 자제에게 유교경전을 가르쳤다.

> <정답 및 해설> ③
> ③ 발해와 신라는 기본적 노선이 적대적인 관계였다.
> 양국은 신라도를 통한 제한적 교역이 있었다. 대당무역의 비중이 가장 컸다.
> ① 이원적 민족구성으로 고구려인은 대다수가 지배층을 이룸, ② 지배층이 고구려인이었기 때문, ④ 문왕 때 주자감과 문적원을 설립하고 당에 유학생을 파견하였다.

87 성격이 유사한 것끼리 옳게 짝지은 것은?

18. 지방직

① 대대로 - 대내상 　　② 중정대 - 승정원

③ 2성 6부 - 5경 15부 　　④ 기인제도 - 녹읍제도

> **<정답 및 해설> ①**
> ① 고구려와 발해의 수상, ② 승정원이 아니라 감찰기관인 사헌부, ③ 고려의 중앙관제와 발해의 지방관제
> 명칭, ④ 기인(其人)과 유사한 것은 신라의 상수리(上守吏)였다.

88 다음은 발해사에 대한 중국과 러시아 입장이다. 한국사의 입장에서 이를 반박하는
증거로 적절한 것은?

18. 국가직

> • 중국 : 소수민족 지역의 분리 독립의식을 약화시키려고, 국가라기보다는 당 왕조에 예속
> 　　　된 지방민족 정권 차원에서 본다.
> • 러시아 : 중국 문화보다는 중앙아시아나 남부 시베리아의 영향을 강조하여 러시아의 역사
> 　　　에 편입시키려 한다.

① 신라와의 교통로 　　② 상경성 출토 온돌장치

③ 유학교육 기관인 주자감 　　④ 3성 6부의 중앙행정 조직

> **<정답 및 해설> ②**
> 제시된 자료는 중국의 동북공정과 러시아의 주장론이다. 곧 발해사를 각각 자국의 역사라고 하는 내용이므로,
> 이를 반박할 중요한 자료는 발해의 상당수 유물들이 고구려 계통임을 강조하여야 한다.

89 빈칸에 들어갈 왕의 재임시기에 일어난 사실로 가장 옳은 것은?

16. 서울시

발해와 당은 발해 건국 과정에서부터 대립적이었으며 발해의 고구려 영토 회복 정책으로 양국의 대립은 더욱 노골화되었다. 당은 발해를 견제하기 위해 흑수말갈 지역에 흑수주를 설치하고 통치관을 파견하였다. 이러한 당과 흑수말갈의 접근을 막기 위하여 발해의 (　　) 은 흑수말갈에 대한 정복을 추진하였다. 이 계획을 둘러싼 갈등이 비화되어 발해는 산둥 지방의 덩저우에 수군을 보내 공격하였다. 이에 대응하여 당은 발해를 공격하는 한편, 남쪽의 신라를 끌어들여 발해를 제어하려고 하였다.

① 3성 6부를 비롯한 중앙관서를 정비하였다.
② 융성한 발해는 해동성국이라는 칭호를 얻었다.
③ 왕을 황상(皇上)이라고 칭하여 황제국을 표방하였다.
④ 일본에 보낸 외교문서에서 고구려 계승의식을 천명하였다.

<정답 및 해설> ④
자료의 왕은 발해 2대 왕인 무왕(대무예(大武藝), 719~737)의 내용이다.
즉위 후 인안(仁安)이라는 독자적인 연호를 사용하고, 영토 확장 등 발해의 기반을 다졌다.
722년 쑹화강 하류에서 헤이룽강 유역에 걸쳐 거주하는 흑수말갈이 외교관계를 취할 때 발해의 사전 양해를 얻던 전통을 파기하고 독자적으로 당에 사신을 보내어 조공을 하자, 무왕은 아우인 대문예 등으로 하여금 흑수말갈을 치게 했다. 그러나 대문예가 당과 겨루는 것이 무모하다며 당에 망명하자, 이에 격분한 무왕은 732년 9월 장문휴(張文休)로 하여금 당의 등주(지금의 산둥성)를 공격하게 하여 자사(刺史) 위준을 죽였다. 당과의 충돌에 대비하는 방책의 하나로 727년 일본에 사신을 보내어 통교했다. 이때 신라는 당 현종의 요구로 신라장군 김사란과 김윤중(김유신의 손자)을 파견하여 원병하였다. ①·③은 문왕(대문예, 737~793), ② 선왕(대인수, 818~830)의 업적이다.

90 밑줄 친 '왕'의 재위기간에 있었던 사실로 옳은 것은?

17. 국가직

왕 7년 5월에 왕이 하교하여 문무 관료전을 차등 있게 지급하였다. … 왕 9년 정월에 하교하여 중외 관리들의 녹읍을 파하고 세조(歲租)를 차등 있게 지급하는 것을 항식(恒式)으로 삼도록 했다.

- 삼국사기

① 독서삼품과가 시행되었다.
② 백성들에게 정전을 지급하였다.
③ 중앙군을 9개의 서당으로 개편하였다.
④ 관직과 주군현의 명칭을 중국식 한자명으로 바꾸었다.

<정답 및 해설> ③
신라 31대 신문왕 7년(687)과 9년(689)의 내용이다.
③ 9서당과 10정, ① 원성왕 4년(788), ② 성덕왕 21년(722), ④ 중국식 한자 명칭을 한화정책이라고 하며 경덕왕 때 시행되었다.

91 **<보기>의 통일신라시대의 경제제도를 시간 순으로 바르게 나열한 것은?**

18. 서울시

<보기>
ㄱ. 중앙과 지방의 여러 관리에게 매달 주던 녹봉을 없애고 다시 녹읍을 주었다.
ㄴ. 중앙과 지방 관리들의 녹읍을 폐지하고 해마다 조(租)를 차등 있게 주었으며, 이를 일정한 법으로 삼았다.
ㄷ. 처음으로 백성들에게 정전(丁田)을 지급하였다.
ㄹ. 교서를 내려 문무 관료들에게 토지를 차등 있게 주었다.

① ㄴ → ㄱ → ㄹ → ㄷ   ② ㄴ → ㄹ → ㄱ → ㄷ
③ ㄹ → ㄷ → ㄴ → ㄱ   ④ ㄹ → ㄴ → ㄷ → ㄱ

<정답 및 해설> ④
ㄹ) 신문왕 7년(687)의 관료전, ㄴ) 신문왕 9년(689)의 녹읍제 폐지, ㄷ) 성덕왕 21년(722), ㄱ) 경덕왕 16(757)

92 **다음과 같은 불교사상의 영향을 받아 만들어진 문화재는?**

18. 지방직

이 불교 사상은 개인적 정신세계를 추구하는 경향이 강하였기 때문에 지방에서 독자적인 세력을 이루어 성주나 장군을 자처하던 자들로부터 큰 호응을 받았다.

① 성덕대왕신종   ② 쌍봉사철감선사탑
③ 경천사지십층석탑   ④ 금동미륵보살반가사유상

<정답 및 해설> ②
자료의 「개인적 정신세계를 추구하는 경향」, 「지방에서 독자적인 세력을 이루어 성주나 장군을 자처하던 자들로부터 큰 호응」을 얻은 불교사상은 신라 말에 유행한 선종(禪宗)이었다.
①,④항은 왕실불교인 교종(敎宗)과 관련된다. ③ 라마불교의 영향을 받은 고려 건축물이다.

93 <보기>에서 제시된 인물의 공통점으로 가장 옳은 것은?

18. 서울시

<보기>
ㄱ. 김운경   ㄴ. 최치원
ㄷ. 최언위   ㄹ. 최승우

① 고려 출신으로 당나라에서 유학했다.
② 7세기와 8세기에 활약했던 신라의 대문장가이다.
③ 숙위학생으로 당 황제의 호위무사가 되었다.
④ 당나라의 빈공과에 급제한 후 귀국하였다.

<정답 및 해설> ④
도당유학생 신분의 6두품으로 ④항이 옳다. 빈공과(賓貢科)는 신라와 발해의 학생을 위해 당이 실시하는 특별 과거제였다. ③항의 숙위학생(宿衛學生)은 당의 관비 유학생을 의미하는데 최치원은 사비 유학생이었다. 숙위 학생에 대해 신라정부는 책값 정도만 부담하고 일체를 당에서 부담하였다.

[5] 중세 고려시대

94 고려 태조가 시행한 정책으로 옳지 않은 것은?

19. 지역인재

① 발해를 멸망시킨 거란을 배척하였다.
② 『훈요십조』를 남겨 후대의 왕에게 정책 기본 방향을 제시하였다.
③ 후삼국을 통일하는 데 공을 세운 공신에게 공음전을 하사하였다.
④ 고려 건국과 후삼국 통일에 협력한 호족에게 성씨를 내려 주었다.

<정답 및 해설> ③
③ 역분전(役分田)을 하사하였다.
5품관 이상에게 지급되어 세습이 가능한 공음전(功蔭田)은 문종 3년(1049)에 완비되었다.

95 다음 밑줄 친 '왕'에 대한 설명으로 옳은 것은?

15. 서울시

왕의 이름은 소(昭)다. 치세 초반에는 신하에게 예를 갖추어 대우하고 송사를 처리하는 데 현명하였다. 빈민을 구휼하고, 유학을 중히 여기며, 노비를 조사하여 풀어 주었다. 밤낮으로 부지런하여 거의 태평의 정치를 이루었다. 중반 이후로는 신하를 많이 죽이고, 불법(佛法)을 지나치게 좋아하며 절도가 없이 사치스러웠다.

-고려사절요

① 쌍기의 건의로 과거제를 실시하였다.
② 12목을 설치하고 지방관을 파견하였다.
③ 호족을 견제하기 위해 사심관과 기인제도를 마련하였다.
④ 승려인 신돈을 등용하여 전민변정도감을 설치하였다.

<정답 및 해설> ①
자료의 왕은 광종(949~976)이다. 이름이 왕소(王昭)였다.
① 958년 실시, ② 성종, ③ 태조, ④ 공민왕

96 <보기>의 (가),(나)와 같은 건의를 받은 국왕에 대한 설명으로 가장 옳은 것은?

19. 서울시·보훈청

<보기>
(가) 우리 태조께서는 나라를 통일한 뒤에 외관을 두고자 하였으나, 대개 초창기이므로 일이 번거로워 겨를이 없었습니다. 이제 가만히 보건대, 향호가 매양 공무를 빙자하여 백성을 침해하여 횡포를 부리어 백성이 견디지 못하니, 청컨대 외관을 두도록 하십시오.
(나) 겸손한 마음을 가지고 항상 조심하고 두려워하며 신하를 예로써 대우할 때 신하는 충성으로써 임금을 섬기는 것입니다.

① 호족과의 혼인정책을 적극적으로 추진하였다.
② 노비안검법을 실시하여 호족의 경제력을 약화시켰다.
③ 양현고를 설치하고 보문각과 청연각을 세워 유학을 진흥시켰다.
④ 연등회를 축소하고 팔관회를 폐지하여 국가적인 불교행사를 억제하였다.

<정답 및 해설> ④
자료는 고려의 최승로가 성종에게 바친 오조정적평(五祖政績評)의 내용이다.
최승로는 시무28조에서 성종에게 ④항을 건의하였다. ① 태조의 호족통혼정책, ② 광종, ③ 예종 때 관학의 진흥을 위한 조치였다.

97 고려 전기의 문산계와 무산계에 대한 설명으로 옳지 않은 것은?

18. 지방직

① 중앙 문반에게 문산계를 부여하였다.
② 성종 때에 문산계를 정식으로 채택하였다.
③ 중앙 무반에게 무산계를 제수하였다.
④ 탐라의 지배층과 여진 추장에게 무산계를 주었다.

<정답 및 해설> ③
성종 때 중앙의 문·무반은 모두 문산계를, 지방관과 ④항의 인물에게는 무산계를 부여하였다.
이때 왕족과 비왕족으로 구분하여 작위제(爵位制)도 시행되었다.

98 고려의 정치와 사회에 대한 설명으로 가장 옳지 않은 것은?

16. 서울시

① 정치제도는 당과 송의 제도를 참고하여 2성 6부제로 정비하였다.
② 지방제도는 5도 양계 및 경기로 구성되었고, 태조 때부터 12목을 설치하였다.
③ 관리 등용 제도로는 과거와 음서 등이 있었으며 무과는 거의 실시되지 않았다.
④ 성종 대에 최승로는 시무 28조를 건의하는 등 유교정치 이념의 토대를 닦았다.

<정답 및 해설> ②
② 현종 때 5도 양계 및 경기로 구성되었고, 성종 때 12목을 설치하였다.

99 **고려시대 군사제도에 대한 설명으로 가장 옳지 않은 것은?**

19. 서울시

① 북방의 양계지역에는 주현군을 따로 설치하였다.
② 2군(二軍)인 응양군과 용호군은 왕의 친위부대였다.
③ 6위(六衛) 중의 감문위는 궁성과 성문수비를 맡았다.
④ 직업군인인 경군에게 군인전을 지급하고 그 역을 자손에게 세습시켰다.

<정답 및 해설> ①
① 양계에는 상비군인 주진군(州鎭軍)을 두고, 5도에 주현군(州縣軍)을 두었다.
② 목종 때 설치한 직업군인으로 세습됨, ③ 성종 때 설치한 직업군인, ④ 군인전은 2군6위의 중앙군에만 지급되었다. 5도 양계의 지방군은 의무병으로 양호(養戶)만을 지급하였다.

100 **고려시대 음서에 대한 설명으로 옳은 것만을 모두 고른 것은?**

14. 사회복지직

㉠ 공신의 후손을 위한 음서도 있었다.
㉡ 음서 출신자는 5품 이상의 고위 관직에 오를 수 없었다.
㉢ 10세 미만이 음직을 받은 사례도 있었다.
㉣ 왕의 즉위와 같은 특별한 시기에만 주어졌다.

① ㉠,㉢   ② ㉠,㉡
③ ㉡,㉣   ④ ㉢,㉣

<정답 및 해설> ①
음서는 공음과 문음으로 구분되어 시행되었다.
㉡은 고위관직에 오를 수 있고, ㉣ 음서는 매년 12월경에 행하는 정기 음서와 새 국왕의 즉위, 왕 태후나 왕 세자의 책봉, 태묘친향, 국난극복, 국왕의 3경 순행, 유공대신의 치사나 죽음 등을 계기로 행하는 부정기 음서로 나누어 시행하였다.

101 밑줄 친 '이곳'에서 일어난 일로 옳은 것은?

18. 지방직

> 고려 정종 때 이곳으로 천도계획을 세웠으나 실현되지 못했고, 문종 때 이곳 주위에 서경 4도를 두었다.

① 이곳에서 현존 세계 최고의 직지심체요절이 간행되었다.
② 지눌이 이곳을 중심으로 수선사 결사운동을 전개하였다.
③ 조위총이 정중부 등의 타도를 위해 이곳에서 반란을 일으켰다.
④ 강조가 군사를 이끌고 이곳으로 들어와 김치양 일파를 제거하였다.

<정답 및 해설> ③
자료의 이곳은 곧 서경(西京, 평양)이다.
① 청주 흥덕사지, ② 순천, ④ 개경

102 다음과 같은 글을 남긴 국왕의 업적에 해당하는 것은?

19. 지방직

> 우리 동방은 옛날부터 중국의 풍속을 흠모하여 문물과 예악이 모두 그 제도를 따랐으나, 지역이 다르고 인성도 각기 다르므로 꼭 같게 할 필요는 없다. 거란은 짐승과 같은 나라로 풍속이 같지 않고 말도 다르니 의관제도를 삼가 본받지 말라.
>
> – 고려사

① 물가조절을 위해 상평창을 설치하였다.
② 기인·사심관제와 함께 과거제를 실시하였다.
③ 혼인정책과 사성정책을 통해 호족을 포섭하였다.
④ 광군 30만을 조직하여 거란의 침략에 대비하였다.

<정답 및 해설> ③
태조 왕건의 대 거란 적대정책과 관련된 훈요십조의 내용이다.
① 성종, ② 과거제의 실시는 광종, ④ 최광윤의 건의에 따라 3대 정종이 설치하였다.

www.ucampus.ac 57

103 **다음 (갑)과 (을)의 담판 이후에 있었던 (을)의 활동으로 옳은 것은?**

18. 국가직

> • (갑) 그대 나라는 신라 땅에서 일어났고 고구려 땅은 우리의 소유인데 그대들이 침범했다.
> • (을) 아니다, 우리야 말로 고구려를 이은 나라이다. 그래서 나라 이름도 고려라 했고, 평양에 도읍하였다. 만일 땅의 경계로 논한다면 그대 나라 동경도 모두 우리 강역에 들어있는 것인데 어찌 침범이라 하겠는가.

① 천리장성 축조　　　　　　② 강동6주 경략
③ 귀주대첩　　　　　　　　④ 9성 설치

<정답 및 해설> ②
고려 성종 때 거란의 1차 침입(993) 당시 (가)는 소손녕, (나)는 서희의 외교담판과 관련된 내용이다. 그 결과 서희가 소손녕을 설득하여 강동6주를 설치하게 되었다.

104 **<보기>의 빈칸에 공통적으로 해당하는 국가와 관련하여 고려시대에 발생한 일로 가장 옳은 것은?**

18. 서울시

> <보기>
> • 모든 관리들을 소집해 (　　)을/를 상국으로 대우하는 일의 가부를 의논하게 하자 모두 불가하다고 했으나, 이자겸과 척준경만이 찬성하고 나섰다.
> • (　　)은/는 전성기를 맞아 우리 조정이 그들의 신하임을 칭하도록 하고자 하였다. 여러 의견들이 뒤섞여 어지러운 가운데, 윤언이가 홀로 간쟁하여 말하기를 … 여진은 본래 우리 조정 사람들의 자손이기 때문에 신하가 되어 차례로 우리 임금께 조공을 바쳐왔고, 국경 근처에 사는 사람들은 모두 우리 조정의 호적에 올라있는지 오래 되었습니다. 우리 조정이 어찌 거꾸로 그들의 신하가 될 수 있겠습니까?

① 이 국가의 침입으로 인해 국왕은 나주로 피난하였다.
② 묘청 일파는 이 국가의 정벌을 주장하였다.
③ 이 국가와 함께 강동성에 포위된 거란족을 격파하였다.
④ 이 국가의 침략에 대비하여 광군을 설치하였다.

<정답 및 해설> ②
「이자겸과 척준경만이 찬성하고 나섰다」, 「여진은 본래 우리 조정 사람들의 자손이기 때문에」에서 금나라임을 알 수 있다. 여진은 고려를 애친각라(愛親覺羅)라 하였다. 애친은 김(金), 각라는 성(姓·氏)을 의미한다. 김성이라는 뜻이다. ② 인종 13년(1135), ① 거란의 2차 침입, ③ 몽골, ④ 거란과 여진의 방어를 목적으로 설치하였다.

58　한국사 필수 기출문제 415제

105 밑줄 친 '그'에 대한 설명으로 옳은 것은?

16. 지방직

> 묘청의 천도운동에서 그가 패하고 묘청이 이겼더라면 조선사는 독립적, 진취적으로 진전
> 하였을 것이니 이것이 어찌 일천년래 제일 대사건이라 하지 아니하랴.

① 성리학적 유교사관에 입각한 사략을 저술하였다.
② 현존하는 우리나라의 최고(最古) 역사서를 편찬하였다.
③ 우리나라 역사를 단군에서부터 서술한 역사서를 저술하였다.
④ 동명왕의 업적을 칭송한 영웅 서사시인 동명왕편을 저술하였다.

<정답 및 해설> ②
자료는 신채호의 「조선사연구초」 서문에서 묘청의 난을 평가한 내용이다.
자료의 '그'는 김부식이 된다.

106 다음에 나타난 사상에 대한 설명으로 옳지 않은 것은?

17. 국가직

> 신(臣)들이 서경의 임원역 지세를 관찰하니, 이곳이 곧 음양가들이 말하는 매우 좋은 터입
> 니다. 만약 궁궐을 지어서 거처하면 천하를 병합할 수 있고, 금나라가 폐백을 가지고 와 스
> 스로 항복할 것이며, 36국이 모두 신하가 될 것입니다.

① 서경천도 운동의 배경이 되었다.
② 문종 때 남경 설치의 배경이 되었다.
③ 하늘에 제사지내는 초제의 사상적 근거가 되었다.
④ 공민왕과 우왕 때 한양천도 주장의 근거가 되었다.

<정답 및 해설> ③
자료의 「음양가들이 말하는 매우 좋은 터」란 풍수지리설(風水地理說)에서 말하는 명당을 의미한다. 곧 묘청의
서경길지설에 의한 서경천도운동에 관한 내용이다.
③항의 초제(醮祭)는 별들(하늘)에 대한 제사로 노장철학과 관련된 풍속이다.

107 **(가) 왕의 시기에 일어난 사실로 옳은 것은?**

19. 국가직

> 이자겸, 척준경이 말하기를, "금이 예전에는 작은 나라여서 요와 우리나라를 섬겼으나, 지금은 갑자기 흥성하여 요와 송을 멸망시켰다. … 작은 나라로서 큰 나라를 섬기는 것은 선왕의 도이니, 마땅히 우선 사절을 보내야 합니다."라고 하니 (가)이/가 그 의견을 따랐다.
>
> -고려사

① 도평의사사를 중심으로 정치를 주도하였다.
② 성리학을 수용하면서 『주자가례』를 보급하였다.
③ 서경에 대화궁을 짓게 하고 칭제건원을 주장하였다.
④ 몽골의 침략에 대응하기 위해 강화도로 도읍을 옮겼다.

<정답 및 해설> ③
(가)는 인종(仁宗)으로 당시 대표적 문벌귀족인 이자겸(李資謙)이 군신관계를 수락하였다.
인종 4년(1126) 이자겸의 난과 인종 13년(1135) 묘청의 난 등이 있었다. 또한, 이때 송나라 서긍이 사신으로 와서 보고 겪은 것을 기행문으로 엮은 선화봉사고려도경(宣和奉使高麗圖經)의 배경이 된 시대이기도 하였다.
① 충렬왕 5년(1279)에 도병마사(都兵馬使)를 개편한 것임. ② 성리학은 충렬왕 때 안향이 전래하고, 주자가례(朱子家禮)는 공민왕(1362) 때 정몽주가 도입, ④ 고종 19년(1232) 무신 최우 집권기였다.

108 **다음은 「고려사」에 나타난 고려 중기 두 세력의 대표적 인물의 주장이다. 이들에 대한 설명으로 옳은 것을 <보기>에서 고르면?**

17. 서울시

> ㈎ 제가 보건대 서경 임원역의 땅은 풍수지리를 하는 사람들이 말하는 아주 좋은 땅입니다. 만약 이곳에 궁궐을 짓고 전하께서 옮겨 앉으시면 천하를 다스릴 수 있습니다. 또한 금나라가 선물을 바치고 스스로 항복할 것이고 주변의 36나라가 모두 머리를 조아릴 것입니다.
>
> ㈏ 금년 여름 서경 대화궁에 30여 개소나 벼락이 떨어졌습니다. 서경이 만일 좋은 땅이라면 하늘이 이렇게 하였을 리 없습니다. 또 서경은 아직 추수가 끝나지 않았습니다. 지금 거동하시면 농작물을 짓밟을 것이니 이는 백성을 사랑하고 물건을 아끼는 뜻과 어긋납니다.

<보기>
ㄱ. ㈎ 국호를 대위, 연호를 천개로 정하고 반란을 일으켰다.
ㄴ. ㈎ 칭제건원과 요나라 정벌을 주장하였다.
ㄷ. ㈏ 개경 중심의 문벌귀족 세력의 대표였다.
ㄹ. ㈏ 편년체 역사서인 「삼국사기」를 편찬하였다.

① ㄱ,ㄷ
② ㄱ,ㄴ,ㄷ
③ ㄱ,ㄷ,ㄹ
④ ㄱ,ㄴ,ㄷ,ㄹ

<정답 및 해설> ①
(가) 서경파 묘청세력, (나) 개경파 김부식세력
ㄴ) 요나라 정벌이 아니고 금나라 정벌 주장. ㄹ) <삼국사기>는 기전체 역사서이다.

109 (가)~(라)의 시기에 있었던 사실로 옳은 것은?

16. 지방직

	(가)	(나)	(다)	(라)	

무신정변　　　최우헌집권　　　최우집권　　　김준집권　　　왕정복구

① (가) - 국정을 총괄하는 교정도감이 처음 설치되었다.
② (나) - 망이, 망소이 등 명학소민이 봉기하였다.
③ (다) - 금속활자로 상정고금예문을 인쇄하였다.
④ (라) - 고려대장경을 다시 조판하여 완성하였다.

<정답 및 해설> ③
① 교정도감 최충헌 설치, ② 명학소민의 봉기는 1176년 정중부 집권기, ③ 상정고금예문은 고종 21년(1234) 최우 집권기, ④ 고려대장경은 팔만대장경으로 1236~1251년에 완성되었다.

110 <보기>에 나열된 고려시대의 사건들을 시간 순으로 바르게 나열한 것은?

19. 서울시

<보기>
ㄱ. 거란의 소손녕이 수십만 대군을 이끌고 고려를 침입하여, 서희가 외교담판으로 거란군의 철수를 이끌어 냈다.
ㄴ. 노비의 신분을 조사해 본래 양인인 사람들을 환속시켰다.
ㄷ. 송나라 사신 서긍이 고려를 방문하고 고려도경을 지었다.
ㄹ. 전지(田地)와 시지(柴地)를 실직(實職)이 있는 사람과 없는 사람 모두에게 처음 지급하였다.

① ㄱ→ㄴ→ㄹ→ㄷ　　　　　　② ㄱ→ㄷ→ㄴ→ㄹ
③ ㄴ→ㄱ→ㄹ→ㄷ　　　　　　④ ㄴ→ㄹ→ㄱ→ㄷ

<정답 및 해설> ④
ㄴ) 광종의 노비안검법, ㄹ) 경종의 시정전시과, ㄱ) 성종 때 1차 거란의 침입, ㄷ) 인종(1123) 때 서긍이 한 달 간 고려에 체류하면서 보고 들은 것을 기록한 작품이다.

111 고려시대 무신정권기 정치와 문화에 관한 설명으로 옳지 않은 것은?

19. 서울시

① 무신집권기 초반 정권을 잡은 무신들은 상장군·대장군의 회의기관이었던 기존의 회의체 중방을 권력기구로 삼았다.
② 최충헌은 군국의 정사를 관장하는 교정도감을 설치했고, 최우는 정방과 서방을 사저에 설치했다.
③ 김보당과 조위총은 최충헌의 집권에 항거하여 군사를 일으켰다.
④ 이규보는 동명왕편을 지어 고려가 천손의 후예인 고구려의 전통을 계승하고 있다는 자부심을 표현했다.

<정답 및 해설> ③
③ 동북면 병마사 김보당의 난은 명종 3년(1173), 서경유수 조위총의 난은 이듬해 1174년에 발발하였다. 당시의 무신집권자는 정중부(鄭仲夫)였다.

112 고려시대 시기별 발생한 사건들에 대한 설명으로 옳은 것은?

19. 국회직

① 10세기 : 거란으로부터 강동6주를 획득하였다.
② 11세기 : 개경천도 문제를 둘러싸고 묘청의 난이 일어났다.
③ 12세기 : 여진의 침공을 막기 위해 강화도로 천도하였다.
④ 13세기 : 무신정권이 등장하여 과전법을 시행하였다.
⑤ 14세기 : 많은 민란이 발생하면서 노비의 인구가 격감하였다.

<정답 및 해설> ①
① 성종 12년(993) 거란의 1차 침입을 격퇴하고 서희의 강동6주 설치의 결과, ② 1135년 12세기, ③ 원의 침입에 대비하기 위해 13세기 고종 19년(1232) 천도함. ④ 무신정권의 등장은 12세기(1170), 과전법의 시행은 14세기 공양왕 3년(1391), ⑤ 12세기 무신집권기의 내용이다.

113 밑줄 친 '이 기구'가 설치된 왕 대에 있었던 사실로 옳은 것은?

17. 국가직

조정은 중국의 화약제조 기술을 터득하여 <u>이 기구</u>를 두고, 대장군포를 비롯한 20여 종의 화기를 생산하였으며, 화약과 화포를 제작하였다.

① 복원궁을 건립하여 도교를 부흥시켰다.
② 흥덕사에서 직지심체요절을 간행하였다.
③ 교장도감을 설치하여 속장경을 간행하였다.
④ 시무28조를 수용하여 유교정치를 구현하였다.

<정답 및 해설> ②
자료는 우왕 3년(1377) 최무선과 관련된 화통도감(火㷁都監)에 관한 내용이다.
① 예종, ③ 숙종, ④ 성종

114 다음은 원의 세조가 고려에 약속한 내용의 일부이다. 이 약속 이후에 일어난 사실로 옳지 않은 것은?

17. 국가직

○ 옷과 머리에 쓰는 관은 고려의 풍속을 유지하고 바꿀 필요가 없다.
○ 압록강 둔전과 군대는 가을에 철수한다.
○ 몽고에 자원해 머문 사람들은 조사하여 모두 돌려보낸다.

① 정동행성을 설치하였다.
② 2차 여몽연합군은 일본원정에 실패하였다.
③ 쌍성총관부를 설치하였다.
④ 사림원을 설치하였다.

<정답 및 해설> ③
원의 세조(世祖, 1260~1294) 쿠빌라이는 칭기스칸의 손자고, 제5대 황제였다. 충렬왕을 부마로 맞아 고려를 부마국(駙馬國)으로 삼았다.
③ 고종 45년(1258) 화주(영흥) 지역의 조휘·탁청이 몽골에 항복하자 몽골은 이 지역에 쌍성총관부를 설치하고 철령 이북을 지배하였다. ① 충렬왕 6년(1280)에 설치하고 이듬해 2차 일본원정을 단행, ② 충렬왕 7년(1281), ④ 충선왕 원년(1298)에 설치되었으나 왕이 퇴위를 당하던 동년 8월 폐지되었다. 왕명출납과 문서를 작성하고 인사행정을 담당하던 기구였다.

115 원 간섭기 고려의 국가체제에 대한 설명으로 가장 옳은 것은?

19. 서울시

① 고려 전체가 몽골의 직할지로 편입되었다.
② 정동행성의 승상은 몽골의 다루가치가 전담하였다.
③ 관제 격하의 일환으로 중서문하성과 상서성은 첨의부로 통합되었다.
④ 대막리지가 집정대신으로서 국정을 총괄하였다.

<정답 및 해설> ③
③ 충렬왕~공민왕, ① 충선왕 이후 충혜왕 때까지 4차례의 입성책동(立省策動)이 있었으나 모두 좌절되어 고려는 국가의 면모를 유지할 수 있었다. 입성이란 행성(行省)을 세워 고려국가를 직할지로 편입(예속화)하려는 책동이었다. ② 내정간섭 기구의 승상(丞相)은 모두 고려인으로 임명됨, ④ 대막리지는 고구려 유사시의 수상 명칭이었다. 이 시대 국정총괄은 첨의부의 장관인 첨의중찬(僉議中贊)이었다.

116 충선왕 대의 개혁정책으로 옳은 것은?

16. 서울시

① 원나라 연호와 관제를 폐지하였다.
② 몽골풍의 의복과 변발을 폐지하였다.
③ 왕권을 강화하고 개혁을 주도하기 위한 기구로 사림원을 두었다.
④ 정치도감을 두어 부원 세력을 척결하였다.

<정답 및 해설> ③
충선왕(1298, 1308~1313)은 사림원, 만권당, 의염창 등을 두었다. 심양왕 출신으로 연경(燕京)에 만권당(萬卷堂)을 세워 많은 서적을 수집하고 요수(姚燧)·조맹부(趙孟頫) 등 원나라의 명유(名儒)들을 불러 연구하게 했으며, 고려의 이제현(李齊賢)을 불러 그들과 교유하게 하여 양국의 문화교류에 큰 영향을 주었다. ①,② 공민왕, ④ 정치도감(整治都監)은 1347(충목왕 3)년에 폐단이 많은 전지(田地)를 개혁하기 위해 임시로 설치했던 관아였다.

117 밑줄 친 '그'에 대한 설명으로 옳은 것은?

16. 국가직

> 그는 즉위하여 정방을 폐지하고 사림원을 설치하는 등의 관제개혁을 추진하는 한편, 권세가들의 농장을 견제하고 소금 전매제를 실시하여 국가재정을 확충하고자 하였다.

① 만권당을 통해 고려와 원나라 학자들의 문화교류에 힘썼다.
② 도병마사를 도평의사사로 개편하여 국정을 총괄하게 하였다.
③ 철령 이북의 영토 귀속 문제를 계기로 요동정벌을 단행하였다.
④ 기철을 비롯한 부원세력을 숙청하고 자주적 반원 개혁을 추진하였다.

<정답 및 해설> ①
자료의 그는 충선왕(1298, 1308~1313)이다.
② 고려 말 충렬왕, ③ 공민왕, ④ 공민왕

118 다음 지도와 같이 영토수복이 이루어진 왕대에 일어난 사실은?

17. 서울시

① 과전법의 시행　　　　　② 철령위의 설치
③ 이승휴의 「제왕운기」 편찬　④ 전민변정도감의 설치

<정답 및 해설> ④
빗금 친 영토는 1362년 쌍성총관부를 탈환한 공민왕 때의 내용이다.
① 공양왕, ② 우왕, ③ 충렬왕

119 <보기>에서 밑줄 친 '왕'의 집권 시기에 일어난 일에 대한 설명으로 가장 옳지 않은 것은?

19. 보훈청

<보기>
왕은 즉위 후 몽고풍의 의복과 변발을 폐지하고 원의 연호와 관제를 폐지하여 문종 때 만든 원래 관제로 되돌렸으며, 내정간섭을 하던 정동행성의 이문소를 폐지하였다.

① 쌍성총관부를 무력으로 수복했다.
② '흥왕사의 변'이 일어났다.
③ 신돈을 등용했다.
④ 만권당이라고 하는 연구기관을 설립했다.

<정답 및 해설> ④
「몽고풍의 의복과 변발을 폐지」, 「원의 연호와 관제를 폐지하여」, 「정동행성의 이문소 폐지」 등에서 공민왕임을 알 수 있다. ④ 심양왕 시절 충선왕이 연경에 설치한 학문연구기관, ① 1361년 유인우, ② 공민왕 12년(1363)에 김용이 왕을 살해하려고 흥왕사의 행궁을 침범한 사건(김용의 난), ③ 전민변정도감의 장관으로 삼고 권문세족의 토지개혁을 추진하였으나 결국 실패하였다.

120 **다음의 밑줄 친 ㉠과 관련된 설명으로 가장 옳지 않은 것은?**

15. 서울시

> 원의 간섭을 받으면서 그에 의존한 고려의 왕권은 이전 시기에 비하여 상대적으로 안정되었고 ㉠중앙 지배층도 개편되었다. … 그들은 왕의 측근세력과 함께 권력을 잡아 농장을 확대하고 양민을 억압하여 노비로 삼는 등 사회 모순을 격화시켰다.

① ㉠은 가문의 권위보다는 현실적인 관직을 통하여 정치권력을 행사하였다.
② 공민왕은 ㉠의 경제력을 약화시키기 위해 전민변정도감을 설치하였다.
③ ㉠은 사원세력의 대표인 신돈과 연대하여 신진 사대부에 대항하였다.
④ ㉠에는 종래의 문벌귀족 가문, 무신 정권기에 등장한 가문, 원과의 관계에서 성장한 가문등이 포함되었다.

<정답 및 해설> ③
자료의 세력은 고려 말 권문세족과 관련된 내용이다. 「원의 간섭을 받으면서 …」라는 내용이 그 당시 '중앙의 지배층'은 친원파인 권문세족으로 주요 관직을 독점한 ④항의 신분들이다.
③ 신돈은 공민왕측의 인물로 전민변정도감을 장악하고 개혁을 추진하였으나 사사로운 치부에 관심이 있던 인물, ① 가문의 권위를 중시하면 문벌귀족이 됨, ② 농장의 개혁담당 추진기구, ④항 외에 겁령구 등이 해당한다.

121 **다음 주장을 한 정치세력에 대한 설명으로 옳은 것만을 〈보기〉에서 모두 고른 것은?**

14. 사회복지직

> 우와 창은 본래 왕씨가 아니기 때문에 종사를 받들 수 없으며, 또한 천자의 명이 있으니 마땅히 가를 폐하고 진을 세울 것이다. 정창군 왕요는 신종의 7대 손으로 그 족속이 가장 가까우니 마땅히 세울 것이다.

〈보기〉
㉠ 전제왕권 중심의 통치체제를 정비하였다.
㉡ 이색, 정몽주, 윤소종 등을 숙청하였다.
㉢ 전제개혁을 추진하여 과전법을 시행하였다.
㉣ 군제를 개혁하여 삼군도총제부를 설치하였다.

① ㉠,㉡   ② ㉡,㉢
③ ㉢,㉣   ④ ㉡,㉣

<정답 및 해설> ③
제시된 자료는 폐가입진(廢假立眞)을 추진한 고려 말의 혁명파 사대부에 대한 내용이다.
㉠은 신라 신문왕, 고려 광종, 조선의 태종·세조와 연관, ㉡ 정몽주를 숙청하였다.

122 다음 <보기>의 밑줄 친 주체에 대한 설명으로 가장 옳지 않은 것은?

17. 서울시

> <보기>
>
> 운봉을 넘어온 … (중략) … 이 싸움에서 아군은 1,600여 필의 군마와 여러 병기를 노획하였고, <u>살아 도망간 자</u>는 70여 명 밖에 없었다고 한다.
>
> -《고려사》에서 인용·요약

① 그들로부터 개경을 수복한 정세운, 이방실, 김득배는 김용의 주도하에 살해되었다.
② 조운선이 그들의 목표물이 되어 국가 재정이 곤란해졌다.
③ 그들의 소굴인 대마도가 정벌되어 그 기세가 꺾이게 되었다.
④ 그들이 자주 출몰하자 수도를 옮기자는 주장이 제기되었다.

<정답 및 해설> ①
자료는 고려 말 왜구를 격퇴한 이성계의 황산대첩에 관한 내용이다.
①항은 홍건적의 침입을 방어한 장수들이다.

123 ㉠~㉣에 대한 설명으로 옳지 않은 것은?

17. 국가직

> 고려는 국가가 주도하여 산업을 재편하면서 ㉠<u>경작지를 확대</u>하고, ㉡<u>상업과 수공업의 체제를 확립</u>하여 안정된 경제기반을 확보하였다. 또 ㉢<u>수취체제를 정비하면서 양전사업을 실시</u>하고 ㉣<u>토지제도를 정비</u>하였다.

① ㉠농민이 황무지를 개간하면 일정기간 소작료나 조세를 감면해 주었고, 여러 수리시설도 개축하였다.
② ㉡개경에 시전을 만들어 관영점포를 열었고, 소는 생산한 물품을 일정하게 공물로 납부하였다.
③ ㉢국초부터 군현 단위로 20년마다 양전을 실시하여 1/10의 조세를 거두었다.
④ ㉣경종 때의 전시과제도는 문무 관리의 지위와 직역, 인품에 따라 전지와 시지를 지급하였다.

<정답 및 해설> ③
③항은 조선시대의 내용이다. 고려는 중기 문종 11년(1059)에 처음 양전(量田)을 하였다.
① 국공유지는 3년간, 민전은 1년간 지대를 면제하고 소유자가 불명인 토지는 소유권을 취득함, ② 시전과 점, 전기에는 관청수공업과 소(所)수공업이 중심, ④ 경종 1년(976)에 시행된 시정전시과의 내용이다.

124 전시과 제도의 변천 과정을 나타낸 것이다. (가) 제도에 대한 〈보기〉의 설명으로 옳은 것 만을 모두 고른 것은?

16. 국가직

시정전시과 (경종 1년, 976)	→	개정전시과 (목종 1년, 998)	→	(가) (문종 30년, 1076)

〈보기〉
ㄱ. 4색 공복을 기준으로 등급을 나누었다.
ㄴ. 산직(散職)이 전시의 지급대상에서 배제되었다.
ㄷ. 등급별 전시의 지급액수가 전보다 감소하였다.
ㄹ. 무반과 일반 군인에 대한 대우가 전반적으로 향상되었다.

① ㄱ, ㄴ   ② ㄷ, ㄹ
③ ㄱ, ㄴ, ㄷ   ④ ㄴ, ㄷ, ㄹ

〈정답 및 해설〉④
자료의 (가)는 경정전시과가 된다. ㄱ)은 시정전시 및 개정전시과와 관련되는 내용이다.
경정전시과는 현직 관료만이 지급되므로 관등(과(科)·등급)을 기준으로 지급하였다.

125 고려시대 토지제도에 대한 설명으로 옳은 것은?

17. 서울시

① 6품 이상의 관리는 전시과 이외에도 공음전을 받아 자손에게 물려줄 수 있었다.
② 전시과에서는 문무관리, 군인, 향리 등을 9등급으로 나누어, 토지를 주었다.
③ 후삼국을 통일한 태조 왕건은 공신, 군인 등을 대상으로 그들의 공로에 따라 차등을 두어 역분전을 지급하였다.
④ 국가는 왕실 경비를 마련하기 위해서 공해전을 지급하였다.

〈정답 및 해설〉③
③ 태조 23년(940), ① 공음전은 5품 이상의 귀족에게 지급, ② 18등급으로 구분하여 지급, ④ 내장전에 해당한다. 공해전은 관청에 지급된 토지였다.

68   한국사 필수 기출문제 415제

126 고려 전기 토지제도에 대한 설명으로 가장 옳은 것은?

19. 보훈청

① 광종 대 전시과를 처음 제정하였다.
② 공음전은 세습할 수 있었다.
③ 향리나 직업군인에게는 수조지를 지급하지 않았다.
④ 개인 소유지는 전혀 존재하지 않았다.

<정답 및 해설> ②
② 세습전을 영업전(永業田) 또는 전정연립(田丁連立)이라 함, ① 경종(976) 때 시정전시과 마련, ③ 향리는
외역전, 직업군인은 군인전을 지급하여 세습함, ④ 민전(民田)은 개인 소유지로 매매·처분·상속이 항상 가능하
였다.

127 (ㄱ), (ㄴ) 시기에 시행된 조치로 옳은 것은?

19. 국회직

시정전시과 제정	→ (ㄱ) →	개정전시과 시행	→ (ㄴ) →	경정전시과 실시

① (ㄱ) - 역분전 지급   ② (ㄱ) - 건원중보 발행
③ (ㄱ) - 양반공음전시법 제정   ④ (ㄴ) - 해동통보 발행

<정답 및 해설> ②
시정전시는 경종(976), 개정전시는 목종(998), 경정전시는 문종(1076) 때 시행되었다.
② 성종, ① 태조(940), ③ 문종(1049), ④ 숙종 때 의천, ⑤ 원종 11년(1270)

128 (가) 토지에 대한 설명으로 옳은 것은?

19. 국가직

비로소 직관(職官)·산관(散官) 각 품(品)의 (가)을/를 제정하였는데, 관품의 높고 낮은 것은
논하지 않고 다만 인품만 가지고 그 등급을 결정하였다.

-고려사

① 4색 공복을 기준으로 문반, 무반, 잡업으로 나누어 지급 결수를 정하였다.
② 산관이 지급 결수에서 제외되었으며, 무반의 차별대우가 개선되었다.
③ 전임 관료와 현임 관료를 대상으로 경기지방에 한하여 지급하였다.
④ 고려의 건국 과정에서 충성도와 공로에 따라 지급되었다.

<정답 및 해설> ①
경종 1년(976)에 시행된 시정전시과(始定田柴科)의 내용이다.
관품의 높낮이는 논하지 않되 관품(官品)과 인품(人品)을 기준으로 하여 지급하였다. 4색 공복(자·단·비·녹색)은
관품에 의한 복색이다. ② 경정전시과(문종 30, 1076), ③ 공양왕 3년(1391)에 시행된 과전법(科田法), ④
태조 23년(940)의 역분전(役分田)과 관련된 내용이다.

www.ucampus.ac   69

129 다음 상황이 나타난 시기에 볼 수 있는 모습으로 옳은 것은?

17. 지방직

> 대외무역이 발전하면서 예성강 어귀의 벽란도가 국제 무역항으로 번성했으며, 대식국(大食國)으로 불리던 아라비아 상인들도 들어와 수은, 향료, 산호 등을 팔았다.

① 해동통보와 은병(銀瓶) 같은 화폐를 만들어 사용하였다.
② 인구·토지면적 등을 기록한 장적(帳籍, 촌락문서)이 작성되었다.
③ 개성의 송상은 전국에 송방(松房)이라는 지점을 개설해서 활동하였다.
④ 지방 장시의 객주와 여각은 상품의 매매뿐 아니라 숙박, 창고, 운송업무까지 운영하였다.

<정답 및 해설> ①
제시된 자료는 고려시대 무역활동에 대한 내용이다.

130 밑줄 친 '왕'의 재위기간에 있었던 사실로 옳은 것은?

16. 지방직

> 주전도감에서 왕에게 아뢰기를 "백성들이 화폐를 사용하는 유익함을 이해하고 그것을 편리하게 생각하고 있으니 이 사실을 종묘에 알리십시오."라고 하였다. 이 해에 또 은병을 만들어 화폐로 사용하였는데, 은 한 근으로 우리나라의 지형을 본떠서 만들었고 민간에서는 활구라고 불렀다.

① 주요 지역에 12목을 설치하고 목사를 파견하였다.
② 여진정벌을 위해 윤관이 건의한 별무반을 설치하였다.
③ 지방호족을 견제하기 위해 사심관과 기인제도를 도입하였다.
④ 왕권을 강화하기 위해 과거제도를 시행하고 독자적인 연호를 사용하였다.

<정답 및 해설> ②
자료의 왕은 의천의 형인 고려 숙종(1095~1105)이다.
송에서 귀국한 의천은 숙종에게 주전도감의 설치를 건의하여 활구와 동전 등을 주조하였다.
② 별무반은 고려 숙종 9년(1104년) 여진정벌을 위해 기병(신기군)을 중심으로 윤관이 조직하였다. ① 성종 때 최승로, ③ 태조 왕건, ④ 광종과 관련된 내용이다.

131 다음에서 설명하는 화폐가 사용된 시기의 경제상황으로 옳은 것은?

17. 국가직

> 초기에는 은 1근으로 우리나라 지형을 본떠 만들었는데 그 가치는 포목 100필에 해당하는 고액이었다. 주로 외국과의 교역에 사용되었으며 후에 은의 조달이 힘들어지고 동을 혼합한 위조가 성행하자, 크기를 축소한 소은병을 만들었다.

① 이앙법이 전국적으로 보급되었다.
② 책, 차 등을 파는 관영상점을 두었다.
③ 동시전이 설치되어 시장을 감독하였다.
④ 청해진이 설치되어 무역권을 장악하였다.

<정답 및 해설> ②
「은 1근으로 우리나라 지형을 본떠 만든」 화폐는 고려 숙종 때 의천의 건의로 주조된 은병(활구)이다. ① 18세기, ③ 신라 지증왕, ④ 흥덕왕 3년(828)에 장보고에 의해 설립된 후 851년(문성왕 13)에 철폐되었다.

132 고려시대 의주에 대한 설명으로 옳지 않은 것은?

17. 국가직

① 청천강 변에 위치하며 도호부가 설치된 곳이다.
② 강동6주 가운데 하나인 흥화진이 있던 곳이다.
③ 요(遼)와 물품을 거래하던 각장이 설치된 곳이다.
④ 요(遼)와 금(金)의 분쟁을 이용하여 회복하려고 시도한 곳이다.

<정답 및 해설> ①
제시된 의주는 평안북도로 압록강 변에 위치하였다. ①항은 안주(안북)에 해당한다.
4도호부는 안북(안주), 안남(전주), 안동(경주), 안변(안변) 등으로 군사적 방비의 중심적 역할을 맡은 곳이었다.
④항의 각장(権場)이란 요·금과의 국경시장이었다.

133 고려시대의 경제생활에 대한 설명으로 옳은 것을 <보기>에서 모두 고른 것은?

18. 서울시

<보기>
ㄱ. 성종은 건원중보를 만들어 전국적으로 사용하게 하려 했으나 성공하지 못하였다.
ㄴ. 고려 후기 관청수공업이 쇠퇴하면서 민간수공업이 발달하였다.
ㄷ. 예성강 어귀의 벽란도는 고려의 국제무역항이었다.
ㄹ. 원 간섭기에는 원의 지폐인 보초가 들어와 유통되기도 하였다.

① ㄱ, ㄴ, ㄷ
② ㄱ, ㄷ, ㄹ
③ ㄴ, ㄷ, ㄹ
④ ㄱ, ㄴ, ㄷ, ㄹ

<정답 및 해설> ④
ㄱ) 건원중보는 철전과 동전으로 주조됨, ㄴ) 전기에는 관청수공업과 소수공업, 후기에는 사원수공업과 민간수공업이 주류를 이룸, ㄷ) 이슬람 상인에 의해 Corea가 서양에 알려지게 되었다. ㄹ) 보초(至元通行寶鈔)는 1287년 원 세조 때 만든 세계 최초의 지폐로, 중통원보교초(中統元寶交鈔)와 지원통행보초(至元通行寶鈔) 등이 있다. 고려 충숙왕(忠肅王) 때 사용되었다. 원의 보초는 곧 세계 최초의 지폐였다.

134 다음 ㉠의 주민에 대한 설명으로 옳은 것은?

16. 지방직

고려시기에 ㉠은(는) 금, 은, 구리, 쇠 등 광산물을 채취하거나 도자기, 종이, 차(茶) 등 특정한 물품을 생산하여 국가에 공물로 바쳤다.

① 군현민과 같은 양인이지만 사회적 차별을 받았다.
② 죄를 지으면 형벌로 귀향을 시키는 처벌을 받았다.
③ 지방호족 출신으로 지방행정의 실무를 담당하였다.
④ 재산으로 간주되어 매매·상속·증여의 대상이 되었다.

<정답 및 해설> ①
자료는 고려시대 소민(所民)에 관한 내용을 제시하였다.
향·소·부곡 등은 특수행정구역으로 양인이지만 공민권이 없고 일반인보다 천시되었으나, 납세의 의무가 있었던 점이 천민과 다르다. ② 지배층인 귀족과 승려에게 귀향 형을 적용, ③ 향리, ④ 노비에 관한 내용이다.

135 고려시대 귀족의 특징에 대한 설명으로 옳은 것은?

17. 서울시

① 귀족 세력은 왕족을 비롯하여 7품 이상의 고위 관료가 주류를 형성하였다.
② 귀족은 대대로 고위 관직을 차지하여 사림 세력을 형성하였다.
③ 귀족의 자제는 음서를 통해 관직에 진출할 수 있었다.
④ 향리의 자제는 과거를 통하여 귀족의 대열에 들 수 없었다.

<정답 및 해설> ③
① 5품 이상의 관료층. ② 문벌귀족 세력 형성, ④ 현종의 주현공거법(州縣貢擧法)에 의해 응시 가능하였다.

136 다음 <보기>의 ( )에 들어갈 낱말을 바르게 나열한 것은?

17. 사회복지직

<보기>
　고려의 지배층과 피지배층 사이에는 중류층이 자리 잡고 있었다. 중앙관청의 말단 서리인 (㉠), 궁중실무 관리인 (㉡), 직업군인으로 하급장교인 (㉢) 등이 있었다.

	㉠	㉡	㉢
①	잡류	역리	군반
②	남반	군반	역리
③	잡류	남반	군반
④	남반	군반	잡류

<정답 및 해설> ③
제시된 내용의 세습직인 중류층은 공민권이 없어 과거를 볼 수 없었다.
단, 지방행정 실무자인 향리는 과거응시권이 있어 신분의 상승이 가능하였다.

137 다음 사건을 일어난 순서대로 바르게 나열한 것은?

16. 서울시

㈎ 김보당의 난 발생	㈏ 이의민의 권력 장악
㈐ 김사미와 효심의 난 발생	㈑ 교정도감의 설치

① ㈎ - ㈏ - ㈐ - ㈑　　　　　　② ㈎ - ㈏ - ㈑ - ㈐
③ ㈏ - ㈎ - ㈐ - ㈑　　　　　　④ ㈏ - ㈎ - ㈑ - ㈐

<정답 및 해설> ①
㈎ 명종 3년 계사년(1173)에 일어났으므로 계사의 난이라고도 하였다.
㈏ 1183~1196, ㈐ 1193년 7월 운문(청도)에서 김사미의 난, 초전(울산)에서 효심의 난이 일어남, ㈑ 1209년에 설치, 1270년에 폐지되었다.

138 **<보기>에서 밑줄 친 '그'가 활동하던 시대상황에 대한 설명으로 가장 옳지 않은 것은?**

19. 서울시·보훈청

<보기>
그가 북산에서 나무하다가 공, 사노비를 불러 모아 모의하기를, "나라에서 경인, 계사년 이후로 높은 벼슬이 천한 노비에게서 많이 나왔으니, 장수와 재상이 어찌 씨가 따로 있으랴. 때가 오면 누구나 할 수 있는데, 우리들이 어찌 고생만 하면서 채찍 밑에 곤욕을 당해야 하겠는가?"라고 하니, 여러 노비들이 모두 그렇게 여겼다.

-고려사

① 최충의 9재학당을 비롯한 사학12도가 융성하였다.
② 경주 일대에서 고려 왕조를 부정하는 신라부흥운동이 일어났다.
③ 정혜쌍수와 돈오점수를 주장하는 수선결사운동이 전개되었다.
④ 소(所)의 거주민은 금, 은, 철 등 광업품이나 수공업 제품을 생산하여 바치기도 하였다.

<정답 및 해설> ①
자료는 명종 1년(1198) 만적이 발표한 효유문의 내용이다. 만적은 무신 최충헌의 사노로 당시는 최씨 무신집권기였다. ① 문종(1046~1083) 때는 전기 문벌귀족 사회의 전성기, ② 김사미와 효심의 난(1193~1194), ③ 지눌의 조계종, ④ 소(所)는 장인집단으로 잉여제품을 사적으로 판매할 수 없었다.

139 **무신집권기 지방민과 천민의 동요에 대한 설명으로 가장 옳지 않은 것은?**

18. 서울시

① 조위총은 백제부흥을 위해 봉기하였다.
② 망이·망소이의 난은 일반 군현이 아닌 소에서 일어났다.
③ 경주를 중심으로 한 지역에서는 신라부흥을 내걸고 반란이 일어나기도 했다.
④ 만적은 노비해방을 내세우며 반란을 모의하였다.

<정답 및 해설> ①
① 조위총은 문신이며 서경유수로 무신정권에 반대하여 난(1174)을 일으킨 관료였다. 백제 부흥을 내걸고 이연년 형제가 담양에서 1232년 봉기하였다. 이를 백적(百賊)의 난이라고도 한다. ② 공주명학소의 난(1176), ③ 1193년 김사미와 효심이 운문(청도)과 초전(울산)에서 봉기함. ④ 1198년 봉기한 만적은 최충헌의 사노로 대표적 천민의 난으로 평가되고 있다.

140 다음은 「고려사」의 일부 내용이다. 이 시기에 대한 설명으로 옳지 않은 것은?

17. 국가직

○ 명학소를 충순현으로 승격시켰다. 수령까지 두어 위무하더니 태도를 바꿔 군대를 보내와
서 토벌하니 어찌된 까닭인가
○ 순비허씨는 일찍이 평양공 왕현에게 시집가서 3남 4녀를 낳았는데, 왕현이 죽은 후 충선
왕의 비가 되었다.
○ 윤수는 매와 사냥개를 잘 다루어 응방 관리가 되었으며, 그의 가문은 권세가가 되었다.

① 충선왕대 이후에도 왕실 족내혼이 널리 행해졌다.
② 향리 이하의 층도 문·무반으로 신분상승을 할 수 있었다.
③ 여성의 재혼을 규제하려는 움직임이 나타났다.
④ 향·소·부곡 등 특수행정구역이 주현으로 승격되기도 하였다.

<정답 및 해설> ①
제시된 시기는 상황적으로 고려 후기의 내용이다.
자료에서 순비허씨의 족내혼이 보이고는 있으나, 문종 때 금지되어 고려 말에는 충렬왕 이후 족내혼(근친혼)이
원칙상 금지되었다.

141 (가)와 (나)에 들어갈 역사서에 대한 설명으로 옳은 것은?

16. 국가직

• (가) 은(는) 현존하는 우리나라의 가장 오래된 역사서로 고려 인종 때 편찬되었다. 본기
28권, 연표 3권, 지 9권, 열전 10권 등 총 50권으로 구성되어 있다.
• (나) 은(는) 충렬왕 때 한 승려가 일정한 역사서술 체계에 구애받지 않고 자유로운 형식으
로 저술한 역사서이다. 총 5권으로 구성되었으며, 민간설화와 불교에 관한 내용들이 많
이 수록되어 있다.

① (가) - 고조선의 역사를 중시하였다.
② (가) - 고구려 계승의식을 강조하였다.
③ (나) - 민족적 자주의식을 고양하였다.
④ (나) - 도덕적 합리주의를 표방하였다.

<정답 및 해설> ③
(가)는 삼국사기, (나)는 삼국유사

142 고려시대에 편찬된 역사서에 해당하지 않는 것은?

19. 지역인재

① 『삼국사기』　　　　　　　　　② 『삼국유사』
③ 『동국통감』　　　　　　　　　④ 『해동고승전』

<정답 및 해설> ③
③ 성종 16년(1485)에 서거정 등이 왕명을 받고 단군조선부터 고려 말까지의 역사를 편년체로 편찬한 사서,
① 인종 23년(1145)에 김부식이 편찬한 기전체 사서, ② 충렬왕 7년(1281)에 승려 일연이 편찬한 기사본말체
사서, ④ 고종 2년(1215) 승려 각훈이 삼국시대 고승들의 전기를 정리하여 편찬한 역사서이다.

143 우리나라 역사를 단군조선으로부터 서술한 것만을 모두 고르면?

19. 지역인재

| ㄱ. 『동사강목』 | ㄴ. 『해동제국기』 |
| ㄷ. 「동명왕편」 | ㄹ. 『제왕운기』 |

① ㄱ, ㄴ　　　　　　　　　　② ㄱ, ㄹ
③ ㄴ, ㄷ　　　　　　　　　　④ ㄷ, ㄹ

<정답 및 해설> ②
ㄱ) 「동사강목(東史綱目)」(1778)은 단군조선에서 고려 말까지를 다룬 통사로 안정복의 작품, ㄹ) 「제왕운기(帝
王韻紀)」(1287)(하권)는 단군조선에서 충렬왕까지를 오언시로 서술한 이승휴의 작품, ㄴ) 「해동제국기(海東諸
國記)」(1471)는 신숙주가 성종의 왕명으로 저술한 일본 기행문, ㄷ) 「동명왕편(東明王篇)」(1193)은 <동국이상
국집≫에 실려 있는 이규보의 대표적인 서사시로 이규보가 26세 되던 해인 명종 23년(1193)에 저술하였다.
고구려의 건국시조인 동명성왕(東明聖王)의 신화를 중심 소재로 하여 오언으로 읊은 운문체(韻文體) 형식이다.
아들 이함이 1241년에 간행하였다.

144 다음 서적들에 대한 설명 중 옳지 않은 것은?

14. 사회복지직

① 해동고승전은 삼국시대 이래 고려시대까지 승려 30여 명의 계통을 밝힌 책이다.
② 동명왕편은 이규보가 쓴 것으로 고구려 건국 영웅인 동명왕의 업적을 칭송한 서사시이다.
③ 제왕운기는 우리 역사의 서술을 단군부터 시작하여 중국의 역사만큼 유구하다고 보았다.
④ 동국통감은 고조선부터 고려 말까지의 역사를 편년체로 서술하였다.

<정답 및 해설> ①
각훈의 <해동고승전>은 삼국시대 명승들의 일대기이다.

145 다음은 고려시대 진화의 시이다. 이 시인과 교류를 통해 자부심을 공유한 인물의 작품은?

18. 국가직

> 서쪽 송나라는 이미 기울고 북쪽 오랑캐는 아직 잠자고 있네. 앉아서 문명의 아침을 기다려라, 하늘의 동쪽에서 태양이 떠오르네.

① 『삼국사기』
② 『동명왕편』
③ 『제왕운기』
④ 『삼국유사』

<정답 및 해설> ②
제시된 자료는 무신정변 이후 새롭게 부상한 문반출신 신진사류인 진화(陳澕, ?~?)가 금나라에 사신으로 가면서 지은 '봉사입금(奉使入金)'으로 고려 시인의 문명의식을 매우 사실적으로 그려낸 작품이라고 평가받고 있다. 진화(陳華, ?~?)는 〈한림별곡〉에서 당대에 "이규보(李奎報)와 더불어 문필가로서 이름을 날렸다."고 하였다.

---

146 단군에 대한 인식을 설명한 것으로 옳지 않은 것은?

19. 국가직

① 이승휴의 『제왕운기』에서는 우리 역사를 단군부터 서술하였다.
② 홍만종의 『동국역대총목』은 단군 정통론의 입장에서 기술하였다.
③ 이규보의 『동명왕편』은 단군의 건국 과정을 다루고 있다.
④ 『기미독립선언서』에는 '조선건국 4252년'으로 연도를 표기하였다.

<정답 및 해설> ③
③ 고구려 건국시조인 동명성왕에 관한 내용을 다루고 있다.
① 1287년 작. ②항은 단군에서 조선으로 이어지는 계통을 정통으로 보고 주요사건을 다루고 있다. ④ '조선건국 4252년'은 곧 단기 2333년(4252-1919)이다.

---

147 다음 내용이 실린 사서에 대한 설명으로 옳은 것은?

19. 국가직

> 제왕이 장차 일어날 때는 하늘의 명령과 상서로운 기운을 받아서 반드시 보통 사람과는 다른 점이 있으니, 그런 뒤에야 능히 큰 변화를 타서 제왕의 지위를 얻고 대업을 이루었다. … 삼국의 시조들이 모두 신이(神異)한 일로 탄생했음이 어찌 괴이하겠는가. 이것이 책 머리에 『기이(紀異)』편이 실린 까닭이며, 그 의도도 여기에 있는 것이다.

① 불교 승려의 전기를 수록한 고승전이다.
② 불교 중심의 고대 민간설화를 수록하였다.
③ 고조선부터 고려 말까지의 역사를 정리하였다.
④ 유교적 사관에 기초하여 기전체로 서술하였다.

<정답 및 해설> ②
자료의 「신이(神異)한 일로 탄생했음이」, 「기이(紀異)편이 실린」에서 삼국유사(三國遺事)임을 알 수 있다. 일연은 이 책에서 단군조선에서 후삼국까지를 기록하였다.
① 각훈의 해동고승전(1215), ③ 성종 16년(1485)에 서거정이 편찬한 동국통감, ④ 삼국사기(1145)의 내용이다.

148 **고려시대의 과학기술에 대한 설명으로 옳은 것은?**

19. 지역인재

① 금속활자를 개량하여 계미자를 주조하였다.
② 우리 기후와 풍토에 맞는 농서인 『농사직설』이 편찬되었다.
③ 이회 등이 세계지도인 『혼일강리역대국도지도』를 제작하였다.
④ 우리나라 약초로 병을 치료하는 의학서인 『향약구급방』이 편찬되었다.

<정답 및 해설> ④
④ 고종 23년(1236)에 편찬된 우리나라 최초의 약학서로 향약(鄕藥)이란 우리나라에서 나는 고유한 약재를 의미한다. ① 태종, ② 세종, ③ 태종 2년(1402)에 제작되었다.

149 **고려시대 불교문화에 대한 설명으로 가장 옳은 것은?**

19. 서울시

① 태조는 훈요십조에서 전국에 비보사찰을 제한 없이 늘려 불국토를 이루도록 당부하였다.
② 현종 대에는 거란의 대장경을 수입하여 고려의 독자적인 초조대장경을 만들기 시작했고, 완료한 후 흥왕사에 보관하였다.
③ 광종대 균여는 국청사를 중심으로 해동천태종을 창시하고, 교종과 선종의 대립을 완화하기 위해 노력하였다.
④ 삼국시대부터 있어 왔던 향도를 계승하여 신앙의 결속을 다졌으며, 매향행위를 함으로써 내세의 복을 빌기도 했다.

<정답 및 해설> ④
④ 우왕 13년(1387)의 사천매향비로 알 수 있음. ① 함부로 짓지 말라고 함(제2조). ② 북송 관판대장경의 수입에 자극되어 독자적으로 판각함. ③ 해동천태종은 숙종 2년(1097)에 의천이 개창하였다.

78 한국사 필수 기출문제 415제

150 다음 내용을 주장한 인물에 대한 설명으로 옳은 것은?

16. 지방직

> • 한 마음(一心)을 깨닫지 못하고 한없는 번뇌를 일으키는 것이 중생인데, 부처는 이 한마음을 깨달았다. 깨닫는 것과 깨닫지 못하는 것은 오직 한 마음에 달려 있으니 이 마음을 떠나서 따로 부처를 찾을 수 없다.
> • 먼저 깨치고 나서 후에 수행한다는 뜻은 못의 얼음이 전부 물인 줄은 알지만 그것이 태양의 열을 받아 녹게 되는 것처럼 범부가 곧 부처임을 깨달았으나 불법의 힘으로 부처의 길을 닦게 되는 것과 같다.

① 국청사를 창건하고 천태종을 창시하였다.
② 부석사를 창건하고 화엄사상을 선양하였다.
③ 불교계를 개혁하기 위해 수선사 결사를 주도하였다.
④ 십문화쟁론을 저술하여 종파 간의 사상적 대립을 조화시키고자 하였다.

<정답 및 해설> ③
자료는 지눌의 「권수정혜결사문」의 내용이다.

151 다음 ㉠~㉣에 들어갈 인물을 바르게 연결한 것은?

19. 지방직

> • (㉠)는/은 『신편제종교장총록』을 편찬하였다.
> • (㉡)는/은 원의 불교인 임제종을 들여와서 전파시켰다.
> • (㉢)는/은 강진에 백련사를 결사하여 법화신앙을 내세웠다.
> • (㉣)는/은 『목우자수심결』을 지어 마음을 닦고자 하였다.

	㉠	㉡	㉢	㉣
①	수기	보우	요세	지눌
②	의천	각훈	요세	수기
③	의천	보우	요세	지눌
④	의천	요세	각훈	수기

<정답 및 해설> ③
개태사의 주지였던 수기(守其)는 고종의 명으로 팔만대장경을 조판할 때 교정을 보았던 교종 승려였다.

152 밑줄 친 '그'의 활동에 대한 설명으로 옳은 것은?

19. 국회직

> 그는 선종 2년 을축(1085) 4월에 불법을 구하기 위해 배를 타고 가서 백파(百派)를 도입하니, 대소(大小)·시종(始終)·원돈(圓頓) 등 5교가 각각 그 자리를 얻어 다시 제자리로 돌아갔다. 그런데 주나라에서 근원이 흘러 한나라에서 갈라졌으며, 진(晉)·위(魏)에서 넓어지고 수(隋)·당(唐)대에 넘쳐흘렀고, 송(宋)에서 물결쳐 해동에 깊이 고인 것이다.

① 젊은이들에게 세속5계를 가르쳤다.
② 『대승기신론소』와 『금강삼매경론』을 저술하였다.
③ 천태지관을 강조하는 백련결사 운동을 전개하였다.
④ 이론과 실천을 병행하는 수행방법을 중시하였다.

<정답 및 해설> ④
자료는 대각국사 의천(1055~1101)의 행적에 관한 내용이다. 화엄종 승려인 그가 천태종을 창건한 배경은 교종의 입장에서 '선종과 교종을 통합한 불교'의 한 종파였기 때문이다.
⑤항의 '이론(敎)과 실천(觀)을 병행'하는 수행방법은 교관겸수(敎觀兼修)였다.
① 원광법사, ② 원효, ③ 지눌, ④ 원묘국사 요세의 행적이다.

153 (가)와 (나)의 인물에 대한 <보기>의 설명으로 옳은 것은?

17. 지방직

> (가)는 "교(敎)를 배우는 이는 대개 안의 마음을 버리고 외면에서 구하고, 선(禪)을 익히는 이는 인연을 잊고 안의 마음을 밝히기를 좋아하니, 모두 한쪽에 치우친 것으로 두 극단에 모두 막힌 것이다."라고 주장하였다.
> (나)는 "정(定)은 본체이고 혜(慧)는 작용이다. 작용은 본체를 바탕으로 존재하므로 혜가 정을 떠나지 않고, 본체가 작용을 가져오게 하므로 정은 혜를 떠나지 않는다."라고 주장하였다.

<보기>
ㄱ. (가)와 (나)는 서로 다른 방법으로 교종과 선종의 통합을 시도하였다.
ㄴ. (가)와 (나)는 지방호족과 연합하여 신라정부의 권위를 약화시켰다.
ㄷ. (가)는 불교와 유교 모두 도를 추구한다는 점에서 같다는 유불일치설을 주장하였다.
ㄹ. (나)는 수선사 결성을 제창하여 불교계의 개혁을 추진하였다.

① ㄱ,ㄴ
② ㄱ,ㄹ
③ ㄴ,ㄷ
④ ㄴ,ㄹ

<정답 및 해설> ②
(가) 의천, (나) 지눌과 관련된 내용이다.

154 밑줄 친 '그의 사상'과 관련된 설명으로 옳은 것은?

14. 사회복지직

> 그의 사상은 돈오점수와 정혜쌍수로 요약할 수 있다. 이는 인간의 마음이 곧 부처라는 사실을 깨닫고(선 돈오) 이를 바탕으로 수련을 계속해야 하며(후 점수) 그 수행에 있어서는 정과 혜를 함께 닦아야 한다는 것이다.

① 고려 무신정권의 비호 아래 천태종의 사상적 기반이 되었다.
② 왕권 우위의 중앙집권적 귀족사회에 적합한 이념체계를 제공하였다.
③ 고려 말 신진 사대부들의 성장에 사상적 기반이 되었다.
④ 고려 후기의 불교계를 선종 중심으로 혁신하려는 운동을 전개하였다.

<정답 및 해설> ④
자료는 보조국사 지눌의 <권수정혜결사문>의 내용이다.
① 조계종, ② 의천의 천태종, ③ 혜심의 유불일치론이다.

155 고려시대 불교계의 동향과 관련된 설명으로 가장 옳지 않은 것은?

19. 서울시

① 백련결사를 제창한 요세는 참회와 수행에 중점을 두는 등 복잡한 이론보다 종교적 실천을 강조했다.
② 재조대장경은 고려 전기에 만들어졌던 대장경 판목이 거란의 침입으로 불타버렸기 때문에 무신집권기에 다시 만든 것이다.
③ 각훈은 삼국시대 이래 승려들의 전기를 정리하여 『해동고승전』을 지었다.
④ 지눌은 깨달음과 더불어 실천을 강조하는 돈오점수를 주장했다.

<정답 및 해설> ②
② 몽골의 3차 침략(1236)으로 소실되었다. ① 보현도량에서 법화의 참회 행을 실천함. ③ 고종 2년(1215),
④ 지눌은 조계종을 개창하고 돈오점수와 정혜쌍수를 중시하였다.

156 밑줄 친 '그'에 대한 설명으로 옳은 것은?

17. 서울시

> 그는 「묘종초」를 설법하기 좋아하여 언변과 지혜가 막힘이 없었고, 대중에게 참회를 닦기를 권하였다. … (중략) … 대중의 청을 받아 교화시키고 인연을 맺은 지 30년이며, 결사에 들어온 자들이 3백여 명이 되었다.

① 강진의 토호세력의 도움을 받아 백련사를 결성하였다.
② 불교계 폐단을 개혁하기 위해 9산 선문의 통합을 주장하였다.
③ 이론의 연마와 실천을 아울러 강조하는 교관겸수를 제창하였다.
④ 깨달은 후에도 꾸준한 실천이 필요하다는 돈오점수를 중시하였다.

<정답 및 해설> ①
제시된 그는 원묘국사 요세에 해당한다.
② 태고화상 보우, ③ 의천, ④ 지눌

157 고려시대의 대장경을 설명한 것으로 가장 옳지 않은 것은?

16. 서울시

① 대장경이란 경(經)·율(律)·논(論) 삼장으로 구성된 불교경전을 말한다.
② 초조대장경의 제작은 거란의 침입을 받으면서 시작되었다.
③ 의천은 송과 금의 대장경 주석서를 모아 속장경을 편찬하였다.
④ 초조대장경과 속장경은 몽골의 침입으로 소실되었다.

<정답 및 해설> ③
③ 의천은 송, 거란, 왜의 주석서를 모아 교장(속장경)을 간행하였다.

158 고려의 문화에 대한 설명 중 가장 옳은 것은?

18. 서울시

① 고려의 귀족문화를 대표하는 백자는 상감기법을 이용한 것이다.
② 고려는 세계 최초로 금속활자를 발명하였다.
③ 팔만대장경판은 거란의 침입을 물리치기 위한 염원을 담아 만든 것이다.
④ 고려는 불교국가여서 유교문화가 발전하지 못하였다.

<정답 및 해설> ②
② 인종 때 최윤의(崔允儀) 등이 왕명으로 고금(古今)의 예의를 수집·고증하여 50권으로 엮은 상정고금예문(詳定古今禮文), ① 상감기법을 이용한 자기를 상감청자(象嵌靑瓷)라고 함. ③ 몽골 침입에 대비한 호국 불교적 성격, ④ 유·불 융합문화를 발전시켰다.

82   한국사 필수 기출문제 415제

159 고려에서 행한 국가제사에 대한 설명으로 옳지 않은 것은?

18. 지방직

① 태조 때에 환구단(圜丘壇)에서 풍년을 기원하는 제사를 올렸다.
② 성종 때에 사직(社稷)을 세워 지신과 오곡 신에게 제사를 지냈다.
③ 숙종 때에 기자(箕子) 사당을 세워 국가에서 제사하였다.
④ 예종 때에 도관(道觀)인 복원궁을 세워 초제를 올렸다.

<정답 및 해설> ①
① 환구제(圜丘祭)는 고려사(高麗史)에 따르면 고려 성종(981~997) 때부터라고 하였다. 조선 초기에 제천의례는 큰 중요성을 갖지 못하고 억제되었다가, 세조(1455~1468) 때 왕권강화를 위해 환구제를 다시 부활시켰으나, 세조 10년에 폐지하였다. 그 후 대한제국의 고종이 황제로 즉위하여 천자가 제천의식(祭天儀式)을 봉행할 수 있게 되면서부터 다시 설치되었다.

160 다음 (가)에 대한 설명으로 옳지 않은 것은?

18. 국가직

예전에 성종이 (가)시행에 따르는 잡기가 정도(正道)에 어긋나는데다가 번거롭고 요란스럽다 하여 이를 모두 폐지하였다. … (중략) … 이것을 폐지한 지가 거의 30년이나 되었는데, 이때에 와서 정당문학 최항이 청하여 이를 부활시켰다.

① 훈요10조에서 시행할 것을 강조하였다.
② 토속 신에게 제사를 지냈다.
③ 정월 보름에 개최되었다.
④ 국제교류의 장이었다.

<정답 및 해설> ③
자료의 「잡기가 정도(正道)에 어긋나는데다가 번거롭고 요란스럽다」에서 팔관회임을 알 수 있다. (가)의 팔관회는 서경에서 10월 15일, 개경은 11월 15일에 각각 실시하는데 지방에서는 연등회와 달리 실시하지 않았다. 성종은 최승로의 건의로 연등회와 팔관회를 모두 폐지하였다. 이후 현종 때 부활하여 문종 때 융성하였다.
③ 정월 보름은 1월 15일로 연등회를 개최하였다.

161 밑줄 친 '이 사상'에 대한 설명으로 옳지 않은 것은?

16. 국가직

> 신라 말기에 도선과 같은 선종 승려들이 중국에서 유행한 <u>이 사상</u>을 전하였다. 이는 산세와 수세를 살펴 도읍 · 주택 · 묘지 등을 선정하는, 경험에 의한 인문지리적 사상이다. 아울러 지리적 요인을 인간의 길흉화복과 관련하여 생각하는 자연관 및 세계관을 내포하고 있다.

① 신라 말기에 안정된 사회를 염원하는 일반 백성의 인식이 반영되었다.
② 신라 말기에 호족이 자기 지역의 중요성을 자부하는 근거로 이용하였다.
③ 고려시대에 묘청이 서경천도의 필요성을 주장하는 논리로 활용하였다.
④ 고려시대에 국가와 왕실의 안녕과 번영을 기원하는 초제로 행하여졌다.

<정답 및 해설> ④
자료의 「산세와 수세를 살펴 도읍 · 주택 · 묘지 등을 선정하는, 경험에 의한 인 지리적 사상」은 풍수지리사상의 내용이다. ④항의 초제(醮祭)는 도교사상에 따른 별들에 대한 제사였다.

162 밑줄 친 '왕'의 정책으로 옳지 않은 것은?

17. 국가직

> 대관(大觀) 경인년에 천자께서 저 먼 변방에서 신묘한 도(道)를 듣고자 함을 돌보시어 신사(信使)를 보내시고 우류(羽流) 2인을 딸려 보내어 교법에 통달한 자를 골라 훈도하게 하였다. 왕은 신앙이 돈독하여 정화(政和) 연간에 비로소 복원관(福源觀)을 세워 도가 높은 참된 도사 10여 인을 받들었다. 그러나 그 도사들은 낮에는 재궁(齋宮)에 있다가 밤에는 집으로 돌아가고는 하였다. 그래서 후에 간관이 지적 · 비판하여 다소간 법으로 금하는 조치를 취하게 되었다. 간혹 듣기로는, 왕이 나라를 다스렸을 때는 늘 도가의 도록을 보급하는 데 뜻을 두어 기어코 도교로 호교(胡敎)를 바꿔버릴 생각을 하고 있었으나 그 뜻을 이루지 못해 무엇인가를 기다리는 것이 있는 듯 하였다고 한다.
>
> - 고려도경

① 우봉·파평 등의 지역에 감무관을 파견하였다.
② 국학7재를 설치하여 관학을 진흥하였다.
③ 김위제의 건의로 남경건설을 추진하였다.
④ 윤관을 원수로 하여 여진정벌을 단행하였다.

<정답 및 해설> ③
자료의 복원관(福源觀)은 복원궁으로 예종(睿宗) 때 설립된 도교사원이었다.
③ 숙종 때 3경에 남경을 편입, ① 감무관은 속현에 파견한 정식지방관, ② 관학의 진흥을 위해 국학 내에 7재를 둠, ④ 예종 2년(1107)에 여진을 정벌하고 동북9성을 축조하였다. 참고로 예종 때 도교집인 해동비록(海東祕錄)이 편찬되었다.

84   한국사 필수 기출문제 415제

[6] 근세 조선시대

163 밑줄 친 '그'에 대한 설명으로 옳지 않은 것은?

19. 지방직

> 그와 남은이 임금을 뵙고 요동을 공격하기를 요청하였고, 그리하여 급하게 『진도(陣圖)』를 익히게 하였다. 이보다 먼저 좌정승 조준이 휴가를 받아 집에 있을 때, 그와 남은이 조준을 방문하여, "요동을 공격하는 일은 지금 이미 결정되었으니 공(公)은 다시 말하지 마십시오."라고 말하였다.

① 만권당에서 원의 학자들과 교류하였다.
② 맹자의 역성혁명론을 조선건국에 적용하였다.
③ 한양 도성의 성문과 궁궐 등의 이름을 지었다.
④ 『경제문감』을 저술하여 재상 중심의 정치를 주장하였다.

<정답 및 해설> ①
자료의 그는 정도전(鄭道傳)이다. 태조 7년(1398) '진법진도'를 만들어 요동정벌을 준비하였으나 1차 왕자의 난으로 암살되었다. ① 고려 충선왕 때 이제현, 권부, 우탁, 백이정 등이었다.

164 밑줄 친 '그'에 대한 설명으로 옳은 것은?

17. 국가직

> 그는 이성계를 추대하여 조선 왕조를 개창한 공으로 개국 1등 공신이 되었으며, 의정부를 중심으로 하는 재상 중심의 관료정치를 주창하였다. 그리고 「불씨잡변」을 저술하여 불교의 사회적 폐단을 비판하였다.

① 왜구의 소굴인 쓰시마 섬을 정벌하였다.
② 백성들의 윤리서인 「삼강행실도」를 편찬하였다.
③ 여진족을 두만강 밖으로 몰아내고 6진을 개척하였다.
④ 「조선경국전」을 편찬하여 왕조의 통치규범을 마련하였다.

<정답 및 해설> ④
「개국 1등 공신, 재상 중심의 관료정치를 주창, 「불씨잡변 저술」 등에서 정도전임을 알 수 있다. ① 박위, 김사형, 이종무 등. ② 1434년(세종 16) 직제학 설순 등이 왕명에 의하여 편찬, ③ 세종 때 김종서

165 정도전에 대한 설명으로 옳지 않은 것은?

19. 지역인재

① 재상 중심의 통치체제 확립을 주장하였다.
② 도교행사를 주관하던 소격서를 폐지하였다.
③ 요동정벌을 계획하며 군사력 강화에 노력하였다.
④ 불교의 폐단을 비판하고 성리학을 통치이념으로 확립하였다.

<정답 및 해설> ②
정도전(鄭道傳, 1342~1398)은 조선건국의 일등공신으로 주례(周禮)에 따라 조선의 문물을 정비한 인물이다.
② 정도전을 비롯한 혁명파 사대부는 민간의식(불교·도교)과 기술학을 중시하여 정신문화와 기술문화를 진작시키는 가운데 특히 소격서(昭格署)를 통해 초제(醮祭)를 담당토록 하였다. 소격서는 도교의 연구·보급 기관이었다. 이후 중종 때 사림 조광조(趙光祖)에 의해 소격서는 물론 일체의 민간의식은 폐지되었다.

166 고려 말에서 조선 초에 있었던 요동정벌 운동을 설명한 것으로 옳지 않은 것은?

16. 서울시

① 우왕 때 최영은 명이 철령위 설치를 통고하자 요동을 공격할 계획을 세웠다.
② 태조 이성계는 요동정벌을 추진하였고, 정도전과 남은은 군사훈련을 강화하였다.
③ 명은 정도전을 조선의 화근 이라며 명으로 압송할 것을 요구하였다.
④ 이방원은 태조의 요동정벌 운동을 적극 지지하였다.

<정답 및 해설> ④
④ 1398년 이방원(태종)에 의해 정도전이 암살되면서 조선 초기의 요동정벌은 중단되었다.
① 1388년 위화도회군 사건의 빌미가 됨. ② 태조 7년(1398), ③ 양국 간 외교문제로 확대되었다.

167 조선 태종대의 주요 정책에 대한 설명으로 가장 옳은 것은?

19. 서울시·보훈청

① 사섬서를 두어 지폐인 저화를 발행하였다.
② 상평통보를 발행하여 화폐경제를 촉진하였다.
③ 지계를 발급하여 토지소유권을 공고히 하였다.
④ 연분9등법과 전분6등법을 시행하여 조세제도를 개편하였다.

<정답 및 해설> ①
① 태종 1년(1401), ② 화폐경제의 촉진은 17세기 숙종, ③ 1898년 광무개혁, ④ 세종의 공법(貢法)에 관한 내용이다.

168 밑줄 친 '왕'에 대한 설명으로 옳은 것은?

17. 서울시

> 왕은 왕권강화를 위해 중앙집권체제를 강화하고, 변방중심에서 전국적인 지역중심 방어체제로 바꾸는 등 국방을 강화하였다. 또 국가재정을 안정시키기 위해 과전을 현직관료에게만 지급하기 시작하였다.

① 「경국대전」의 편찬을 마무리하여 반포하였다.
② 간경도감을 두어 「월인석보」를 언해하여 간행하였다.
③ 6조직계제를 채택하고 사간원을 독립시켜 대신을 견제하였다.
④ 대마도주와 계해약조를 맺어 무역선을 1년에 50척으로 제한하였다.

<정답 및 해설> ②
자료의 왕은 세조와 관련된다.
「왕권강화를 위해 6조직계제」, 「지역 중심 방어체제는 진관체제」, 「과전을 현직관료에게만 지급한 것은 직전법」이다. ① 마무리하여 반포한 것은 성종, ③ 태종, ④ 세종이다.

169 다음은 조선 건국 후 법령을 집대성한 경국대전 서문의 일부이다. 이를 반포한 국왕에 대한 설명으로 옳지 않은 것은?

14. 사회복지직

> 천지가 광대하여 만물이 덮여 있고 실려 있지 않은 것이 없으며, 사시의 운행으로 만물이 생육되지 않은 것이 없으며, 성인이 제도를 만드심에 만물이 기쁘게 보이지 않은 것이 없으니, 진실로 성인이 제도를 만드심은 천지·사시와 같은 것이다.

① 직전제 실시 이후 심해진 관리들의 수탈을 방지하기 위하여 관수관급제를 시행하였다.
② 법전 편찬에 심혈을 기울여 조선경국전, 경제육전 등도 간행하였다.
③ 왕권을 안정시키고 사림정치의 기반을 조성하였다.
④ 성균관에 존경각을 짓고 서적을 소장하게 하였다.

<정답 및 해설> ②
문제의 경국대전을 반포한 왕은 성종에 해당한다. ②항은 태조와 관련된다.

170 **조선시대의 관청에 대한 설명으로 옳지 않은 것은?**

19. 지역인재

① 승정원은 관원의 비행을 감찰하는 사법기관이었다.
② 의금부는 왕명을 받아 중대한 죄인을 다스렸다.
③ 춘추관은 역사서 편찬과 보관을 담당하였다.
④ 홍문관은 경연을 주도하는 학문기관이었다.

<정답 및 해설> ①
①항의 승정원(承政院)은 국왕의 직속기관으로 왕명출납을 담당하는 비서기관이었다. 이곳에서
작성된 승정원일기(承政院日記)는 유네스코 세계기록문화유산으로 등재되었다.

171 **조선시대 중앙 통치기구에 대한 설명으로 가장 옳지 않은 것은?**

19. 서울시

① 예문관 - 궁중도서를 관리하고 국왕의 자문에 응하는 학문기관
② 사간원 - 국왕에 대한 간쟁과 논박을 담당한 언론기관
③ 승정원 - 국왕의 명령을 신하들에게 전달하는 비서기관
④ 의금부 - 국왕의 명령을 받아 중대한 죄인을 다스리는 사법기관

<정답 및 해설> ①
① 홍문관(弘文館의 기능으로 성종이 설치하였다. 옥당(玉堂)이라고도 한다.
② 항은 삼사의 하나로 왕권을 견제함, ③.④항은 국왕의 직속기관으로 왕권을 강화하였다.

172 **다음 제도의 시행에 대한 설명으로 옳은 것은?**

15. 서울시

> 6조에서 올라오는 모든 일을 영의정, 좌의정, 우의정이 중심이 되는 의정부에서 논의하여
> 합의된 사항을 국왕에게 올려 결재 받게 하였다.

① 이 제도의 시행으로 국왕이 재상들을 직접 통솔할 수 있게 되어 왕권강화에 기여하였다.
② 무력으로 집권한 태종과 세조는 이 제도를 이용하여 초기의 불안한 왕권을 안정시켰다.
③ 민본정치를 추구한 정도전은 이 제도를 폐지하고 6조의 업무를 국왕에게 직접 보고하게 하였다.
④ 세종은 안정된 왕권과 경제력을 바탕으로 이 제도를 시행하여 왕권과 신권의 조화를 추구하였다.

<정답 및 해설> ④
자료의 「의정부에서 논의하여」는 재상 합의제의 내용이다. 세종과 중종 때 발전되었다.
① 재상이 국왕을 견제함, ② 6조직계제를 실시함, ③ 관료주의 및 재상합의제를 중시하였다.

173 다음 정책을 추진한 국왕대에 있었던 사실로 옳은 것은?

19. 지방직

> 옛적에 관가의 노비는 아이를 낳은 지 7일 후에 입역(立役) 하였는데, 아이를 두고 입역하면 어린 아이에게 해로울 것이라 걱정하여 100일간의 휴가를 더 주게 하였다. 그러나 출산에 임박하여 일하다가 몸이 지치면 미처 집에 도착하기 전에 아이를 낳는 경우가 있다. 만일 산기에 임하여 1개월간의 일을 면제하여 주면 어떻겠는가. 가령 저들이 속인다 할지라도 1개월까지야 넘길 수 있겠는가. 상정소(詳定所)로 하여금 이에 대한 법을 제정하게 하라.

① 사형의 판결에는 삼복법을 적용하였다.
② 주자소를 설치하여 계미자를 주조하였다.
③ 국방력 강화를 위해 진관체제를 실시하였다.
④ 도평의사사를 개편하여 의정부를 설치하였다.

<정답 및 해설> ①
「산기에 임하여 1개월간의 일을 면제하여 주면 어떻겠는가」에서 여종에게 출산휴가를 준 왕은 세종이었다.
① 세종의 금부삼복법, ② 태종, ③ 세조, ④ 정종과 관련된다.

174 고려와 조선의 지방행정 제도에 대한 설명으로 가장 옳지 않은 것은?

18. 서울시

① 조선에서 지방관은 행정·사법권을, 별도로 파견된 진장·영장은 군사권을 보유하였다.
② 고려에서 상급 향리는 과거응시에 제한을 두지 않아 고위관리가 될 수 있었다.
③ 조선에서 지역 양반은 유향소를 구성하여 향리를 규찰하고 향촌질서를 바로잡았다.
④ 고려의 지방은 지방관이 파견된 주현과 파견되지 않은 속현으로 구성되었다.

<정답 및 해설> ①
① 진장(鎭將)은 주진, 거진, 대·소진으로 군현의 수령이 겸직함, 영장((領將)은 조선 후기 속오군의 지휘관이었다. ② 현종의 주현공거법에 의함, ③ 유향소의 약정과 직월은 지방의 유력한 사족으로 구성함, ④ 주현보다 속현이 더욱 많았으나, 예종대부터 정식 지방관인 감무관이 파견되었다.

175 조선시대의 교육제도에 관한 설명으로 옳지 않은 것은?

17. 사회복지직

① 왕세자는 궁 안의 시강원에서 교육을 받았다.
② 성균관에는 생원이나 진사만 입학할 수 있었다.
③ 서울에는 서학, 동학, 남학, 중학이 설치되었다.
④ 향교의 교생 가운데 시험성적이 나쁜 사람은 군역에 충정 되기도 하였다.

<정답 및 해설> ②
② 반드시는 아니며 생원과 진사를 원칙으로 하였다.
① 시강원(侍講院)은 왕세자의 전문교육기관, ③ 세종의 4학, ④ 반대로 성적이 우수하면 과거시험의 초시를 면제하였다.

176 **<보기>에서 설명하는 사건은?**

19. 보훈청

<보기>
1519년 11월 조광조, 김정, 김식 등 사림이 화를 입은 사건을 말한다. 연산군이 폐위된 후 사림이 다시 본격적으로 정계에 진출하면서, 당시 정국을 주도하던 훈구파와의 갈등이 심하게 일어났다. 특히 사림파는 반정공신 중 공이 없음에도 공신이 된 자들을 솎아내야 한다고 주장하였는데, 이에 훈구파는 사림파가 붕당을 지어 왕권을 위협하고 국정을 어지럽힌다고 고발하였고, 왕이 이를 수용해 사림파를 숙청하였다.

① 갑자사화   ② 기묘사화
③ 무오사화   ④ 을사사화

<정답 및 해설> ②
「1519년 11월 조광조, 김정, 김식 등 사림이 화를 입은 사건」에서 1519년 기묘사화(己卯士禍)임을 알 수 있다. ③ 연산군 4년(1498), ① 연산군 10년(1504), ④ 명종 1년(1545)에 각각 발발하였다.

177 **다음의 사건과 관련된 설명으로 옳은 것은?**

15. 서울시

김효원이 과거에 장원으로 급제하여 이조 전랑의 물망에 올랐으나, 그가 윤원형의 문객이었다 하여 심의겸이 반대하였다. 그 후에 심충겸(심의겸의 동생)이 장원 급제를 하여 이조 전랑에 천거되었으나, 외척이라 하여 김효원이 반대하였다.

-연려실기술

① 외척들의 반발로 이 사건에 관련된 훈구세력과 사림세력이 제거되었다.
② 심의겸 쪽에는 정치의 도덕성을 강조한 서경덕, 이황, 조식의 문인들이 가세하였다.
③ 이이, 성혼의 문인들은 주기론(主氣論)에 입각하여 양쪽을 모두 비판하며 타협안을 제시하였다.
④ 이 사건 이후 사림을 중심으로 정치적, 학문적 견해 차이에 따른 붕당정치가 나타났다.

<정답 및 해설> ④
김효원은 신진사림으로 동인, 심의겸은 기성사림으로 서인이다.
자료는 선조 8년(1575)의 이조전랑직 다툼 내용이다. ④항이 옳다. ① 명종대 을사사화, ② 이이의 문인이 참여, ③ 타협안이 아니라 스스로 서인이라고 자처하였다.

178 **조선 초기의 대외관계에 대한 설명 중 가장 옳은 것은?**

19. 서울시

① 화이관(華夷觀)이라는 세계관에 바탕을 두고 사대교린(事大交隣)을 기본정책으로 삼았다.
② 북진정책 하에 고구려 고토의 회복을 도모하였다.
③ 일본과 여진에 대해서는 무력진압을 위주로 하였다.
④ 동남아시아 국가와는 교류가 없었다.

<정답 및 해설> ①
① 사대는 명, 교린은 여진과 일본에 대한 정책, ② 고려시대의 국시, ③ 화친과 무력을 겸하는 정책이 교린외교
(交隣外交), ④ 시암(태국), 류큐(오키나와), 자와(인도네시아) 등과 교류하였다.

179 **조선 전기 일본과 관계된 주요 사건이다. ㈎~㈐ 각 시기에 있었던 사건으로 옳지 않은 것은?**

16. 서울시

1392		1419		1510		1592		
	㈎		㈏		㈐		㈑	
조선 건국		쓰시마 토벌		3포왜란		임진왜란		

① ㈎ : 부산포, 제포, 염포 등 3포를 개항하였다.
② ㈏ : 계해약조를 체결하여 쓰시마 주의 제한적 무역을 허락하였다.
③ ㈐ : 왜선이 침입하여 을묘왜변을 일으켰다.
④ ㈑ : 조선은 포로의 송환 교섭을 위해 일본에 사신을 파견하였다.

<정답 및 해설> ①
① 3포의 개항은 세종 8년(1426)이다.
② 1443년, ③ 1555년, ④ 유정(사명당)은 1604년 일본과 강화를 맺기 위한 사신으로 파견되어 1605년 포로로
잡혀갔던 조선인 3,000여 명을 데리고 귀국하였다.

180 다음 자료에 나타난 상황과 관련 있는 사건은?

19. 지방직

> 경성에는 종묘, 사직, 궁궐과 나머지 관청들이 또한 하나도 남아 있는 것이 없으며, 사대부의 집과 민가들도 종루 이북은 모두 불탔고 이남만 다소 남은 것이 있으며, 백골이 수북이 쌓여서 비록 치우고자 해도 다 치울 수 없다. 경성의 수많은 백성들이 도륙을 당했고 남은 이들도 겨우 목숨만 붙어 있다. 굶어 죽은 시체가 길에 가득하고 진제장(賑濟場)에 나아가 얻어먹는 자가 수천 명이며 매일 죽는 자가 60~70명 이상이다.
>
> - 성혼, 『우계집』

① 병자호란　　　　　　　　② 임진왜란
③ 삼포왜란　　　　　　　　④ 이괄의 난

<정답 및 해설> ②
「경성(한양)에는 종묘, 사직, 궁궐과 나머지 관청들이 또한 하나도 남아 있는 것이 없으며」에서 임진왜란임을 알 수 있다. 진제장(賑濟場)은 흉년이 들어 백성들이 굶주렸을 때 곡식을 내어 주거나 죽을 쑤어주던 장소였다.

181 임진왜란 때의 주요 전투를 벌어진 순서대로 바르게 나열한 것은?

16. 국가직

> ㄱ. 권율 장군이 행주산성에서 왜군을 크게 무찔렀다.
> ㄴ. 조선과 명나라 군대가 합세하여 평양성을 탈환하였다.
> ㄷ. 진주목사 김시민이 왜의 대군을 맞아 격전 끝에 진주성을 지켜냈다.
> ㄹ. 이순신 장군이 한산도 앞바다에서 왜의 수군을 격퇴하고 제해권을 장악하였다.

① ㄱ→ㄴ→ㄷ→ㄹ　　　　　　② ㄱ→ㄷ→ㄴ→ㄹ
③ ㄹ→ㄴ→ㄷ→ㄱ　　　　　　④ ㄹ→ㄷ→ㄴ→ㄱ

<정답 및 해설> ④
ㄹ) 1592년 7월, ㄷ) 1592년 10월, ㄴ) 1593년 1월, ㄱ) 1593년 2월

182 다음 사건을 발생한 순서대로 바르게 나열한 것은?

18. 지방직

> ㄱ. 이순신이 명량에서 일본 수군을 격파하였다.
> ㄴ. 의주로 피난했던 국왕 일행이 한성으로 돌아왔다.
> ㄷ. 권율이 행주산성에서 일본군의 공격을 격파하였다.
> ㄹ. 원균이 이끄는 조선 수군이 칠천량에서 크게 패배하였다.

① ㄴ→ㄷ→ㄱ→ㄹ   ② ㄴ→ㄷ→ㄹ→ㄱ
③ ㄷ→ㄴ→ㄱ→ㄹ   ④ ㄷ→ㄴ→ㄹ→ㄱ

<정답 및 해설> ④
칠천량(漆川梁·거제) 해전은 정유재란 때인 선조 30년(1597) 7월 15일, 원균(元均)이 지휘하는 조선 수군이 칠천량에서 일본 수군과 벌인 해전으로 전라우수사 이억기(李億祺)와 충청수사 최호(崔湖) 등 수군 장수들이 전사하였다. 원균도 선전관 김식(金軾)과 함께 육지로 탈출하였으나, 일본군의 추격을 받아 전사하였다. 임진왜란과 정유재란 가운데 조선 수군이 유일하게 패배한 해전이었다.

183 임진왜란의 전개 과정에 대한 설명으로 옳지 않은 것은?

17. 지방직

① 휴전협상이 진행되는 동안 조선은 훈련도감을 설치해 군대의 편제를 바꾸었다.
② 조선군은 명나라 지원군과 연합하여 일본군에게 뺏긴 평양성을 탈환하였다.
③ 전세가 불리해지고 도요토미 히데요시가 죽자 일본군이 철수함으로써 전란이 끝났다.
④ 첨사 정발은 부산포에서, 도순변사 신립은 상주에서 일본군과 맞서 싸웠지만 패배하였다.

<정답 및 해설> ④
첨사 정발은 부산포, 상주와 관련된 인물은 이일장군이다. 신립은 충주탄금대에서 전사하였다. 송상현은 동래부사로 처음 전사하였다.

184 조선시대 훈련도감에 대한 설명으로 옳지 않은 것은?

19. 국회직

① 조선 전기 임시기구로 설립되어 임진왜란을 계기로 상설기구화 되었다.
② 포수(砲手), 살수(殺手), 사수(射手)로 구성되었다.
③ 급료를 지급하는 상비군 제도였다.
④ 명나라 척계광이 저술한 『기효신서』의 영향으로 설치되었다.
⑤ 1881년(고종 18) 군제개혁으로 별기군이 설치되면서 폐지되었다.

<정답 및 해설> ①
5군영의 하나인 훈련도감(訓鍊都監)은 임진왜란 중인 선조 27년(1594)에 설치되어 삼수병을 양성하였다.

185 **<보기>의 조선시대의 국방정책을 시간 순으로 바르게 나열한 것은?**

18. 서울시

<보기>
ㄱ. 서울 주변의 네 유수부가 서울을 엄호하는 체제를 구축하였다.
ㄴ. 금위영을 발족시켜 5군영 제도가 성립되었다.
ㄷ. 하멜이 가져온 조총 기술을 도입하여 서양식 무기를 제조하였다.
ㄹ. 수도방어체계를 강화하고 『수성윤음』을 반포하였다.

① ㄱ → ㄴ → ㄷ → ㄹ   ② ㄴ → ㄹ → ㄱ → ㄷ
③ ㄷ → ㄴ → ㄹ → ㄱ   ④ ㄹ → ㄷ → ㄱ → ㄴ

<정답 및 해설> ③
ㄷ) 효종, ㄴ) 숙종, ㄹ) 영조(1751), ㄱ) 정조는 4유수경(개성, 강화, 광주(廣州), 화성)을 연결해 서울을 비호하는 체제를 구축하였다.

186 **임진왜란으로 발생한 문제를 해결하기 위해 광해군 재위기간 중에 추진된 정책에 해당하지 않는 것은?**

17. 서울시

① 토지대장과 호적을 새로 정비하였다.
② 공납제도의 문제점을 보완하기 위해 대동법을 실시하였다.
③ 임진왜란 때 활약한 충신과 열녀를 조사하여 추앙하였다.
④ 진관체제에서 제승방략체제로 변경하였다.

<정답 및 해설> ④
④ 제승방략(制勝方略)는 명종 때 시행되었으나, 임진왜란 중 선조 27년(1594)에 다시 진관체제로 복구되었다.

187 밑줄 친 내용과 관련된 사실로 가장 옳지 않은 것은?

17. 서울시

전일 ㉠세자가 심양에 있을 때 집을 지어 고운 빨간 빛의 흙을 발라서 단장하고, 또 ㉡포로로 잡혀간 조선 사람들을 모집하여 둔전을 경작해서 곡식을 쌓아 두고는 그것으로 진기한 물품과 무역을 하느라 ㉢관소의 문이 마치 시장 같았으므로, ㉣임금이 그 사실을 듣고 불평스럽게 여겼다.

① ㉠ 세자 - 북경에서 아담샬과 만나 교류하였다.
② ㉡ 포로 - 귀국한 여성 중에는 가족들의 천대와 멸시를 받는 이도 있었다.
③ ㉢ 관소 - 심양관은 외교적 기능을 담당하기도 하였다.
④ ㉣ 임금 - 전쟁의 치욕을 벗기 위해 북벌론을 적극 추진하였다.

<정답 및 해설> ④
㉠ 세자는 병자호란의 결과 인질로 잡혀간 소현세자. ㉣의 임금은 인조에 해당한다.
결국 이러한 문제로 부자간의 반목이 대립되어 귀국 후 세자를 숙청하였다.

188 다음 제도를 시행한 목적에 해당하는 것만을 <보기>에서 모두 고른 것은?

17. 국가직

• 무릇 민호(民戶)는 그 이웃과 더불어 모으되, 가족 숫자의 다과(多寡)와 재산의 빈부에 관계없이 다섯 집마다 한 통(統)을 만들고, 통 안에 한 사람을 골라서 통수(統帥)로 삼아 통 안의 일을 맡게 한다.
• 1리(里) 마다 5통 이상에서 10통까지는 소리(小里)를 삼고, … (중략) … 리(里) 안에서 또 이정(里正)을 임명한다.

– 비변사등록

<보 기>
ㄱ. 농민들의 도망과 이탈 방지
ㄴ. 부세와 군역의 안정적인 확보
ㄷ. 재지사족 중심의 향촌 자치 활성화
ㄹ. 향권을 둘러싼 구향과 신향 간의 향전 억제

① ㄱ, ㄴ   ② ㄱ, ㄹ
③ ㄴ, ㄷ   ④ ㄷ, ㄹ

<정답 및 해설> ①
제시된 자료는 5가작통제의 내용이다.
ㄷ) 유향소·향약·서원 등과 관련됨, ㄹ)의 향전을 억제시키기 위한 정책안은 존재하지 않는다.

189 **다음 상소 이후에 나타난 사실로 옳지 않은 것은?**

17. 국가직

> 윤집(尹集)이 상소하기를 "화의가 나라를 망친 것은 어제 오늘의 일이 아니고 옛날부터 그러하였으나 오늘날처럼 심한 적은 없었습니다. 명나라는 우리나라에 있어서 부모의 나라이고 노적은 우리나라에 있어서 부모의 원수입니다. … 지난날 성명께서 크게 분발하시어 의리에 의거하여 화의를 물리치고 중외에 포고하고 명나라에 알리시니, 온 동토(東土) 수천 리가 모두 크게 기뻐하여 서로 고하기를 '우리가 오랑캐가 됨을 면하였다.'고 하였습니다."
>
> - 인조실록

① 소현세자는 청에서 서양의 문물에 관심을 가지고, 천문관련 서적 등을 가져왔다.
② 조선은 청과 굴욕적인 형제의 맹약을 맺었다.
③ 조선은 복수설치(復讐雪恥)를 과제로 삼았다.
④ 숭정처사(崇禎處士), 대명거사(大明居士)로 자처하며 출사를 거부하는 인물이 있었다.

<정답 및 해설> ②
청의 군신관계 요구를 놓고 대립하는 가운데 서인인 윤집은 삼학사의 한 사람으로 주전론자였다. 그 결과 인조 14년(1636)에 병자호란이 발발하였다.
② 정묘호란(1627)의 결과, ① 소현세자와 봉림대군은 8년간 청에 끌려가 인질생활을 함, ③ 복수하여 치욕을 설욕하고자 효종 이후 북벌론 추진, ④ 숭정처사(崇禎處士)란 호란 이후 세상에 뜻을 버리고 바깥일을 사절한 채 학문탐구에 매진한 사람들, 대명거사(大明居士)란 호란 이후 명나라에 대한 절의와 청에 대한 적개심을 표방하고 있는 사람들을 일컫는다.

190 **밑줄 친 '대의(大義)'를 이루기 위해 효종이 한 일로 옳은 것은?**

18. 지방직

> 병자년 일이 완연히 어제와 같은데, 날은 저물고 갈 길은 멀다고 하셨던 성조의 하교를 생각하니 나도 모르게 눈물이 솟는구나. 사람들은 그것을 점점 당연한 일처럼 잊어가고 있고 대의(大義)에 대한 관심도 점점 희미해져 북녘 오랑캐를 가죽과 비단으로 섬겼던 일을 부끄럽게 생각지 않고 있으니 그것을 생각한다면 그 아니 가슴 아픈 일인가.
>
> - 조선왕조실록

① 남한산성을 복구하고 어영청을 확대하였다.
② 훈련별대를 정초군과 통합하여 금위영을 발족시켰다.
③ 명과 후금 사이에서 실리를 추구하는 중립외교 정책을 펼쳤다.
④ 호위청, 총융청, 수어청 등의 부대를 창설하여 국방력을 강화하였다.

<정답 및 해설> ①
자료의 「병자년 일이 완연히 어제와 같은데」는 병자호란을 의미하고, '대의'는 곧 북벌을 의미한다. ② 숙종, ③ 광해군, ④ '창설'이므로 인조와 관련된다.

191 조선시대의 대외관계에 대한 설명으로 가장 옳은 것은?

18. 서울시

① 태조는 북방의 여진족을 몰아내고 4군6진을 개척하였다.
② 왜란이 끝난 후 조선은 일본에 통신사를 파견하여 국교 재개를 요청하였다.
③ 조선 후기 북학운동의 한계를 느낀 지식인들은 북벌운동을 전개하였다.
④ 조선 후기 중국과의 외교와 무역에 은이 대거 소비되면서 은광이 활발하게 개발되었다.

<정답 및 해설> ④
④ 17세기, ① 세종, ② 1607년부터 1811년까지 일본의 쇼군(將軍)이 바뀔 때마다 일본의 요청으로 12회 파견, ③ 호락논쟁에 따라 북학은 낙론계 노론, 북벌은 호론계 노론이 추진하였다.

192 <보기>에서 설명하고 있는 기구에 대한 설명으로 가장 옳은 것은?

18. 서울시

<보기>
　재신(宰臣)으로서 이 일을 맡은 사람을 지변재상(知邊宰相)이라고 불렀습니다. 그러나 이 것은 일시적인 전쟁 때문에 설치한 것으로 국가의 중요한 모든 일들을 참으로 다 맡긴 것은 아니었습니다. 오늘에 와서 큰일이건 작은 일이건 중요한 것으로 취급되지 않는 것이 없는 데, 정부는 한갓 헛이름만 지니고 육조는 모두 그 직임을 상실하였습니다. 명칭은 '변방의 방비를 담당하는 것'이라고 하면서 과거에 대한 판하(判下)나 비빈(妃嬪)을 간택하는 등의 일까지도 모두 여기를 경유하여 나옵니다.

-『효종실록』

① 대원군에 의해 기능이 강화되었다.
② 의정부의 기능을 약화시켰다.
③ 붕당정치의 폐단을 막기 위해 설치되었다.
④ 왜구의 침입에 대비하여 16세기 초 상설기구로 설치되었다.

<정답 및 해설> ②
자료는 효종 때 김익희의 상소내용을 제시한 것으로 비변사(備邊司)의 권한이 확대됨을 염려한 내용이다. ② 비변사의 권한 강화는 의정부와 6조의 기능을 약화시킴, ① 대원군이 폐지함, ③ 여진과 왜구의 침입에 대비하기 위해 중종 5년(1510)에 삼포왜란을 계기로 설치됨, ④ 명종 10년(1555) 을묘왜변을 계기로 상설기구로 승격되었 다.

193 다음 사건들을 오래된 시기 순으로 옳게 나열한 것은?

19. 국회직

ㄱ. 신해통공	ㄴ. 균역법 제정
ㄷ. 이인좌의 난	ㄹ. 백두산정계비 건립

① ㄱ - ㄹ - ㄴ - ㄷ   ② ㄷ - ㄱ - ㄴ - ㄹ

③ ㄷ - ㄹ - ㄱ - ㄴ   ④ ㄹ - ㄷ - ㄴ - ㄱ

<정답 및 해설> ④
ㄹ) 1712년(숙종 38년), ㄷ) 1728년(영조4년), ㄴ) 1750년(영조 26년), ㄱ) 1791년(정조 15년)

194 다음과 같이 주장한 붕당에 대한 설명으로 옳은 것은?

16. 지방직

기해년의 일은 생각할수록 망극합니다. 그때 저들이 효종 대왕을 서자처럼 여겨 대왕대비의 상복을 기년복(1년 상복)으로 낮추어 입도록 하자고 청했으니, 지금이라도 잘못된 일은 바로잡아야 하지 않겠습니까?

① 인조반정으로 몰락하였다.
② 기사환국으로 다시 집권하였다.
③ 경신환국을 통해 정국을 주도하였다.
④ 정제두 등이 양명학을 본격적으로 수용하였다.

<정답 및 해설> ②
자료의 붕당은 남인의 내용이다.
② 숙종 15년(1689) 남인이 즉위, ① 1623년 북인과 광해군, ③ 숙종(1680) 때 서인정권, ④ 소론에 의해 18세기 강화학파로 발전되었다.

195 **(가)~(라) 시기에 있었던 사실로 옳은 것은?**

17. 국가직

	(가)	(나)	(다)	(라)	
연산군 즉위	중종 즉위	효종 즉위	영조 즉위	정조 즉위	

① (가) - 현량과를 실시하였다.
② (나) - 무오사화와 갑자사화가 일어났다.
③ (다) - 두 차례에 걸친 예송이 일어났다.
④ (라) - 신해통공으로 금난전권을 폐지하였다.

▌<정답 및 해설> ③
③ 예송논쟁은 효종과 인선대비의 사망을 계기로 서인과 남인 간에 1차(1659, 기해예송), 2차(1674, 갑인예송)
전개되었다. ① (나), ② (가), ④ 정조 15년(1791) 남인의 영수 채제공의 건의로 시행되었다.

196 **다음의 비문에 관한 설명으로 옳지 않은 것은?**

17. 사회복지직

> 오라총관 목극등은 국경을 조사하라는 교지를 받들어 이 곳에 이르러 살펴보고 서쪽은 압록강
> 으로 하고 동쪽은 토문강으로 경계를 정해 강이 갈라지는 고개 위에 비석을 세워 기록하노라.

① 조선과 청의 대표는 현지답사를 생략한 채 비를 세웠다.
② 토문강의 위치는 간도귀속 문제와도 관련이 되었다.
③ 국경 지역 조선인의 산삼 채취나 사냥이 비 건립의 한 배경이었다.
④ 조선 숙종 대 세워진 비석의 비문 내용이다.

▌<정답 및 해설> ①
숙종 38년(1712)에 세워진 백두산정계비의 내용이다.
① 1712년 청의 목극등과 조선의 박권을 대표로 현지를 답사하고 비를 세웠다.

197 <보기>에 밑줄 친 '그'의 재위기간에 있었던 일로 가장 옳은 것은?

19. 보훈청

<보기>

1674년에 왕위에 오른 그는 46년간 장기집권하면서 자신의 왕권을 안정시키기 위해 이전의 붕당연립 방식을 버리고 붕당을 자주 교체하는 방식을 택하였다. '환국'이라고 부르는 이러한 붕당 교체로 인해, 패배한 붕당은 참담한 보복을 당하면서 붕당 간 싸움이 치열하게 전개되었다.

① 기해예송이 발생하였다.
② 백두산정계비가 세워졌다.
③ 이인좌 등이 반란을 일으켰다.
④ 친위부대로 장용영이 설치되었다.

<정답 및 해설> ②
1674년 14세에 즉위하여 1720년까지 재위한 19대 숙종이다.
② 숙종 38년(1712), ① 1659년(1차 기해예송), ③ 영조 4년(1728), ④ 정조 17년(1793)에 왕권강화를 위해 설치한 군영이었다.

198 다음 정책을 시행한 왕에 대한 설명으로 옳은 것은?

16. 지방직

• 속대전을 편찬하여 법령을 정비하였다.
• 사형수에 대한 삼복법(三覆法)을 엄격하게 시행하였다.
• 신문고 제도를 부활시켜 백성들의 억울함을 풀어주고자 하였다.

① 신해통공을 단행해 상업 활동의 자유를 확대하였다.
② 삼정이정청을 설치해 농민의 불만을 해결하려 하였다.
③ 붕당의 폐단을 제거하기 위해 서원을 대폭 정리하였다.
④ 환곡제를 면민이 공동출자하여 운영하는 사창제로 전환하였다.

<정답 및 해설> ③
자료의 왕은 영조(1724~1776)와 관련된 내용이다. 「속대전(續大典)」은 1744년에 찬집청을 설치하여 완성하고 1746년에 인쇄·반포하였다. ③ 300여개 철폐, ① 정조의 신해통공정책, ② 철종 13년(1862) 5월에 설치, ④ 흥선 대원군과 관련된다.

www.ucampus.ac 101

199 **다음 중 영조대에 편찬된 서적은?**

16. 서울시

① 『동국문헌비고』　　　　　② 『동국지리지』
③ 『동사강목』　　　　　　　④ 『동의보감』

<정답 및 해설> ①
① 1770년 홍봉한이 편찬한 최초의 관찬 백과사전. ② 1615년(광해군 7) 한백겸이 편찬한 역사지리서, ③ 1778년 안정복, ④ 1613년 허준의 의학서로 세계기록문화유산으로 등재되었다.

200 **영조의 정책에 대한 서술로 옳은 것을 <보기>에서 모두 고르면?**

19. 서울시

<보기>
ㄱ. 형벌제도를 개선해 가혹한 악형을 없앴다.
ㄴ. 서얼출신의 학자를 검서관에 기용하고 공노비의 해방을 추진하는 등 서얼과 노비에 대
　　한 차별을 개선하기 위해 노력하였다.
ㄷ. 균역법을 시행하여 양반과 상민이 똑같이 군포를 부담하게 하였다.
ㄹ. 청계천 준설사업으로 일자리를 만들어주고 홍수에 대비하게 하였다.

① ㄱ, ㄹ　　　　　　　　　② ㄴ, ㄷ
③ ㄱ, ㄴ, ㄷ　　　　　　　④ ㄱ, ㄷ, ㄹ

<정답 및 해설> ①
ㄴ) 서얼출신 검서관의 등용은 정조, 공노비의 속량은 순조, ㄷ) 균역법에서 여전히 양반은 군포를 부담하지 않았다.

201 **정조의 재위기간에 있었던 일로 옳은 것은?**

19. 지역인재

① 영정법을 처음 실시하였다.
② 중앙관서의 노비 6만여 명을 해방시켰다.
③ 『속대전』, 『동국문헌비고』 등이 편찬되었다.
④ 초계문신제를 실시하여 개혁세력을 육성하였다.

<정답 및 해설> ④
22대 정조(正祖)의 재위기간은 1776년~1800년이었다.
④ 초계문신(抄啓文臣)은 정조 때 규장각에서 특별교육과 연구과정을 밟던 소장파 문신들을 지칭한다. ① 1635년 인조, ② 1801년 순조의 공노비 속량, ③ 영조 때 김재로와 홍봉한 등이 각각 주도하여 편찬되었다.

202 다음과 같이 주장한 인물에 대한 설명으로 옳은 것은?

18. 국가직

> 달은 하나이나 냇물의 갈래는 만 개가 된다. … (중략) … 나는 그 냇물이 세상 사람들이라는 것을 안다. 빛을 받아 비추어서 드러나는 것은 사람들의 상이다. 달이라는 것은 태극이요, 태극은 나이다.

① 『해동농서』를 편찬하도록 하였다.
② 갑인예송에서 왕권을 강조하며 기년복을 주장하였다.
③ 이순신에게 현충이라는 시호를 내리고 강감찬 사당을 건립하였다.
④ 민간의 광산개발 참여를 허용하는 설점수세제를 처음 실시하였다.

<정답 및 해설> ①
자료는 정조의 '만천명월주인옹자서(萬川明月主人翁自序)'로 정조가 군주권 확립을 위해 직접 지은 본인의 호였다. ① '해동농서'는 서호수의 작품으로 정조의 명을 받아 우리 농학을 체계화하였다. ② 1674년(갑인년) 2차 예송에서 남인의 주장론으로 기년복은 1년 복상을 의미, ③ 숙종, ④ 효종이다.

203 다음 중 같은 국왕대에 일어난 사실들로 바르게 짝지은 것은?

14. 사회복지직

> (가) 적극적인 북벌운동을 계획하고 어영청을 2만여 명으로 확대하였다.
> (나) 서인이 송시열을 영수로 하는 노론과 윤증을 중심으로 하는 소론으로 갈라졌다.
> (다) 대외적으로 명과 후금의 싸움에 휘말리지 않으면서 실리적인 외교정책을 펼쳤다.

> ㉠ 하멜이 가져온 조총의 기술을 활용하여 서양식 무기를 제조하였다.
> ㉡ 후금의 태종이 광해군을 위한다는 명분으로 황해도 평산까지 쳐들어 왔다.
> ㉢ 대동법을 처음으로 경기도에 시행하였다.
> ㉣ 백두산정계비를 세워 서쪽으로 압록강, 동쪽으로 토문강을 경계로 삼았다.

① (가) - ㉣　　　　　　　　　② (가) - ㉡
③ (나) - ㉠　　　　　　　　　④ (다) - ㉢

<정답 및 해설> ④
(가)는 효종의 ㉠, (나)는 숙종의 ㉣, (다)는 광해군의 ㉢에 연결된다.

204 밑줄 친 '제도'에 대한 설명으로 옳은 것은?

17. 지방직

> 국왕이 말했다. "나는 일찍부터 <u>의 제도</u>를 시행해 여러 해의 평균을 파악하고 답험(踏驗) 의 폐단을 영원히 없애려고 해왔다. 신하들부터 백성까지 두루 물어보니 반대하는 사람은 적고 찬성하는 사람이 많았으므로 백성의 뜻도 알 수 있다."

① 토지의 비옥도에 따라 조세를 차등 징수하였다.
② 풍흉에 상관없이 1결당 4~6두를 조세로 징수하였다.
③ 토지 소유자에게 1결당 미곡 12두를 조세로 징수하였다.
④ 토지 소유자에게 수확량의 10분의 1을 조세로 징수하였다.

<정답 및 해설> ①
자료는 세종이 시행한 공법(貢法)에 관한 내용이다.
② 영정법, ③ 대동법, ④ 손실답험법의 내용이다.

205 고려와 조선의 토지제도에 대한 설명으로 옳지 않은 것은?

14. 사회복지직

① 고려는 국초에 역분전을 지급하였고, 경종 때 처음으로 전시과 제도를 시행하였다.
② 전시과 체제하의 민전은 사유지이지만, 수조권의 귀속을 기준으로 하면 공전인 경우도 있다.
③ 과전법에서는 문무 관료들에게 경기지방의 토지에 한해서 과전의 수조권을 지급하였고, 군인들에게는 군전을 지급하였다.
④ 과전법에서는 토지 수확량의 1/10을 기준으로 1결마다 30말을 거두었으나, 답험손실법을 적용하여 손실에 비례하여 공제해 주도록 하였다.

<정답 및 해설> ③
고려와 달리 조선시대는 군인에게 토지의 지급이 없었다. 군전(軍田)은 전직관료 및 공신을 대상으로 지급되었다.

206 조선 초기의 과전(科田)에 대한 설명 중 가장 옳은 것은?

19. 서울시

① 과전은 성종 대까지 경기도에 한정되었다.
② 현직 관리에게 소유권과 수조권(收租權)을 부여하였다.
③ 전직 관리와 현직 관리에게 모두 수조권을 지급하였다.
④ 과전에 대해서 상속권을 인정해 주었다.

<정답 및 해설> ③
① 태종대에 하삼도로 확대되었으나 세종대에 다시 경기환급 단행, ② 수조권만 부여되므로 사망 후 국가에 반납해야 함, ④ 소유권이 아니므로 상속은 불가하였다.

207 밑줄 친 '이 법'에 대한 설명으로 옳지 않은 것은?

16. 국가직

> 현물로 바칠 벌꿀 한 말의 값은 본래 목면 3필이지만, 모리배들은 이를 먼저 대납하고 4필 이상을 거두어 갑니다. 이런 폐단을 없애기 위해 <u>이 법</u>을 시행하면 부유한 양반 지주가 원망하고 시행하지 않으면 가난한 농민이 원망한다는데, 농민의 원망이 훨씬 더 큽니다. 경기와 강원에서 이미 시행하고 있으니 충청과 호남 지역에도 하루빨리 시행해야 합니다.

① 토지 결수를 과세 기준으로 삼았다.
② 인조 때 처음으로 경기도에서 시행하였다.
③ 이 법이 시행된 후에도 왕실에 대한 진상은 계속되었다.
④ 이 법을 시행하면서 관할 관청으로 선혜청을 설치하였다.

<정답 및 해설> ②
자료는 대동법의 내용이다.
② 광해군(1608) 때 경기도에서 시범 실시되었다.

208 다음 대화에 나타난 수취제도에 대한 설명으로 옳은 것은?

16. 지방직

> • 갑 : 호(戶)에 부과하던 공물을 토지에 부과하게 되면서 땅이 많은 대가(大家)와 거족(巨族)이 불만을 가져 원망을 하고 있으니 가뜩이나 어려운 시기에 심히 걱정스럽군.
> • 을 : 부자는 토지소유에 비례하여 많은 액수의 세금을 한꺼번에 내기 어렵다고 불평하지만, 수확과 노동력이 많은 부자가 가난한 사람도 여태껏 그럭저럭 납부해온 것을 왜 못 내겠소?

① 광해군 때 경기도에서 처음으로 실시되었다.
② 농민의 군포 부담을 1년에 1필로 줄여 주었다.
③ 지주에게 토지 1결당 2두의 결작미를 징수하였다.
④ 농민부담을 낮추기 위해 전세를 토지 1결당 미곡 4두로 고정하였다.

<정답 및 해설> ①
제시된 자료는 광해군 때 처음으로 시행된 대동법의 내용이다.
② 영조의 균역법(1750), ③ 균역법의 부가세, ④ 인조의 영정법(1635)

209 다음의 ⊙에 들어갈 부세 제도에 관한 설명으로 옳은 것은?

15. 지방직

> 이때에 이원익이 (⊙)을 시행할 것을 청하니, 봄가을로 민전 1결에 각기 8말의 쌀을 내어 경창(京倉)에 수납하게 하고, 때때로 각 관아의 사주인(私主人)에게 나누어 주어 스스로 상공(上供)을 교역하여 바치게 하였다. 이로써 물화를 저축하고 시장에서 값을 오르내리게 하여 그 수를 넉넉히 남겼던 것이다.
>
> ―택당집

① 부과 기준이 가호에서 토지로 바뀌는 결과를 가져왔다.
② 양인들이 지던 군포의 부담을 줄여주기 위해 시행되었다.
③ 연분9등법에 의해 복잡하게 적용되던 전세율을 고정시켰다.
④ 답험손실의 폐단을 줄이려는 제도로, 백성들의 여론조사까지 거쳤다.

<정답 및 해설> ①
<택당집(澤堂集)>은 조선 중기의 문신 이식(李植, 1584~1647)의 시문집이다.
자료의 이원익(李元翼, 1547~1634)은 광해군 때 경기도에서 대동법을 처음으로 시행한 인물이다. ① 대동법은 호별세를 토지결수 단위로, 현물세를 미(米), 포(布), 전(錢), 무명 등으로 개편하였음이 특징, ② 영조의 균역법. ③ 전세의 '고정'이란 점에서 1635년 영정법, ④ 여론조사는 세종의 공법(1444)이다.

210 <보기>와 같은 폐단을 해결하기 위해 실시한 제도에 대한 설명으로 가장 옳지 않은 것은?

19. 서울시

> <보기>
> 각 고을에서 공물을 상납하려 할 때 각 관청의 사주인들이 여러 가지로 농간을 부려 좋은 것도 불합격 처리를 하기 때문에 바칠 수가 없게 되었습니다. 이리하여 사주인은 자기가 갖고 있는 물품으로 관청에 대신 내고 그 고을 농민들에게는 자기가 낸 물건 값을 턱없이 높게 쳐서 열 배의 이득을 취하니, 이것은 백성의 피와 땀을 짜내는 것입니다.
>
> ―선조실록

① 광해군 시기에 실시하였다.
② 토지 결수를 기준으로 1결당 쌀 12두를 납부하게 하였다.
③ 왕실과 관청에서 필요한 수요품을 구해 납품하는 덕대가 등장하였다.
④ 물품 구매와 상품수요가 증가하면서 상품화폐경제가 한층 발전하였다.

<정답 및 해설> ③
자료의 「공물을 상납하려 할 때 각 관청의 사주인들이 여러 가지로 농간을 부려」에서 방납의 폐단임을 알 수 있다. 이를 해결하기 위해 광해군(1608) 때 북인은 경기도에서 대동법을 시범 실시하였다. ③ 덕대(德大)는 17세기 광산의 사채(私採)를 허가받은 광산의 전문경영인이었다.

211 조선시대 대동법에 대한 설명으로 옳지 않은 것은?

19. 국회직

① 대동미를 관리하는 기관으로 선혜청을 설치하였다.

② 경상도 지역에서 처음 실시되었다.

③ 지역에 따라 쌀 대신 포나 화폐로 납부하는 대납을 허용하였다.

④ 1894년(고종 31) 세제개혁으로 지세(地稅)에 통합될 때까지 존속되었다.

⑤ 대동미는 크게 상납미(上納米)와 유치미(留置米)로 나뉘었다.

<정답 및 해설> ②
② 경기도 지역에서 광해군 1년(1608) 시범 실시되었다.
① 선혜청은 대동법의 전속 담당기관. ③ 대동미, 대동포, 대동전 등으로 납부함. ④ 갑오개혁으로 현물세는 폐지되고 탁지아문에서 관장함. ⑤ 상납미는 중앙, 유치미는 징수한 군현의 예산으로 사용되었다.

212 다음과 같이 ㉠이 상업의 중심지로 성장하던 시기의 사실로 옳지 않은 것은?
19. 지역인재

> 충청도 은진의 ㉠강경포는 충청도와 전라도의 육지와 바다 사이에 위치하면서 금강이남 평야 중에서 가장 큰 도회(都會)여서 바닷가 사람과 산골 사람이 모두 여기에서 물건을 교역한다.
> 『택리지』

① 대동법이 처음 실시되었다.

② 포구에서는 선상, 객주, 여각 등이 활발한 상업활동을 벌였다.

③ 경강상인이 한강을 무대로 운송업에 종사하면서 거상으로 성장하였다.

④ 의주의 만상과 동래의 내상 등이 각각 청과 일본의 중개무역을 전개하기도 하였다.

<정답 및 해설> ①
조선 후기 상업도시의 발달과 관련된 내용이다.
대동법(大同法)의 실시 결과 원산(함경도), 강경(충청도), 삼랑진(경상도) 등이 상업도시로 성장하였다. 대동법 은 광해군(1608) 때 경기도에서 첫 시행되었다. 강원도와 충청도(강경)는 인조 때 실시되었다. 그 후 전라도와 경상도는 효종, 황해도는 숙종(1708) 때 가장 늦게 실시되었다. ① 1608년 광해군 때 경기도에 해당한다.

213 다음 사실이 나타난 시기의 경제상황에 대한 설명으로 옳은 것은?

14. 사회복지직

> 내가 장단 적소에 있을 때 해서 면포 상인의 왕래가 끊이지 않은 것을 보았는데 길 가는 사람들이 통공발매의 효과라 하였다. 작년 겨울 서울의 면포 가격이 이 때문에 등귀하지 않아 서울 사람들이 생업을 즐길 수 있게 되었다.

① 포구에 객주나 여각이 크게 발달하였다.
② 벽란도가 국제무역항으로 크게 발전하였다.
③ 활구의 제작으로 은의 수요가 크게 늘어났다.
④ 주점과 다점 등 관영상업이 크게 늘어났다.

> <정답 및 해설> ①
> 자료의 '적소'는 유배지를 말하고, '해서'는 황해도를 의미한다. 황해도 장단에 유배 당시를 회상하고 있다. '통공발매'는 정조 15년(1791)의 신해통공정책에 해당한다. ②·③·④는 고려시대의 상황이다.

214 조선 후기 경제변화에 대한 설명으로 옳지 않은 것은?

17. 서울시

① 소라 불리는 특수지역에서 수공업이 이루어졌다.
② 도고라 불리는 독점적 도매상인이 활동하였다.
③ 인삼·담배 등의 상품작물이 널리 재배되었다.
④ 금광·은광을 몰래 개발하는 잠채가 번창하였다.

> <정답 및 해설> ①
> ① 조선 초기에 이미 향·소·부곡의 특수행정구역은 소멸되어 면리제로 발달하였다.
> ② 18세기, ③ 17세기, ④ 은광은 17세기, 금광은 18세기의 내용이다.

215 **다음의 자료에 보이는 시기의 경제상황에 대한 설명으로 옳지 않은 것은?**

17. 국가직

> 황해도 관찰사의 보고에 따르면, 수안군에는 본래 금광이 다섯 곳이 있었다. 올해 여름에 새로 39개소의 금혈을 뚫었는데, 550여 명의 광꾼들이 모여들었다. 도내의 무뢰배들이 농사를 짓지 않고 다투어 모여들 뿐만 아니라 다른 지방에서 이익을 좇는 무리들도 소문을 듣고 몰려온다. … (중략) … 금점을 설치한 지 이미 여러 해가 된 곳에는 촌락이 즐비하고 상인들이 물품을 유통시켜 큰 도회지를 이루고 있다.

① 밭농사에서는 견종법이 보급되었다.
② 면화, 담배 등 상품작물을 재배하였다.
③ 일부 지방에서 도조법으로 지대를 납부하였다.
④ 개간을 장려하기 위해 사패전을 부농층에 분급하였다.

<정답 및 해설> ④
「39개소의 금혈을 뚫었는데, 550여 명의 광군들이 모여들었다.」에서 조선 후기임을 알 수 있다. 금광(金鑛)은 18세기 성행하였다. ④항의 개간을 장려하기 위한 사패전(賜牌田)은 고려 말에 지급하였다. 지급 대상도 부농층이 아니라 왕의 측근이나 권세가에게 주로 지급하였다. 그리하여 고려 말 권문세족에 의한 대규모 농장(農莊)이 형성되는 중요한 토대가 되었다.
참고로 사패전(賜牌田)은 사전(賜田)의 한 형태이며, 사급전(賜給田)이라고도 불렸다. 사패는 토지사여증서인 동시에 개간허가서였으며, 지급한 토지는 한전(閑田, 휴경지거나 주인이 없는 땅)이었다.

216 **다음 지시에 따라 실시된 제도로 옳은 것은?**

17. 지방직

> 왕이 양역을 절반으로 줄이라고 명령했다. "…… 호포(戶布)나 결포(結布) 모두 문제가 있다. 이제 1필을 줄이는 것으로 온전히 돌아갈 것이니 경들은 1필을 줄였을 때 생기는 세입 감소분을 보충할 방법을 강구하라."

① 지조법을 시행하고 호조로 재정을 일원화하였다.
② 토산물로 징수하던 공물을 쌀이나 무명, 동전 등으로 통일하였다.
③ 황폐해진 농지를 개간하도록 권장하고 전국적인 양전사업을 시행하였다.
④ 일부 양반층에게 선무군관이라는 칭호를 주고 군포 1필을 납부하게 하였다.

<정답 및 해설> 없음
자료는 영조 26년(1750)의 균역법에 관한 내용이다.
④항을 가답으로 발표하였으나 추후 수정되어 <정답 없음>으로 처리되었다. 선무군관포는 일부 양반층이 아니라 일부 상층 양인신분이었다.

217 **19세기 부세제도인 도결(都結)에 대한 설명으로 옳은 것을 모두 고른 것은?**

17. 국가직

> ㄱ. 군역, 환곡, 잡역 중 일부 또는 전부를 토지에 부과하여 화폐로 징수하였다.
>
> ㄴ. 노비 신공과 결세는 그 해의 작황을 참작하여 중앙에서 일방적으로 도별 총액을 할당하였다.
>
> ㄷ. 양전하는 자(尺)를 통일하였고, 전세율을 1결당 4말~6말로 고정시켰다.
>
> ㄹ. 제도적으로는 신분에 따른 부세의 차별이 거의 남지 않게 되었음을 의미한다.
>
> ㅁ. 수령과 아전이 횡령한 관곡을 민의 토지에 부세로 부과하는 수단이 되었다.

① ㄴ, ㄷ, ㄹ   ② ㄷ, ㄹ, ㅁ

③ ㄴ, ㄷ, ㅁ   ④ ㄱ, ㄹ, ㅁ

<정답 및 해설> ④
부세의 도결이란 작황상태를 참작하지 않고 중앙정부에서 일방적으로 도별 총액을 할당하여 군현 단위로
일괄 징수하는 수취제도였다. ㄱ), ㄹ), ㅁ)이 옳다.
ㄴ)「그 해의 작황을 참작하여」가 틀림, ㄷ) 인조 12년(1635) 영정법(永定法)의 내용이다.

218 **밑줄 친 ㉠~㉣과 관련된 임란 이후 경제에 대한 설명으로 옳지 않은 것은?**

19. 국가직

> • ㉠서울 안팎과 번화한 큰 도시에 파·마늘·배추·오이 밭 따위는 10묘의 땅에서 얻은 수확
> 이 돈 수만을 헤아리게 된다. 서도지방의 ㉡담배 밭, 북도지방의 삼밭, 한산의 모시밭, 전
> 주의 생강 밭, 강진의 ㉢고구마 밭, 황주의 지황 밭에서의 수확은 모두 상상등전(上上等
> 田)의 논에서 나는 수확보다 그 이익이 10배에 이른다.
>
> • 작은 보습으로 이랑에다 고랑을 내는데, 너비 1척, 깊이 1척이다. 이렇게 한 이랑, 즉 1묘
> 마다 고랑 3개와 두둑 3개를 만들면, 두둑의 높이와 너비는 고랑의 깊이와 너비와 같아
> 진다. 그 뒤 ㉣고랑에 거름 재를 두껍게 펴고, 구멍 뚫린 박에 조를 담고서 파종한다.

① ㉠ - 신해통공을 반포하여 육의전의 금난전권은 폐지되었다.

② ㉡ - 인삼과 더불어 대표적인 상업작물로 재배되었다.

③ ㉢ - 『감저보』, 『감저신보』에서 재배법을 기술하였다.

④ ㉣ - 밭농사에서 농업생산의 발전을 가져온 농법이었다.

<정답 및 해설> ①
① 신해통공(정조 15년, 1791) 정책은 육의전을 제외한 시전상인의 금난전권을 폐지함, ② 상업작물은 인삼,
생강, 목화, 담배, 고추, 약재, 각종 채소류 등이었다. ③ 감저보(1766)는 강필리 작, 감저신보(1813)는 김장순
작, ④ 밭의 고랑에 파종하는 제도를 견종법(畎種法)이라 하였다. 견종법은 조선 후기에 등장하였다. 참고로
이랑 파종제는 농종법(壟種法)이라 한다.

219 조선시대 신분제에 대한 설명으로 가장 옳지 않은 것은?

18. 서울시

① 중앙관직에 진출할 수 있던 고려시대의 향리와 달리 조선의 향리는 수령을 보좌하는 아전으로 격하되었다.

② 유교의 적서구분에 의해 서얼에 대한 차별이 심했기 때문에 서얼은 관직에 진출하지 못하였다.

③ 뱃사공, 백정 등은 법적으로는 양인으로 취급되기도 했으나 노비처럼 천대받으며 특수직업에 종사하였다.

④ 순조는 공노비 중 일부를 양인으로 해방시켜 주었다.

<정답 및 해설> ②
② 적서(嫡庶)의 차별이 심했던 것은 사실이나 제한적으로 관직에 진출하고 있었다. 규장각의 4검서관은 서얼 출신이었다.
① 조선의 향리는 중인으로 과거응시권이 없는 수령을 보좌하는 세습적 아전에 불과함, ③ 신량역천이었기 때문, ④ 순조 1년(1801) 내시노비 66,000여명을 속량하여 양인수를 확보하였다.

220 다음은 현존하는 우리나라 족보들 가운데 가장 오래된 족보의 기재방식을 설명한 것이다. 이 족보가 편찬되었을 무렵의 가족제도에 대한 추론으로 옳은 것만을 <보기>에서 모두 고른 것은?

14. 사회복지직

• 자녀는 출생 순서에 따라 기재하였다.
• 딸이 재혼하였을 경우 후부(後夫)라 하여 재혼한 남편의 성명을 기재하였다.
• 자녀가 없는 사람은 무후(無後)라 기재하였고, 양자를 들인 사례는 거의 없다.

<보기>
㉠ 적서의 차별이 없었을 것이다.
㉡ 친영제도가 일반화되었을 것이다.
㉢ 형제가 돌아가면서 제사를 지냈을 것이다.
㉣ 재산 상속에서 아들과 딸의 차별이 없었을 것이다.

① ㉠,㉡   ② ㉠,㉣
③ ㉡,㉢   ④ ㉢,㉣

<정답 및 해설> ④
자료는 성종 때 안동권씨 족보인 성화보에 해당한다. 고려시대~16세기 말까지는 남녀가 평등하였다. ㉠ 태종 때부터 서얼을 차대하고 성종 때 경국대전에 명문화됨. ㉡ 조선 후기 여성의 시집살이(친영)를 의미한다.

221 다음 자료에 나타난 시기의 사회 모습에 대한 설명으로 옳은 것은?

16. 지방직

> 옷차림은 신분의 귀천을 나타내는 것이다. 그런데 어찌된 까닭인지 근래 이것이 문란해져 상민·천민들이 갓을 쓰고 도포를 입는 것을 마치 조정의 관리나 선비와 같이 한다. 진실로 한심스럽기 짝이 없다. 심지어 시전 상인들이나 군역을 지는 상민들까지도 서로 양반이라 부른다.

① 불교의 신앙조직인 향도가 널리 확산되었다.
② 서얼의 청요직 진출이 부분적으로 허용되었다.
③ 양민의 대다수를 차지한 농민을 백정(白丁)이라고 하였다.
④ 선현 봉사(奉祀)와 교육을 위한 서원이 설립되기 시작하였다.

<정답 및 해설> ②
자료는 조선 후기 신분제의 동요와 관련된 내용으로 「일성록」에서 출전된 내용이다.
② 고려시대, ③ 고려시대, ④ 조선 중종(1543) 때 주세붕이 세운 백운동서원이 효시를 이룬다.

222 다음 자료와 같은 현상이 나타난 시기의 사회모습에 대한 설명으로 옳지 않은 것은?

16. 국가직

> 근래 세상의 도리가 점점 썩어가서 돈 있고 힘 있는 백성들이 갖은 방법으로 군역을 회피하고 있다. 간사한 아전과 한통속이 되어 뇌물을 쓰고 호적을 위조하여 유학(幼學)이라 칭하면서 면역하거나 다른 고을로 옮겨 가서 스스로 양반 행세를 하기도 한다. 호적이 밝지 못하고 명분의 문란함이 지금보다 심한 적이 없다.
>
> -일성록

① 사족들이 형성한 동족마을이 증가하였다.
② 향회가 수령의 부세 자문기구로 변질되었다.
③ 유향소를 통제하기 위하여 경재소가 설치되었다.
④ 부농층이 관권과 결탁하여 향임직에 진출하였다.

<정답 및 해설> ③
자료에서 「~돈 있고 힘 있는 백성」은 부농과 부상층을 지칭한다. 이들이 조선 후기 신향으로 등장하여 사족인 구향의 향임권에 도전하는 향전이 발생하였다.
③ 경재소는 지방의 유향소(留鄕所)를 통제하기 위하여 설치한 중앙기구였다. 정부의 고관으로서 자기 출신지역의 유향소를 관장하였다. 지역의 유향소 품관을 임명, 감독하고 출신지역과 정부와의 중간에서 여러 가지 일을 주선하였다. 1603년(선조36)에 경재소가 혁파되면서 중앙 관료의 지방사회에 대한 지배권이 배제되자 지방의 사림이 지방 자치권을 장악하게 되었다.

223 우리나라 족보에 대한 설명으로 옳지 않은 것은?

17. 지방직

① 조선 후기에 부유한 농민들은 족보를 사거나 위조하기도 하였다.
② 조선 초기의 족보는 친손과 외손을 구별하지 않고 모두 수록하였다.
③ 현존하는 가장 오래된 족보는 성종 7년에 간행된 「문화류씨 가정보」이다.
④ 조선시대에는 족보가 배우자를 구하거나 붕당을 구별하는 데 중요한 자료로 활용되기도 하였다.

<정답 및 해설> ③
현존하는 가장 오래된 족보는 성종 7년에 간행된 <안동권씨 성화보>에 해당한다. <문화류씨 가정보>는 명종 20년(1565)에 간행되어 현존하고 있다.

224 다음 족보가 편찬된 시기의 사회상으로 가장 적절한 것은?

17. 국가직

> 우리나라는 자고로 종법이 없고 보첩(譜牒)도 없어서 비록 거가대족(巨家大族)이라도 가승(家乘)이 전혀 없어서 겨우 몇 대를 전할 뿐이므로 고조나 증조의 이름도 호(號)도 기억하지 못하는 이가 있다.
>
> -「안동권씨 성화보」 서문

① 남자는 대개 결혼 후에 바로 친가에서 거주하였다.
② 자손이 없으면 무후(無後)라 하고 양자를 널리 맞아들였다.
③ 아들을 먼저 기록하고 딸을 그 다음에 기록하였다.
④ 윤회봉사·외손봉사 등이 행해졌다.

<정답 및 해설> ④
자료의 안동권씨 「성화보(成化譜)」는 15세기 말 성종 때 제작된 현존하는 최고의 족보(族譜)로 평가하고 있다.
④ 고려시대 이래 16세기 말까지 외손봉사, 윤회봉사, 분할봉사 등이 성행, ① 대개 처가살이(솔서혼제)함,
② 자손이 없을 때 널리 양자를 들이는 것은 17세기 이후, ③ 남녀가 평등하여 출생 순으로 기록하였다.

225 밑줄 친 '이 사람'에 대한 설명으로 옳은 것은?

16. 국가직

> 이 사람은 34세에 문과에 급제하여 관직 생활을 시작하였지만 곧 모친상을 당하여 3년간 상복을 입었다. 삼년상이 끝나고 관직에 복귀하였으나 을사사화 등으로 조정이 어지러워지자 이내 관직생활의 뜻을 접고, 1546년 40대 중반의 나이에 향리로 퇴거하여 학문연구에 전념하였다. 이후 경상도 풍기군수로 있으면서 주세붕이 창설한 백운동서원에 대한 사액을 청원하여 실현을 보게 되었으니, 이것이 조선왕조 최초의 사액서원인 '소수서원'이다.

① 서리망국론을 부르짖으며 당시 서리의 폐단을 강력하게 비판하였다.
② 아홉 차례의 과거시험에 모두 장원하여 '구도장원공'이라는 별칭을 얻었다.
③ 주희의 성리설을 받아들였으며, 이기철학에서 이(理)의 절대성을 주장하였다.
④ 우주자연은 기(氣)로 구성되어 있으며, 기는 영원불멸하면서 생명을 낳는다고 보았다.

> **<정답 및 해설> ③**
> 자료의 사람은 퇴계 이황과 관련한 내용이다. ③항이 옳다.
> ①「무진봉사」에서 서리의 폐단을 강조한 남명 조식, ② 이이는 과거시험의 최종합격까지 장원만 9번을 해서 구도장원공(九度壯元公)이라고 불림, ④ 서경덕(徐敬德, 1489~1546)의 유기론사상이다.

226 다음은 어떤 인물에 대한 연보이다. 밑줄 친 ㉠~㉣의 설명으로 옳은 것은?

19. 국가직

1566년(31세)	㉠사간원 정언에 제수되다.
1568년(33세)	㉡이조좌랑이 되었으나 외할머니 이씨의 병환소식을 듣고 사퇴하다.
1569년(34세)	동호독서당에 머물면서 『동호문답』을 찬진하다.
1574년(39세)	㉢승정원 우부승지에 제수되어 『만언봉사』를 올리다.
1575년(40세)	㉣홍문관 부제학에서 사퇴하고 『성학집요』를 편찬하다.

① ㉠ - 왕명을 출납하면서 왕의 비서기관의 업무를 하였다.
② ㉡ - 삼사의 관리를 추천하는 권한이 있었다.
③ ㉢ - 왕의 정책을 간쟁하고 관원의 비행을 감찰하였다.
④ ㉣ - 서적출판 및 간행의 업무를 전담하였다.

> **<정답 및 해설> ②**
> 자료의「동호문답, 만언봉사, 성학집요」등에서 율곡 이이(1536~1584)임을 알 수 있다.
> ② 통청권(通淸權), ① 승정원의 기능, ③ 사간원의 기능, ④ 춘추관의 업무 내용이다.

227 밑줄 친 '이 책'의 저자에 대한 설명으로 옳은 것은?

17. 서울시

> 이 책은 왕과 사대부를 위해 왕도정치의 규범을 체계화한 것으로 통설, 수기, 정가, 위정, 성현도통 등으로 구성되어 있다. 이 책은 성리학의 정치이론서인 「대학연의」를 보완함으로써 조선의 사상계에 널리 영향을 미쳤다.

① 경과 의를 근본으로 하는 실천적 성리학풍을 강조하였다.
② 기대승과 8차례 편지를 통해 4단과 7정에 대한 논쟁을 벌였다.
③ 이보다 기를 중심으로 세계를 이해하고 노장사상에 개방적이었다.
④ 사림이 추구하는 왕도정치가 기자에서 시작되었다는 평가를 담은 「기자실기」를 저술하였다.

<정답 및 해설> ④
제시된 내용은 이이의 저서인 <성학집요>의 내용이다.
④ 이이, ① 조식, ② 이황, ③ 서경덕과 관련된 내용이다.

228 다음 중 『성학집요』의 저자에 대한 설명으로 옳지 않은 것은?

17. 사회복지직

① 이기이원론적 이기론을 통하여 이(理)의 자발성이나 독자성을 강조하였다.
② 신하는 성학을 군주에게 가르쳐 기질을 변화시켜야 한다고 하였다.
③ 향약의 전국 시행, 수미법의 실시 등을 제시하였다.
④ 기자의 행적을 정리한 『기자실기』를 편찬했다.

<정답 및 해설> ①
<성학집요>는 이이의 작품이다. ①항은 주자와 이황의 이론이다.
이이는 일원론적이기이원론으로 기(氣) 의 역할을 강조하였다.

229 왕의 수신 교과서인 『성학십도』를 집필한 인물에 대한 설명으로 가장 옳은 것은?

18. 서울시

① 아동용 수신서인 『동몽선습』을 편찬하였다.
② 그의 학설을 따르는 이들이 처음에는 서인을 형성하였다.
③ 기(氣)보다는 이(理)를 중시했고, 예안향약을 만들었다.
④ 『주자대전』의 중요 부분을 발췌하여 『주자문록』을 편찬하였다.

<정답 및 해설> ③
③ <성학십도(聖學十圖)>는 선조 1년(1568)에 이황이 왕에게 올린 수신의 글이었다.
① 서당의 교재로 중종 때 박세무(朴世茂)가 저술, ② 서인은 율곡의 학설을 따르는 인사, ④ 이황과 8년 동안 편지를 주고받으면서 사단칠정(四端七情) 논쟁을 편 기대승의 작품이다.

230 **밑줄 친 '그'에 대한 설명으로 옳은 것은?**

19. 지역인재

> 그는 『성학집요』를 통해 군주의 기질을 변화시켜 이상적인 군주로 나아가는 길을 제시하였고, 기자의 전통을 계승하려는 『기자실기』를 저술하였다.

① 『동호문답』을 통해 개혁방안을 제시하였다.
② 심성론의 정립에 힘썼고 이(理)의 자발성을 강조하였다.
③ 경(敬)과 의(義)를 근본으로 하는 실천적 성리학을 주창하였다.
④ 성리학을 도입한 안향을 기리기 위해 조선 최초의 서원을 세웠다.

<정답 및 해설> ①
자료의 그는 율곡 이이(栗谷 李珥, 1536~1584)에 관한 내용이다.
① 방납의 폐단을 해결하기 위한 대공수미법(代貢收米法) 실시를 주장, ② 퇴계 이황의 「성학십도(聖學十圖)」,
③ 남명 조식(南冥 曺植), ④ 중종 38년(1543) 풍기군수 주세붕(周世鵬)과 관련된다.

---

231 **밑줄 친 '국왕'의 재위기간에 있었던 일로 옳은 것은?**

18. 국가직

> 지금 국왕께서 풍속을 바꾸려는 데에 뜻이 있으므로 신은 지극하신 뜻을 받들어 완악한 풍속을 고치고자 합니다. … (중략) … 『이륜행실(二倫行實)』로 말하면 신이 전에 승지가 되었을 때에 간행할 것을 청했습니다. 삼강이 중한 것은 아무리 어리석은 부부라도 모두 알고 있으나, 붕우·형제의 이륜에 이르러서는 평범한 사람들이 제대로 모르는 경우가 있습니다.

① 주세붕이 백운동서원을 세웠다.
② 김시습이 『금오신화』를 저술하였다.
③ 『국조오례의』가 편찬되고 『동국여지승람』이 만들어졌다.
④ 문화와 제도를 유교식으로 갖추기 위해 집현전을 창설하였다.

<정답 및 해설> ①
제시된 자료는 김안국이 중종(1518) 때 편찬한 『이륜행실도』(장유유서·붕우유신)에 관한 내용이다. ① 중종 38년(1543) 풍기군수 주세붕이 안향을 추모하기 위해 건립. ② 세조 때 김시습의 전기체 소설로 우리나라 한문소설의 효시, ③ 성종, ④ 세종이다.

232 **(가) 교육기관에 대한 설명으로 옳은 것은?**

19. 국가직

> 주세붕이 비로소 (가)을/를 창건할 적에 세상에서 자못 의심했으나, 그의 뜻은 더욱 독실해져 무리들의 비웃음을 무릅쓰고 비방을 극복하여 전례 없던 장한 일을 이루었습니다. … 최충, 우탁, 정몽주, 길재, 김종직, 김굉필 같은 이가 살던 곳에 (가)을/를 건립하게 될 것입니다.
> -퇴계집

① 지방의 군현에 있던 유일한 관학이다.

② 선비와 평민의 자제에게 『천자문』 등을 가르쳤다.

③ 성적 우수자는 문과의 초시를 면제해 주었다.

④ 학문연구와 선현의 제사를 위해 설립된 사설 교육기관이다.

<정답 및 해설> ④
중종 38년(1543) 풍기군수 주세붕이 새운 백운동서원(白雲洞書院)에 대한 내용이다.
명종 5년(1550) 이황의 건의로 최초의 사액을 받아 소수서원(紹修書院)이 되었다.
④ 선현(先賢)의 추모와 학문을 연구하는 오늘날의 사립 중등학교, ① 향교, ② 사립 초등과정인 서당, ③ 학당과 향교, 성균관의 성적 우수자에 대한 특전이었다.

233 **조선시대 도성 한양에 대한 설명으로 옳지 않은 것은?**

17. 지방직

① 경복궁 근정전의 이름은 정도전이 지었다.

② 경복궁의 동쪽에 사직이, 서쪽에 종묘가 각각 배치되었다.

③ 유교사상인 인, 의, 예, 지 덕목을 담아 도성 4대문의 이름을 지었다.

④ 도성 밖 10리 안에는 개인의 무덤을 쓰거나 벌채를 하지 못하도록 규제하였다.

<정답 및 해설> ②
좌묘우사(左廟右社)를 원칙으로 하였다. 좌측은 동, 우측은 서가 된다.

234 <보기>에서 조선 전기 건축물을 모두 고른 것은?

18. 서울시

<보기>
ㄱ. 무위사 극락전   ㄴ. 법주사 팔상전
ㄷ. 금산사 미륵전   ㄹ. 해인사 장경판전

① ㄱ, ㄹ   ② ㄴ, ㄹ
③ ㄷ, ㄹ   ④ ㄱ, ㄷ

<정답 및 해설> ①
ㄱ) 세종 12년(1430)에 효령대군이 지은 건축물로 국보 제13호, ㄹ) 세조 3년(1457)에 중창한 후 성종 19년
(1488)에 학조대사가 다시 지었다. 국보 제52호로 1995년에 유네스코 세계문화유산으로 지정되었다. ㄴ) 선조
때 착수하여 인조 4년(1626)에 완성, ㄷ) 정유재란으로 소실된 것을 인조 13년(1635)에 다시 지은 건축물이다.

235 밑줄 친 '이것'에 대한 설명으로 옳지 않은 것은?

19. 서울시

이것은 조선시대 법령의 기본이 된 법전이다. 조선 건국 초의 법전인 경제육전의 원전과 속전,
그리고 그 뒤의 법령을 종합하여 만든 통치의 기본이 되는 통일법전이다. (……) 편제와 내용
은 경제육전과 같이 6분 방식에 따랐고, 각 전마다 필요한 항목으로 분류하여 균정하였다.

① 성종 때 완성되었다.
② 조준이 편찬을 주도하였다.
③ 이·호·예·병·형·공전으로 나뉘어 정리되었다.
④ 세조 때 만세불변의 법전을 만들기 위해 편찬을 시작하였다.

<정답 및 해설> ②
「조선시대 법령의 기본이 된 법전」, 「6분 방식에 따랐고」에서 경국대전(經國大典)임을 알 수 있다. ② 최항이
완성, ① 성종 16년(1485), ③ 6분주의라 함. ④ 세조는 육전상정소(六典詳定所)를 설치하고 법전편찬에 착수하
여 호조전과 형조전을 완성하였다.

236 밑줄 친 '성상(聖上)' 대에 편찬된 서적에 대한 설명으로 옳은 것은?

19. 국가직

> 세조가 신하들에게 말씀하시기를, "법의 과목(科目)이 너무 번잡하고 앞뒤가 맞지 않았기 때문에 상세히 살펴 다듬어 자손만대의 성법(成法)을 만들고자 한다."라고 하셨다. 『형전(刑典)』과 『호전(戶典)』은 이미 반포되어 시행하고 있으나 나머지 네 법전은 미처 교정을 마치지 못했다. 이에 성상(聖上)께서 세조의 뜻을 받들어 여섯 권의 법전을 완성하게 하여 중외에 반포하셨다.

① 『동국병감』은 고조선에서 고려 말까지의 전쟁을 정리한 병서이다.
② 『동몽선습』은 중국과 우리나라의 역사를 담은 아동교육서이다.
③ 『삼강행실도』는 모범적인 효자·충신·열녀를 다룬 윤리서이다.
④ 『국조오례의』는 국가의 여러 행사에 필요한 의례를 정비한 의례서이다.

<정답 및 해설> ④
자료의 『자손만대의 성법(成法)을 만들고자 한다.』에서 경국대전(經國大典)의 반포와 관련된
성종(成宗, 1469~1494)임을 알 수 있다. 경국대전은 성종 16년(1485)에 반포되었다.
④ <국조오례의>는 세종 때 착수하여 성종 5년(1474)에 신숙주 등이 완성, ① 문종 때 김종서가 편찬, ②
중종 때의 학자 박세무(朴世茂)가 저술한 삼강오륜의 윤리 및 중국과 우리나라의 역사를 간략히 서술한 경사지
략(經史之略)으로 서당의 아동교육 교재, ③ 세종 16년(1434)에 직제학 설순(偰循) 등이 왕명으로 편찬하였다.

237 밑줄 친 '이 지도'에 대한 설명으로 옳지 않은 것은?

18. 국가직

> 1402년 제작된 이 지도는 조선 학자들에 의해 제작된 세계지도이다. 권근의 글에 의하면 중국에서 수입한 '성교광피도'와 '혼일강리도'를 기초로 하고, 우리나라와 일본의 지도를 합해서 제작하였다고 한다.

① 유럽과 아프리카 대륙까지 묘사하였다.
② 중국이 세계의 중심이라는 중화사상이 반영되었다.
③ 이 지도의 작성에는 이슬람 지도학의 영향이 있었다.
④ 우리나라에 해당하는 부분은 백리척을 사용하여 과학화에 기여하였다.

<정답 및 해설> ④
자료는 태종 때 만들어진 '혼일강리역대국도지도'와 관련된 내용이다.
④항은 영조 때 정상기의 동국지도의 내용이다.

238 밑줄 친 '왕'의 재위기간에 있었던 사실로 옳지 않은 것은?

16. 지방직

> 왕이 이순지, 김담 등에게 명하여 중국의 선명력, 수시력 등의 역법을 참조하여 새로운 역법을 만들게 하였다. 이 역법은 내편과 외편으로 구성되었다. 내편은 수시력의 원리와 방법을 해설한 것이며, 외편은 회회력(이슬람력)을 해설·편찬한 것이다.

① 천체관측 기구인 혼의, 간의 등을 제작하였다.
② 경기지역의 농사경험을 토대로 금양잡록을 편찬하였다.
③ 경자자(庚子字), 갑인자(甲寅字) 등 금속활자를 주조하였다.
④ 우리 풍토에 맞는 약재와 치료법을 정리한 향약집성방을 편찬하였다.

<정답 및 해설> ②
자료의 왕은 세종이다.
② 성종 때 강희맹의 작품으로 「사시찬요(세조)」와 「금양잡록(성종)」이 있다.

239 다음 중 단군조선의 역사를 다룬 책으로 옳은 것은?

17. 서울시

① 삼국사기
② 표제음주동국사략
③ 연려실기술
④ 고려사절요

<정답 및 해설> ②
② 조선 중종 때 유희령(柳希齡, 1480~1552)이 동국통감을 참고하여 단군부터 고려시대까지 를 간략히 저술한 통사서였다. 동국통감(東國通鑑)이 너무 방대하고 상세하여 일반인이 읽기에는 불편하다고 보고, 기사 내용의 제목을 달아 표제(標題)하는 등 중국 사략류(史略類) 사서처럼 읽기 쉽고 간략한 역사책을 엮은 것이 이 책의 특징이다.
③ 조선의 정치, 문화사만을 수록하였다. ① 본기 28권(고구려 10권, 백제 6권, 신라·통일신라 12권), 지(志) 9권, 표 3권, 열전 10권 등 총 50권이다. ④ 고려시대의 역사를 편년체로 정리한 사서로 총 35권이다.

240 밑줄 친 '왕'이 재위하던 시기에 편찬되지 않은 것은?

17. 국가직

지금 우리 왕께서도 밝은 가르침을 계승하시고 다스리는 도리를 도모하시어 더욱 백성들의 일에 뜻을 두셨다. 여러 지방의 풍토가 같지 않아 심고 가꾸는 방법이 지방에 따라서 차이가 있기 때문에 옛 글의 내용과 모두 같을 수가 없었다. 이에 각 도의 감사들에게 명령하시어, 주·현의 노농(老農)을 방문하여 그 땅에서 몸소 시험한 결과를 자세히 듣게 하시었다. 또 신 정초(鄭招)에게 명하시어 말의 순서를 보충케 하시고, 신 종부소윤 변효문(卞孝文) 등이 검토해 살피고 참고하게 하여, 그 중복된 것은 버리고 절실하고 중요한 것은 취해서 한 편의 책을 만들었다.

① 「향약제생집성방」　　　　② 「향약집성방」
③ 「향약채취월령」　　　　　④ 「의방유취」

<정답 및 해설> ①
「향약제생집성방(鄕藥濟生集成方)」은 태조 7년(1398)~정종 1년(1399)에 목판으로 제생원(濟生院)에서(30권) 편찬하였으나 현존하지 않는다. 최근 4,5,6권이 발견되었다. 세종 13년(1431)에 간행된 <향약집성방(鄕藥集成方)>에 인용되었다.
② 세종 13년(1431), ③ 세종 13년(1431), ④ 세종 27년(1445)

241 조선 전기에 편찬된 서적으로 가장 옳지 않은 것은?

18. 서울시

① 『본조편년강목』　　　　② 『의방유취』
③ 『삼국사절요』　　　　　④ 『농사직설』

<정답 및 해설> ①
① 충숙왕 4년(1317) 민지(閔漬)가 쓴 고려왕조에 관한 강목체 역사서, ② 세종 때 편찬된 의학백과사전, ③ 성종 7년(1476) 노사신·서거정 등이 편찬한 단군조선으로부터 삼국의 멸망까지를 다룬 편년체 역사서, ④ 세종 때 정초 등이 편찬한 농서였다.

242 다음 서적을 편찬된 시기 순으로 바르게 나열한 것은?

19. 지방직

> ㄱ. 『의방유취』　　　　ㄴ. 『동의보감』
> ㄷ. 『향약구급방』　　　ㄹ. 『향약집성방』

① ㄱ→ㄴ→ㄷ→ㄹ
② ㄱ→ㄷ→ㄴ→ㄹ
③ ㄷ→ㄱ→ㄹ→ㄴ
④ ㄷ→ㄹ→ㄱ→ㄴ

<정답 및 해설> ④
ㄷ) 고려 고종 23년(1236), ㄹ) 조선 세종(1433), ㄱ) 조선 세종(1445), ㄴ) 1613년 광해군 때 허준의 작품으로 조선과 중국, 일본에서의 전염병 퇴치에 공헌하였다.

243 <보기>의 의서(醫書)를 편찬된 순서대로 바르게 나열한 것은?

19. 서울시·보훈청

> <보기>
> ㄱ. 『동의보감(東醫寶鑑)』　　ㄴ. 『마과회통(麻科會通)』
> ㄷ. 『의방유취(醫方類聚)』　　ㄹ. 『향약구급방(鄕藥救急方)』

① ㄱ-ㄴ-ㄷ-ㄹ
② ㄷ-ㄹ-ㄴ-ㄱ
③ ㄹ-ㄷ-ㄱ-ㄴ
④ ㄹ-ㄷ-ㄴ-ㄱ

<정답 및 해설> ③
ㄹ) 고려 고종, ㄷ) 세종, ㄱ) 광해군(1613) 때 허준, ㄴ) 정조 22년(1798) 정약용이 저술한 마진(麻疹, 홍역)에 관한 의서였다.

244 밑줄 친 '이 역서'가 편찬된 시기의 농업에 대한 설명으로 옳은 것은?

14. 사회복지직

> 　왕께서 학자들에게 명하여 선명력과 수시력 등 여러 역법의 차이를 비교하여 교정하도록 하였다. 또한 정인지, 정흠지, 정초 등에게 명하여 「태음통계」와 「태양통계」 등 중국역서를 연구하여 우리 실정에 맞는 <u>이 역서</u>를 편찬하도록 하였다.

① 밭농사에 2년 3작의 윤작법이 시작되었다.
② 벼와 보리의 이모작이 전국적으로 확대되었다.
③ 철제 농기구가 점차 보급되고 우경이 시작되었다.
④ 농업 기술을 발달시키기 위해 「농사직설」이 간행되었다.

<정답 및 해설> ④
자료의 역서는 곧 칠정산이다.
칠정산은 세종 때 한양을 기준으로 만든 역법으로 이때 농사직설이 편찬되었다. ① 고려, ② 조선 후기, ③ 우경의 시작은 신라 6세기 지증왕과 관련된다.

245 다음 해외 견문기록을 시기 순으로 바르게 나열한 것은?

18. 국가직

> ㄱ.『표해록』   ㄴ.『열하일기』
> ㄷ.『서유견문』   ㄹ.『해동제국기』

① ㄱ→ㄴ→ㄹ→ㄷ   ② ㄱ→ㄹ→ㄷ→ㄴ
③ ㄹ→ㄱ→ㄴ→ㄷ   ④ ㄹ→ㄷ→ㄱ→ㄴ

<정답 및 해설> ③
ㄹ) 성종 2년(1471) 신숙주가 일본의 지세와 국정, 교빙내왕의 연혁, 사신관대예접의 절목을 기록한 책이다.
ㄱ) 성종 19년(1488) 최부(崔溥)가 지은 '표해기행록(漂海紀行錄)'이다.
ㄴ) 정조 4년(1780) 연암 박지원은 종형인 금성위(錦城尉) 박명원을 따라 청나라 건륭제(고종)의 칠순연에 참석하는 사신의 일원으로 동행하여, 연경을 지나 청나라 황제의 여름 별장지인 열하(熱河)까지 기행한 기록을 담았는데 중국의 문인들과 사귀고, 연경의 명사들과 교유하며 중국의 문물제도를 목격하고 견문한 내용을 각 분야로 나누어 기록하였다.
ㄷ) 유길준이 1889년 탈고, 1895년 출간한 근대 국정개혁서로 언문일치에 공헌하였다.

246

조선 성리학의 학설이나 동향을 시기 순으로 바르게 나열한 것은?

18. 국가직

> ㄱ. 현실세계를 구성하는 기를 중시하여 경장(更張)을 주장하였다.
> ㄴ. 우주를 무한하고 영원한 기로 보는 '태허(太虛)설'을 제기하였다.
> ㄷ. 정지운의 『천명도』 해석을 둘러싸고 사단칠정 논쟁이 시작되었다.
> ㄹ. 향약보급 운동과 함께 일상에서의 실천윤리가 담긴 『소학』을 중시하였다.

① ㄴ→ㄱ→ㄹ→ㄷ   ② ㄴ→ㄹ→ㄱ→ㄷ
③ ㄹ→ㄴ→ㄷ→ㄱ   ④ ㄹ→ㄷ→ㄴ→ㄱ

<정답 및 해설> ③
ㄹ) 중종 14년(1519) 여씨향약을 만든 조광조(1482~1519), ㄴ) 중종 말 서경덕(1489~1546)의 주장론이다. 이(理)보다는 기(氣)를 중심으로 세계를 이해하고, "유교, 불교, 도교는 하나로 통한다."라고 하여 일통설을 제시하고, 우주를 무한하고 영원한 기(氣)로 보는 '태허설(太虛說)'을 제기하였다. ㄷ) 4단7정 논쟁은 1553년 명종 때 이황과 그의 문인인 기대승간의 논쟁으로 8년간 이어졌다. ㄱ) 선조 때 율곡 이이에 해당한다.

247 조선 후기 서학과 관련한 설명으로 옳지 않은 것은?

19. 지방직

① 이승훈이 북경에서 영세를 받았다.
② 윤지충 사건을 계기로 하여 기해박해가 일어났다.
③ 안정복이 천주교를 비판하는 『천학문답』을 저술하였다.
④ 최초의 한국인 신부 김대건이 귀국하여 포교 중 순교하였다.

<정답 및 해설> ②
진산의 남인 양반 윤지충이 모친상을 당하여 신주(神主)를 불사르고 천주교식의 제례를 지냈음을 계기로 정조 15년(1791) 처음으로 신해박해가 발발하였다.

248 다음 ㈎~㈏의 설명에 해당하는 인물을 바르게 연결한 것은?

16. 서울시

㈎ 스승 이벽의 권유로 북경에 갔다가 서양인 신부의 세례를 받고 귀국하였다.
㈏ 성리학의 입장에서 천주교를 비판하는 『천학문답』을 저술하였다.
㈐ 신부가 되어 충청도 당진(솔뫼)을 근거로 포교하다가 붙잡혀 처형되었다.

	㈎	㈏	㈐
①	이가환	안정복	황사영
②	이승훈	이기경	황사영
③	이승훈	안정복	김대건
④	이가환	이기경	김대건

<정답 및 해설> ③
이승훈은 최초의 세례자, 안정복의 천주교 비판서, 김대건(金大建, 1821~1846)은 우리나라 최초의 신부였다.

249 밑줄 친 ㉠과 직접 관련된 천주교 박해에 대한 설명으로 옳은 것은?

15. 서울시

> 프란치스코 교황은 16일 오전 순교자 124위 시복미사에 앞서 한국 최대 순교 성지이자 이번에 시복될 124위 복자 중 가장 많은 27위가 순교한 서소문 성지를 참배했다. 이곳은 본래 서문 밖 순교지로 불리는 천주교 성지였다. 한국에 천주교가 들어온 후 박해를 당할 때마다 이곳에서 많은 사람들이 처형당했으니 … 「황사영백서」로 알려진 ㉠황사영도 이곳에서 처형되었다.
>
> -「한국일보」, 2014년 8월 16일

① 모친상을 당해 신주를 불태운 것이 알려지면서 박해가 일어났다.

② 함께 붙잡혀 박해를 받은 정하상은 「상재상서」를 통해 포교의 정당함을 주장하였다.

③ 순조 즉위 후 정권을 장악한 노론 벽파가 반대파를 정계에서 제거하려고 박해를 일으켰다.

④ 대원군 집권기에 발생한 대규모 박해로, 프랑스 선교사를 비롯한 수천 명의 희생자를 낳았다.

<정답 및 해설> ③
자료는 순조 1년(1801)의 신유박해와 관련된 내용이다.
황사영은 경상도 창녕(昌寧) 사람으로 정약현(丁若鉉)의 사위였다. 신유박해가 일어나자 충청북도 제천군 봉양면(鳳陽面) 배론(舟論)이라는 토기를 만드는 천주교인들의 마을에 가서 토굴 속에 숨었다. 황사영백서(黃嗣永帛書)에 사용된 편지지는 길이 62cm의 흰 비단이었으며, 1만 3천여 자를 먹으로 썼다. 백서에는 발송인 황심의 이름만이 씌어 있으며, 지은 날짜는 <천주 강생 후 1801년>. 그는 능지처참형을 받은 후 경기도 양주군 장흥면 부곡리에 있는 가마골 홍복산 자락 아래 매장되었다. ③ 신유박해, ① 신해박해(1791), ② 1839년 기해박해가 일어나 앙베르 주교가 순교하고 정하상 자신도 가족과 함께 체포되어 순교하였다. 한국인 최초의 호교론서인 「상재상서(上宰相書)」를 작성해 두었다가 체포된 다음 관헌에게 제출하여 천주교의 도리를 밝혀 박해의 부당함을 주장하였다. ④ 1866년 병인박해로 병인양요의 원인이 되었다.

250 다음과 같이 주장한 조선 후기의 실학자에 대한 설명으로 옳은 것은?

17. 국가직

> 천체가 운행하는 것이나 지구가 자전하는 것은 그 세가 동일하니, 분리해서 설명할 필요가 없다. 생각건대 9만 리의 둘레를 한 바퀴 도는 데 이처럼 빠르며, 저 별들과 지구와의 거리는 겨우 반경(半徑)밖에 되지 않는데도 오히려 몇 천만 억의 별들이 있는지 알 수가 없다. 하물며 은하계 밖에도 또 다른 별들이 있지 않겠는가!

① 「북학의」에서 소비를 권장하여 생산을 촉진하자고 주장하였다.

② 「임하경륜」에서 성인 남자에게 2결의 토지를 나누어 주자고 주장하였다.

③ 「반계수록」에서 신분에 따라 토지를 차등 있게 재분배하자고 주장하였다.

④ 「우서」에서 상업적 경영을 통해 농업 생산성을 높여야 한다고 주장하였다.

<정답 및 해설> ②
자료는 홍대용의 지전론과 무한우주론의 내용이다.
「지구가 자전하는 것은」, 「몇 천만 억의 별들이 있는지 알 수가 없다. 하물며 은하계 밖에도 또 다른 별들이 있지 않겠는가!」에서 알 수 있다. 「의산문답」과 「임하경륜」을 대표작으로 한다. ① 박제가. ③ 유형원, ④ 유수원의 작품이다.

251 **다음에서 설명하는 인물의 저술로 옳은 것은?**

18. 지방직

○ 종래의 조선 농학과 박물학을 집대성하였다.
○ 전국 주요지역에 국가시범 농장인 둔전을 설치하여 혁신적 농법과 경영방법으로 수익을
  올려서 국가재정을 보충할 것을 제안했다.

① 색경   ② 산림경제
③ 과농소초   ④ 임원경제지

<정답 및 해설> ④
자료의 「둔전을 설치하여」는 서유구의 둔전제(屯田制)의 내용이다.
① 박세당, ② 홍만선, ③ 박지원

252 **우리 문화와 관련된 서적과 그 분야를 바르게 연결한 것은?**

14. 사회복지직

① 자산어보 - 의학   ② 연조귀감 - 역사학
③ 색경 - 지리학   ④ 벽온신방 - 양명학

<정답 및 해설> ②
① 정약전의 어류학, ② 향리의 내력을 서술한 중인 이진흥의 전기, ③ 박세당의 농서, ④ 효종 때 안경창
등이 벽온방(辟瘟方)을 보완해 한글로 설명을 붙여 간행하였다.

253 **조선 후기에 전개된 국학연구에 대한 설명으로 옳지 않은 것은?**

17. 서울시

① 유희는 「언문지」를 지어 우리말의 음운을 연구하였다.
② 이의봉은 「고금석림」을 편찬하여 우리의 어휘를 정리하였다.
③ 한치윤은 「기언」을 지어 토지제도의 개혁을 주장하였다.
④ 이종휘는 「동사」를 지어 고구려사에 대한 관심을 고조시켰다.

<정답 및 해설> ③
③항은 남인 허목의 작품이다.
「기언」의 주요 내용은 붕당의 폐지, 왕권의 강화, 서인의 북벌론 비판 등이었다.

254 조선시대에 편찬된 서적과 관련된 설명으로 옳은 것을 <보기>에서 모두 고른 것은?

18. 서울시

<보기>
ㄱ.『경국대전』: 조선의 통치규범과 법을 정리하였다.
ㄴ.『동문선』: 우리 풍토에 맞는 약재와 치료법을 정리하였다.
ㄷ.『동의수세보원』: 중국과 일본의 자료를 참고하여 민족사 인식을 확대하였다.
ㄹ.『금석과안록』: 북한산비가 진흥왕 순수비임을 밝혔다.

① ㄱ, ㄴ   ② ㄴ, ㄷ
③ ㄱ, ㄹ   ④ ㄴ, ㄹ

<정답 및 해설> ③
ㄱ) 성종 16년(1485), ㄹ) 철종 3년(1852)경, ㄴ) 세종의 향약집성방(鄕藥集成方)에 관한 내용, ㄷ) 한치윤의 해동역사(海東繹史)에 관한 내용이다.

255 조선 후기 지도편찬에 대한 설명으로 가장 옳지 않은 것은?

19. 서울시

① 김정호는 『대동여지도』를 편찬하기 이전에 이미 『청구도』 등을 제작하였다.
② 정상기는 백리 척을 이용하여 『동국지도』를 제작하였다.
③ 모눈종이를 이용한 정밀한 지도도 제작되었다.
④ 『대동여지도』가 완성되자 나라의 기밀을 누설시킬 우려가 있다고 하여 판목은 압수 소각되었다.

<정답 및 해설> ④
④ 1990년대부터 전국답사설, 백두산등정설, 옥사설, 판목소각설이 모두 잘못된 이야기라는 새로운 연구로 점차 이러한 설은 모두 교정되고 있다.
기본적으로 대동여지도는 기존의 관찬지도를 참고하여 목판으로 제작되었다. 가로 4.0m, 세로 6.6m에 이르는 초대형의 지도로 축소판인 <대동여지전도>를 만들어 대중들에게 보급한 공로가 참으로 크다고 할 수 있다.

256 다음과 같은 특징을 가진 조선 후기 역사서는?

18. 지방직

> ○ 단군으로부터 고려에 이르기까지의 우리 역사를 치밀한 고증에 입각하여 엮은 통사이다.
> ○ 마한을 중시하고 삼국을 무통(無統)으로 보는 입장에서 우리 역사를 체계화하였다.

① 허목의 동사
② 유계의 여사제강
③ 한치윤의 해동역사
④ 안정복의 동사강목

<정답 및 해설> ④
④ 사실들을 치밀하게 고증하여 고증사학(考證史學)의 토대를 닦았다. 또한, 삼한(마한)정통론을 주장하였다.
① 서인의 북벌론을 비판하고 서얼허통과 노비속량을 반대함. ② 서인 유계는 고려의 북진정책을 계승하여 북벌론을 강력히 추진할 것을 강조. ③ 민족사 인식의 폭을 넓히는 데 이바지하였다.

257 다음 글을 쓴 사람에 대한 설명으로 옳은 것은?

17. 지방직

> 오늘날 백성을 다스리는 자는 백성에게서 걷어 들이는 데만 급급하고 백성을 부양하는 방법은 알지 못한다. …… '심서(心書)'라고 이름 붙인 까닭은 무엇인가? 백성을 다스릴 마음은 있지만 몸소 실행할 수 없기 때문에 그렇게 이름붙인 것이다.

① 우리나라에서 처음으로 지전설을 주장하였다.
②「농가집성」을 펴내 이앙법 보급에 공헌하였다.
③ 홍역 관련 의서를 종합해 「마과회통」을 저술하였다.
④ 조선시대의 역사를 서술한 「열조통기」를 편찬하였다.

<정답 및 해설> ③
제시된 자료는 정약용의 목민심서(牧民心書)의 내용이다.
① 숙종 때 김석문, ② 효종 때 신속, ④ 태조에서 영조까지 기록된 안정복의 작품이다.

258 조선 후기 실학자의 저술에 대한 설명 중 옳은 것은?

15. 서울시

① 유형원은 백과사전적 성격을 지닌 「반계수록」을 저술하였다.
② 이익은 「곽우록」을 저술하여 국가 제도 전반에 대한 의견을 제시하였다.
③ 박지원은 청에 갔던 기행문인 「연기」를 저술하였다.
④ 안정복은 각종 서적을 참고하여 조선시대 역사를 기술한 「동사강목」을 편찬하였다.

<정답 및 해설> ②
②항이 옳다. ① 백과사전으로 분류하지 않는다.
반계수록(磻溪隨錄)은 1670년(현종 11년)에 완성되어 1769년(영조 45년)에 간행된 유형원의 대표적인 저술로서 국가체제에 관한 책이다. 총 26권. 유형원이 젊은 시절 지방을 자주 유람하면서 직접 목격한 민생의 현실, 그리고 말년에 그가 은거하던 전라북도 부안군 보안면 우반동(愚磻洞)에서 농민과 더불어 생활하며 얻은 제세구민론(濟世救民論)의 집대성이라고 할 수 있다. '반계'는 유형원이 살던 우반동의 이름에서 따온 그의 호이며, '수록'이란 '붓 가는 대로 갈겨 쓴 글'이라는 저자의 겸손이 담겨있다.
③ 청나라 기행문인 연기(燕記)는 홍대용의 작품이고, 박지원은 「입연기(入燕記)」를 저술함, ④ 안정복(安鼎福)의 조선시대 역사서는 열조통기(列朝通記)가 있다.

259 <보기>에서 설명하는 인물은?

19. 보훈청

<보기>
본관은 남양이고 자는 덕보이며, 담헌이라는 당호로 널리 알려져 있다. 지전설과 우주무한론을 주장했으며, 이러한 자연관을 근거로 화이의 구분을 부정하였고, 인간도 대자연의 일부로서 다른 생물과 마찬가지라는 주장을 펼치기도 하였다. 저술로는 『임하경륜』, 『의산문답』, 『연기』 등을 남겼다.

① 박제가   ② 박지원
③ 이덕무   ④ 홍대용

<정답 및 해설> ④
④ 담헌 홍대용임을 알 수 있다. <의산문답>의 인물성동론, 역외춘추론, 무한우주론으로 특징된다. ① 북학의, ② 연암집, ③ 청정관전서를 각각 남겼다.

260 다음 저서에 대한 설명으로 옳지 않은 것은?

17. 사회복지직

> 가.『산림경제』   나.『색경』
> 다.『과농소초』   라.『농가집성』

① 가 : 홍만선의 저술로 농업, 임업, 축산업, 식품가공 등을 망라하였다.
② 나 : 박세당의 저술로 과수, 축산, 기후 등에 중점을 두었다.
③ 다 : 정약용의 저술로 농업기술과 농업정책에 관하여 논하였다.
④ 라 : 신속의 저술로 이앙법을 언급하였다.

> **<정답 및 해설> ③**
> ③항의 과농소초(課農小抄)는 박지원의 저서로 1798년(정조 22) 11월 정조는 농업상의 여러 문제점을 해결하고자 전국에 농정(農政)을 권하고 농서를 구하는 윤음을 내렸다. 이에 당시 면천(沔川, 충남 당진) 군수였던 박지원이 1799년 이 책을 지어 올렸다.

261 다음은 정약용의 토지제도 개혁안의 일부이다. ㉠과 ㉡에 들어갈 말로 옳은 것은?

17. 사회복지직

> (㉠)법은 시행할 수 없다. (㉠)은 모두 한전이었는데, 수리시설이 갖춰지고 메벼와 찰벼가 맛이 좋으니 수전을 버리겠는가. (㉠)이란 평평한 농지인데 나무를 베어 내노라 힘을 들였고 산과 골짜기가 이미 개간되었으니, 이러한 밭을 버리겠는가.
> (㉡)법은 시행할 수 없다. (㉡)은 농지와 인구를 계산하여 분배해 주는 것인데, 호구의 증감이 달마다 다르고 해마다 다르다. 금년에는 갑의 비율로 분배하였다가 명년에는 을의 비율로 분배해야 하므로 조그마한 차이는 산수에 능한 자라도 살필 수 없고 토지의 비옥도가 경마다 묘마다 달라 한정이 없으니, 어떻게 균등하게 하겠는가.

	㉠	㉡			㉠	㉡
①	한전	균전		②	정전	여전
③	여전	한전		④	정전	균전

> **<정답 및 해설> ④**
> 정약용은 기본적으로 당의 균전법에 기초를 둔 여전제와 정전제를 주장하였다.
> 정전(井田)과「어떻게 균등하게 하겠는가」에서 균전(均田)임을 알 수 있다. 균전법(均田法)은 한 국가의 모든 땅을 공유지로 삼고 백성에게 고르게 경작지를 분급하고 전세를 받아들이는 토지제도였다.

262 **<보기>의 내용을 주장한 인물에 대한 설명으로 가장 옳은 것은?**

18. 서울시

<보기>

국가는 마땅히 한 집의 생활에 맞추어 재산을 계산해서 토지 몇 부(負)를 한 호의 영업전으로 한다. 그러나 땅이 많은 자는 빼앗아 줄이지 않고 미치지 못하는 자도 더 주지 않으며, 돈이 있어 사고자 하는 자는 비록 천백 결이라도 허락해 주고, 땅이 많아서 팔고자 하는 자는 다만 영업전 몇 부 이외에는 허락한다.

① 『목민심서』를 저술하는 등 실학을 집대성하였다.
② 발해사를 우리나라 역사로 체계화할 목적으로 『발해고』를 저술하였다.
③ 전국의 자연 환경과 인물, 풍속 등을 정리한 『택리지』를 저술하였다.
④ 천지·만물·인사·경사·시문 등 5개 부문으로 나누어 우리나라와 중국의 문화를 백과사전식으로 소개·비판한 『성호사설』을 저술하였다.

<정답 및 해설> ④
자료는 이익의 한전제(限田制)에 관한 내용이다.
① 정약용, ② 유득공, ③ 이중환

263 **<보기>의 토지 개혁안을 주장한 조선 후기 실학자를 옳게 짝지은 것은?**

19. 서울시

<보기>

ㄱ. 지금 농사를 하고자 하는 사람은 토지를 얻고, 농사를 하지 않는 사람은 토지를 얻지 못하도록 한다. 즉 여전(閭田)의 법을 시행하면 나의 뜻을 이룰 수 있을 것이다. … 무릇 1여의 토지는 1여의 사람들로 하여금 공동으로 경작하게 하고, 내 땅 네 땅의 구분없이 오직 여장의 명령만을 따른다. 매 사람마다의 노동량은 매일 여장이 장부에 기록한다. 가을이 되면 무릇 오곡의 수확물을 모두 여장의 집으로 보내어 그 식량을 분배한다. 먼저 국가에 바치는 공세를 제하고, 다음으로 여장의 녹봉을 제하며, 그 나머지를 날마다 일한 것을 기록한 장부에 의거하여 여민들에게 분배한다.

ㄴ. 국가는 마땅히 한 집의 재산을 헤아려 전(田) 몇 부(負)를 한정하여 1호(戶)의 영업전(永業田)을 삼기를 당나라의 조제(租制)처럼 해야 한다. 그렇다고 해서 많이 소유한 자의 것을 줄이거나 빼앗지 않고, 모자라게 소유한 자라고 해서 더 주지 않는다. 돈이 있어 사고자 하는 자는 비록 천백 결(結)이라도 모두 허가하고, 토지가 많아 팔고자 하는 자도 단지 영업전 몇 부 이외에는 역시 허가한다.

	ㄱ	ㄴ			ㄱ	ㄴ
①	정약용	이익		②	박지원	유형원
③	정약용	유형원		④	이익	박지원

<정답 및 해설> ①
ㄱ) 정약용의 여전제(閭田制), ㄴ) 이익의 한전제(限田制)에 관한 내용이다.

www.ucampus.ac   131

264 <보기>의 백과사전(유서)을 편찬한 순서대로 바르게 나열한 것은?

18. 서울시

> <보기>
> ㄱ. 대동운부군옥   ㄴ. 지봉유설
> ㄷ. 성호사설   ㄹ. 오주연문장전산고

① ㄱ → ㄴ → ㄷ → ㄹ   ② ㄴ → ㄷ → ㄹ → ㄱ
③ ㄱ → ㄷ → ㄴ → ㄹ   ④ ㄱ → ㄹ → ㄷ → ㄴ

<정답 및 해설> ①
ㄱ) 선조 때 권문해의 작품, ㄴ) 1614년 광해군 때 이수광의 작품, ㄷ) 1740년 영조 때 이익의 작품, ㄹ) 19세기 헌종 때 이규경의 작품이다.

265 <보기>는 어느 책의 일부를 발췌한 것이다. 이 책을 저술한 사람은?

18. 서울시

> <보기>
>   하늘이 재능을 균등하게 부여하는데 관리의 자격을 대대로 벼슬하던 집안과 과거출신으로만 한정하고 있으니 항상 인재가 모자라 애태우는 것은 당연한 일이다. 어느 시대, 어느 나라에서 노비나 서얼이어서 어진 인재를 버려두고, 어머니가 개가 했으므로 재능을 쓰지 않는다는 것은 듣지 못했다.

① 이황   ② 이이
③ 허균   ④ 유형원

<정답 및 해설> ③
허균의 작품인 홍길동전(洪吉童傳)의 내용이다.
「노비나 서얼이어서 어진 인재를 버려두고」, 「어머니가 개가 했으므로 재능을 쓰지 않는다는 것은」에서 천민과 서얼, 재가녀의 자식을 차별하는 사회의 불합리성을 고발하고 있다.
① 주리철학으로 영남학파 형성, ② 주기철학으로 기호학파 형성, ④ 남인의 잔반으로 초야에서 학문을 연구하였다.

[7] 근대사

266 밑줄 친 '그'의 활동에 대한 설명으로 옳은 것은?

17. 서울시

> 그는 만동묘와 폐단이 큰 서원을 철폐하도록 명령을 내렸다. 선비들 수만 명이 대궐 앞에 모여 만동묘와 서원을 다시 설립할 것을 청하니, 그가 크게 노하여 병졸로 하여금 한강 밖으로 몰아내도록 하였다.

① 갑오개혁 당시 군국기무처의 총재관으로 활동하였다.
② 갑신정변 당시 청군의 원조를 요청하였다.
③ 임오군란 직후 통리기무아문을 폐지하였다.
④ 강화도조약 체결 직전 화서학파의 적극적인 지지를 받았다.

<정답 및 해설> ③
자료의 그는 흥선 대원군이다. 「만동묘와 서원의 철폐」에서 입증된다.
① 김홍집, ② 집권 사대당으로 민씨를 중심으로 하는 온건개화파 세력, ④ 화서학파는 위정척사론자 이항로의 문인들로 강화도조약 체결 직전이 아니라 1860년대 병인양요를 계기로 대원군의 통상수교거부정책을 지지하였다. 강화도조약 체결 직전에 대원군은 이미 1873년 하야되었다.

267
밑줄 친 '이때' 재위한 국왕대에 있었던 사실로 옳은 것은?
19. 지방직

> 이때 거두어들인 돈을 '스스로 내는 돈'이라는 뜻에서 원납전이라 하였다. 그런데 백성들은 입을 삐쭉거리면서 '원납전 즉 원망하며 바친 돈이다.' 라고 하였다.
>
> – 매천야록

① 세한도가 제작되었다.
② 삼정이정청이 설치되었다.
③ 삼군부가 부활되고 삼수병이 강화되었다.
④ 비변사 당상들이 중요한 권력을 장악하였다.

<정답 및 해설> ③
자료의 원납전은 고종(高宗) 때 흥선대원군이 경복궁을 중수하면서 거두어들인 염출제도였다. 처음에는 원납전(願納錢)이었으나 장기간에 걸쳐 징수되면서 원납전(怨納錢)이 되었다.
① 철종 때 김정희, ② 철종(1862), ④ 고종 때 흥선대원군은 비변사와 5군영을 폐지하고 3군부와 의정부를 부활하였다. 5군영은 폐지하였으나 삼수병은 삼군부 소속으로 유지되었다.
*삼군부(三軍府)
1865년(고종 2)에 흥선 대원군이 다시 조직하여 군무·숙위문제 그리고 변방에 관한 사항을 관장하였으나, 1880년에 폐지되고 통리기무아문에 소속되었다. 그 후 1882년 임오군란 후에 다시 설치되었으나, 12월에 통리군국사무아문에 소속되어 소멸되었다. 삼군부(三軍府)는 군사에 관한 일을 통할하던 관청(府)이었다.

268 두 차례의 양요에 대한 설명으로 가장 옳은 것은?

18. 서울시

① 어재연이 이끄는 조선군은 프랑스군을 상대로 승리를 거두었다.
② 미국상선 제너럴 셔먼 호는 평양주민을 약탈하였다.
③ 양헌수 부대는 광성보 전투에서 결사항전 하였으나 퇴각하였다.
④ 박규수는 화공작전을 펴서 프랑스 군대를 공격하였다.

<정답 및 해설> ②
② 1866년 평양감사 박규수, ① 어재연은 미국의 침략인 신미양요로 전사함, ③ 병자호란 당시 양헌수는 정족산성에서 항전, ④ 프랑스가 아니라 미국상선 제너럴 셔먼호를 평양 군민과 함께 소각 격침시켰다.

269 <보기>는 개항 이후 각국과 맺은 조약이다. ㉠과 ㉡에 들어갈 용어로 옳은 것은?

18. 서울시

<보기>
㈎ 조선국은 ㉠으로 일본국과 평등한 권리를 보유한다. 금후 양국이 화친의 성의를 표하고자 할진대 모름지기 서로 동등한 예의로써 상대할 것이며 추호도 경계를 넘어 침입하거나 시기하여 싫어함이 있어서는 아니 될 것이다.
㈏ 수륙무역장정은 중국이 ㉡을 우대하는 후의에서 나온 것인 만큼 다른 각국과 일체 균점하는 예와는 같지 않으므로 여기에 각항 약정을 한다.

① ㉠ 인근국 - ㉡ 속방   ② ㉠ 자주국 - ㉡ 우방
③ ㉠ 인근국 - ㉡ 우방   ④ ㉠ 자주국 - ㉡ 속방

<정답 및 해설> ④
(가) 강화도조약, (나) 조청상민수륙무역장정에 관한 내용이다.
④항의 내용이 옳다.

270 1876년 체결된 조·일수호조규에 들어있지 않은 조항은?

19. 서울시

① 조선은 자주국으로 일본과 동등권을 갖는다.
② 인천과 부산에 일본공관을 둔다.
③ 일본인 거주지역 내에서의 치외법권을 인정한다.
④ 일본 선박의 조선연해 측량을 인정한다.

<정답 및 해설> ②
② 부산항 외에 (2개 항구)를 추가하여 개항한다고 하였다.
① 제1조, ③ 제10조, ④ 제7조의 내용이다.

271 **(가), (나)가 설명하는 조약을 옳게 짝지은 것은?**

19. 국가직

(가) 강화도조약에 이어 몇 달 뒤 체결되었다. 양곡의 무제한 유출을 가능하게 한 규정과 일본 정부에 소속된 선박은 항세를 납부하지 않는다는 규정이 들어 있었다.

(나) 김홍집이 일본에서 황준헌의 『조선책략』을 가져 오면서 그 내용의 영향으로 체결되었으며, 청의 적극적인 알선이 있었다. 거중조정 조항과 최혜국대우의 규정이 포함되어 있었다.

	(가)	(나)
①	조일무역규칙	조미수호통상조약
②	조일무역규칙	조러수호통상조약
③	조일수호조규부록	조미수호통상조약
④	조일수호조규부록	조러수호통상조약

<정답 및 해설> ①
(가) 「양곡의 무제한 유출」, 「항세를 납부하지 않는다는 규정」 등에서 1876년 6월에 체결된 1차 무역규칙임을 알 수 있다.
(나) 「조선책략을 가져 오면서 그 내용의 영향」, 「거중조정 조항과 최혜국대우의 규정」 등에서 1882년 청의 중재로 체결된 조미수호통상조약의 내용이다. 조선책략의 연미론에 자극되어 러시아를 견제하고 조선에서의 종주권을 강화하기 위해 청국이 적극 중재하였다.

272 **조약 (가), (나) 사이 시기의 경제상황으로 옳은 것은?**

19. 지방직

(가)	• 조선국 항구에 머무르는 일본은 쌀과 잡곡을 수출·수입할 수 있다. • 일본국 정부에 소속된 모든 선박은 항세(港稅)를 납부하지 않는다.
(나)	• 입항하거나 출항하는 각 화물이 세관을 통과할 때에는 세칙에 따라 관세를 납부해야 한다. • 조선 정부가 쌀 수출을 금지하고자 할 때에는 반드시 먼저 1개월 전에 지방관이 일본 영사관에게 통고해야 한다.

① 메가타 재정고문이 화폐정리사업을 시도하였다.
② 혜상공국의 폐지 등을 주장한 정변이 발생하였다.
③ 양화진에 청국인 상점을 허용하는 조약이 체결되었다.
④ 함경도 방곡령 사건으로 일본과 외교적 마찰이 일어났다.

<정답 및 해설> ③
(가) 1876년 6월 1차 무역규칙, (나) 1883년 조일통상장정(2차 무역규칙)의 내용이다.
③ 1882년 조청상민수륙무역장정, ① 1905년 1월, ② 1884년 갑신정변, ④ 1889년 함경감사 조병식의 방곡령으로 1,100만원의 손해배상금을 지불하였다.

273 조선 정부는 강화도조약 체결 이후에 근대문물을 살펴보고 국정개혁의 자료를 모으기 위하여 여러 나라에 사절단을 파견하였다. 각 사절단의 파견 순서를 바르게 나열한 것은?

17. 사회복지직

┌───┐
│ ㄱ. 1차 수신사절   ㄴ. 보빙사   │
│ ㄷ. 조사시찰단   ㄹ. 영선사   │
│ ㅁ. 2차 수신사절   │
└───┘

① ㄱ → ㄷ → ㄹ → ㅁ → ㄴ   ② ㄱ → ㄹ → ㄷ → ㅁ → ㄴ
③ ㄱ → ㅁ → ㄷ → ㄹ → ㄴ   ④ ㄱ → ㅁ → ㄹ → ㄷ → ㄴ

<정답 및 해설> ③
ㄱ) 1876년 김기수, ㅁ) 1880년 김홍집, ㄷ) 1881년 박정양 외, ㄹ) 1881년 김윤식 외, ㄴ) 1883년 민영익 외 홍영식, 서광범 등이 수행원으로 동행하였다.

274 위정척사운동에 대한 설명으로 가장 옳지 않은 것은?

19. 서울시

① 최익현은 왜양일체론을 내세우며 개항반대운동을 전개하였다.
② 이항로는 척화주전론을 주장하며 통상반대운동을 전개하였다.
③ 기정진 등 영남유생들이 만인소를 올려 『조선책략』을 들여온 김홍집의 처벌을 요구하였다.
④ 홍재학은 주화매국의 신료를 처벌하고 서양 물품과 서양 서적을 불태울 것을 주장하였다.

<정답 및 해설> ③
1881년 만인소(萬人疏)는 영남 출신의 유생 이만손(李晩孫, 1811~1891)이 올린 것이다. 그리하여 제목도 영남만인소(嶺南萬人疏)라 하였다. 본관은 진성(眞城). 자는 가술(家述). 호는 돈와(遯窩).이황(李滉)의 후손으로, 경북 예안 출신이다.
① 1870년대 병자수호조약의 체결을 계기로, ② 1860년대 병인양요를 계기로, ④ 조선책략의 도입을 계기로 1881년 만언척사소(萬言斥邪疏)를 올려 정부의 개화파 관료들을 신랄히 비판하였다.

275 개항기 외국에 파견된 사절단에 대한 설명으로 옳지 않은 것은?

19. 지역인재

① 강화도조약 체결을 계기로 일본에 수신사가 파견되었다.
② 수신사 일원이었던 김홍집은 『조선책략』을 가져와 유포하였다.
③ 조미수호통상조약의 체결에 따라 조사시찰단이 파견되었다.
④ 영선사가 파견되어 청국에서 무기제조 기술과 군사훈련법을 습득하였다.

<정답 및 해설> ③
제시된 '개항기'는 1876년 병자수호조약을 통한 부산, 원산, 인천항 등의 개항을 의미한다.
③ 조미수호통상조약에 따라 민영익의 보빙사(報聘使, 1883)가 파견되었다. 조사시찰단은 동년 일본에 파견되었다. ① 1876년 1차 수신사 김기수, ② 김홍집은 1880년 2차 수신사로 조선책략(朝鮮策略)과 이언(易言) 등을 소개함, ④ 1881년 김윤식을 단장으로 하여 청국에 파견되었으나 이듬해 국내 임오군란의 발발과 재정지원 등의 어려움으로 실패하였다. 이들의 건의로 기기창(機器廠)이 설립되어 신식무기를 생산하게 되었다.

276 <보기>의 밑줄 친 ㈎국가에 대한 설명으로 가장 옳은 것은?

19. 서울시·보훈청

> <보기>
> 정부는 ㈎공사의 서울 부임에 답례할 겸 서구의 근대문물을 시찰하기 위해 1883년 ㈎에 보빙사를 파견하였다. 보빙사의 구성원은 민영익, 홍영식, 서광범 등 11명이었다.

① 삼국간섭에 참여하였다.
② 용암포를 강제 점령하고 조차를 요구하였다.
③ 거문도를 불법으로 점령하였다.
④ 운산 금광채굴권을 차지하였다.

> <정답 및 해설> ④
> (가)는 1883년 4월 초대 조선주재 미국공사 푸트(Foote), 그 답례로 조선은 미국에 보빙사(報聘使)를 파견하였다. 이들의 건의로 육영공원(1886)이 설립되었다.
> ④ 1896년 미국인 모스(Morse)가 특허 받음, ① 러·프·독, ② 1903년 러시아, ③ 1885년~1887년까지 영국이 점령하였다.

277 다음 사건에 대한 설명으로 옳은 것은?

16. 지방직

> 임오년 서울의 영군(營軍)들이 큰 소란을 피웠다. 갑술년 이후 대내의 경비가 불법으로 지출되고 호조와 선혜청의 창고도 고갈되어 서울의 관리들은 봉급을 못 받았으며, 5영의 병사들도 가끔 결식을 하여 급기야 5영을 2영으로 줄이고 노병과 약졸들을 쫓아냈는데, 내쫓긴 사람들은 발붙일 곳이 없으므로 그들은 난을 일으키려 했다.

① 군대해산에 반발한 군인들은 의병부대에 합류하였다.
② 보국안민, 제폭구민의 대의를 위해 봉기할 것을 호소하였다.
③ 정부의 개화정책에 반대하는 서울의 하층민들도 참여하였다.
④ 충의를 위해 역적을 토벌한다는 명분을 내걸고 유생들이 주동하였다.

> <정답 및 해설> ③
> 자료의 임오년은 1882년으로 6월에 임오군란(壬午軍亂)이 발발하였다.
> ③ 원효로와 이태원의 빈민들이 대거 참여, ① 1907년 정미의병, ② 동학농민봉기, ④ 항일의병과 관련된 내용이다.

278 **다음 자료가 조선조정에 소개된 이후에 일어난 사건으로 옳지 않은 것은?**

17. 지방직

> 러시아를 막을 수 있는 조선의 책략은 무엇인가? 중국과 친하고〔親中〕, 일본과 맺고〔結日〕, 미국과 연합해〔聯美〕 자강을 도모하는 길 뿐이다.

① 육영공원(育英公院)을 설립해 서양의 새 학문을 교육했다.
② 임오군란이 일어나고 제물포조약이 체결되어 일본에 배상금을 지불하였다.
③ 개화파가 우정총국 개국 축하연을 이용해 정변을 일으켜 정권을 장악하였다.
④ 최익현은 일본과 통상을 반대하는 오불가소(五不可疏)를 올렸다.

<정답 및 해설> ④
1880년 2차 수신사 김홍집에 의해 소개된 조선책략(朝鮮策略)의 내용이다.
④항은 위정척사론으로 1870년대 개항 반대를 목적으로 올렸다.

279 **다음 약력에 해당하는 인물은?**

16. 서울시

> • 1872년 철종의 딸 영혜옹주와 결혼
> • 1884년 갑신정변에 참여함. 실패 후 일본 망명
> • 1894년 내무대신에 임명됨. 다음해 일본 망명
> • 1910년 국권피탈 이후 일본의 작위를 받고 동아일보사 초대사장, 중추원의장·부의장, 일본귀족원 의원 등 역임

① 박영효   ② 윤치호
③ 김옥균   ④ 김홍집

<정답 및 해설> ①
급진개화파 박영효(朴泳孝, 1861~1939)에 관한 내용이다.
1861년 6월 12일 경기도 수원 출생. 본관은 반남(潘南), 초명은 무량(無量), 자는 자순(子純), 호는 춘고(春皐), 필명은 현현거사(玄玄居士). 일본에 망명했을 때 창씨하여 야마자키 에이하루(山崎永春)라는 이름을 사용했다. 父는 판서를 지낸 박원양(朴元陽)이며, 母는 전주이씨이고, 큰형은 영교(泳敎), 작은형은 영호(泳好)이다. 1872년 2월 철종의 딸 영혜옹주와 결혼하여 부마가 되었으나 3개월 만에 사별하였다. 금릉위(錦陵尉) 정1품 상보국숭록대부(上輔國崇祿大夫)에 봉해졌다. 조선 말기에 한성판윤, 내부대신, 궁내부 특진관, 신궁봉경회(神宮奉敬會) 총재 등을 역임하였다. 일제 강점기에는 후작의 작위를 받았으며, 조선귀족회 회장·조선식산은행 이사·중추원 부의장·일본제국의회 귀족원 칙선의원 등으로 활동하였다. 1939년 9월 21일 사망하였다.

280 밑줄 친 '그들'이 추진했던 정책에 대한 설명으로 옳은 것을 〈보기〉에서 모두 고른 것은?

15. 서울시

> 그들의 실패는 우리에게 무척 애석한 일이다. 내 친구 중에 이 사건을 잘 아는 이가 있는데, 그는 어쩌다 조선의 최고 수재들이 일본인에게 이용당해서 그처럼 큰 잘못을 저질렀는지 참으로 애석하다고 했다. 진실로 일본인이 조선의 운명과 그들의 성공을 위해 노력을 다 했겠는가? 우리가 만약 국가적 발전의 기미를 보였다면 일본인들은 백방으로 방해할 것이 자명한데 어찌 그들을 원조했겠는가?
>
> -한국통사

〈보기〉
㉠ 토지의 평균 분작을 실현한다.
㉡ 러시아와 비밀협약을 추진한다.
㉢ 보부상 단체인 혜상공국을 혁파한다.
㉣ 의정부, 6조 외의 불필요한 관청은 없앤다.

① ㉠,㉡   ② ㉠,㉢
③ ㉡,㉣   ④ ㉢,㉣

<정답 및 해설> ④
자료는 갑신정변에 관한 박은식의 저술 내용으로, '그들'은 급진개화파 김옥균 등이다.
㉢·㉣은 신정부강령 14조, ㉠ 동학농민의 요구안인 폐정개혁안 14조, ㉡ 급진개화파는 친일파로 러시아, 청국 등을 배격하였다.

281 밑줄 친 '사건'에 대한 설명으로 옳은 것은?

16. 국가직

> 4~5명의 개화당이 <u>사건</u>을 일으켜서 나라를 위태롭게 한 다음 청나라 사람의 억압과 능멸이 대단하였다. … 중략) … 종전에는 개화가 이롭다고 말하면 그다지 싫어하지 않았으나 이 <u>사건</u> 이후 조야(朝野) 모두 '개화당은 충의를 모르고 외인과 연결하여 매국배종(賣國背宗)하였다'고 하였다.
>
> -윤치호일기

① 정동구락부 세력이 주도하였다.
② 일본군과 함께 경복궁을 침범하였다.
③ 차관도입을 위한 수신사 파견의 계기가 되었다.
④ 일본 공사관이 불타고 일본군이 청군에 패퇴하였다.

<정답 및 해설> ④
자료의 「… 개화당이 사건을 일으켜」는 김옥균 등이 주도한 갑신정변의 내용이다.
① 독립협회, ② 1895년 을미사변, ③ 차관도입의 실패로 곤경에 처한 김옥균을 일본측이 이용하여 정변을 일으키도록 교사하였다.

282 갑신정변 이후 국내외 정세로 옳지 않은 것은?

17. 국가직

① 독일 부영사 부들러는 조선의 영세 중립국화를 건의하였다.
② 러시아의 남하정책에 대응하여 영국함대가 거문도를 불법 점령하였다.
③ 조청상민수륙무역장정을 체결하여 청나라 상인에게 통상 특혜를 허용하였다.
④ 청일 양국 군대가 조선에서 철수하는 것 등을 내용으로 하는 톈진조약이 체결되었다.

<정답 및 해설> ③
제시된 갑신정변(甲申政變)은 1884년이고, ③항은 1882년 임오군란(壬午軍亂)의 결과와 관련된 내용이다.

283 다음의 자료와 관련된 조약에 해당하는 것은?

17. 사회복지직

1. 청일 양국 군대는 4개월 이내에 조선에서 동시 철병할 것
2. 청일 양국은 조선국왕의 군대를 교련하여 자위할 수 있게 하되, 외국 무관 1인 내지 여러 명을 채용하고 두 나라의 무관은 조선에 파견하지 않을 것
3. 장차 조선에서 변란이나 중대사로 두 나라 중 한 나라가 출병할 필요가 있을 때는 먼저 문서로 조회하고 사건이 진정된 뒤에는 즉시 병력을 전부 철수하여 잔류시키지 않을 것

① 한성조약   ② 제물포조약
③ 시모노세키조약   ④ 톈진조약

<정답 및 해설> ④
갑신정변의 결과 청일 간에 체결된 톈진조약(天津條約)의 내용이다.
이 조약에 따라 동학농민군을 진압할 명분으로 청일 양국이 출병하여 1894년 7월 청일전쟁이 발발하였다.

284 개항기 체결된 통상협약에 대한 설명으로 옳지 않은 것은?

16. 국가직

① 조일통상장정(1876) - 곡물유출을 막는 방곡령 규정이 합의되었다.
② 조청수륙무역장정(1882) - 서울에서 청국 상인의 개점이 허용되었다.
③ 개정조일통상장정(1883) - 일본과 수출입하는 물품에 일정 세율이 부과되었다.
④ 한청통상조약(1899) - 대한제국 황제와 청 황제가 대등한 위치에서 조약을 체결하였다.

<정답 및 해설> ①
①항은 ③항과 관련되는 내용이다.

285 개항기의 경제상황으로 옳지 않은 것은?

19. 지역인재

① 임오군란 이후 청국 상인의 진출이 활발해졌다.
② 지방관은 방곡령을 내려 곡물의 외부 유출을 막고자 하였다.
③ 외국 상인의 침투에 맞서서 객주나 상인들이 상회사를 설립하였다.
④ 조청상민수륙무역장정으로 외국 상인의 내륙통상이 어려워졌다.

<정답 및 해설> ④
④ <조청상민수륙무역장정>에 의해 청국의 상인이 만주에서 양화진까지 개잔무역이 가능해 지자 최혜국조항 (最惠國條項)에 따라 열강이 경쟁적으로 내륙통상을 요구하여 상권침략이 거세져 갔다. ① 청국의 고문정치 실시 결과, ② 1889년 함경감사 조병식과 황해감사 조병철이 선포, ③ 인천의 대동상회와 서울의 장통상회 등으로 대표된다.

286 다음 지문이 가리키는 신문과 관련된 내용으로 옳은 것은?

17. 사회복지직

> 그러므로 우리 조정에서도 박문국을 설치하고 관리를 두어 외국의 기사를 폭넓게 번역하고 아울러 국내의 일까지 기재하여 국중에 알리는 동시에 열국에까지 널리 알리기로 하고, 이름을 旬報라 하며 …

① 우리나라 최초의 신문으로 1883년 창간되었으며, 한문체로 발간된 관보의 성격을 띠었다.
② 최초로 국한문을 혼용하였고, 내용에 따라 한글 혹은 한문만을 쓰기도 하며 독자층을 넓혀 나가고자 하였다.
③ 한글판, 영문판을 따로 출간하여 대중계몽을 통한 근대화를 촉진하고, 외국인에게 조선의 실정을 제대로 홍보하여 조선이 국제사회에서 완전한 근대적 자주독립국가로 자리매김하는 것을 목표로 하였다.
④ 국한문 혼용체를 사용한 일간지로 주로 유학자층의 계몽에 앞장섰다.

<정답 및 해설> ①
「박문국을 설치하고 … 이름을 旬報라 하며」에서 1883년 최초의 근대적 신문인 한성순보임을 알 수 있다. ② 1886년 한성주보, ③ 1896년 독립신문, ④ 1898년 황성신문의 내용이다.

287 근대 교육기관에 대한 설명으로 가장 옳지 않은 것은?

18. 서울시

① 배재학당 : 선교사 아펜젤러가 서울에 설립한 사립학교이다.
② 동문학 : 정부가 설립한 외국어 교육기관으로 통역관을 양성하였다.
③ 경신학교 : 고종의 교육입국조서에 따라 설립된 관립학교이다.
④ 원산학사 : 함경도 덕원 주민들이 기금을 조성하여 설립한 학교이다.

<정답 및 해설> ③
③ 경신학교(儆新學校)는 1886년에 선교사 언더우드에 의해 서울에 설립되었던 중등과정의 사립학교였다. 교육입국조서(敎育立國詔書)에 따라 설립된 관립학교는 한성사범학교였다.

288 거문도 사건이 전개된 동안, 당시 사람들이 볼 수 있었던 모습은?

17. 서울시

① 당오전을 발행하는 기사
② 한성순보를 배포하는 공무원
③ 서유견문을 출간한 유길준
④ 일본과의 무관세 무역을 항의하는 동래 부민

<정답 및 해설> ①
자료의 거문도 점령사건은 1885년부터 1887년까지 러시아의 남하를 견제하기 위해 영국이 감행한 사건이다.
① 1883년 2월에 주조되어 1894년 7월까지 유통된 근대적 화폐, ② 문제에 제시된 거문도 점령사건 기간에
한성주보(1886)로 개편됨, ③ 1895년 도쿄 교순사(交詢社)에서 간행되었다. 유길준이 1881년 일본에 갔을
때부터 구상하여 준비해 오다가 1885년 미국에서 돌아와 연금생활을 하면서 집필한 것이다. 1889년에 완성되
었으나 6년 후인 1895년에 출간되었다. 내용은 서양 각국의 지리, 역사, 정치, 교육, 법률, 행정, 경제, 사회,
군사, 풍속, 과학기술, 학문 등 광범위한 분야에 걸쳐있다. 국한문 일치에 공헌하였다. ④ 일본과는 1883년
통상장정에 따라 관세(關稅)를 징수하였다.

289 (가) 시기에 해당되는 사실로 옳은 것은?

18. 국가직

> 방금 안핵사 이용태의 보고에 따르면 "죄인들이 대다수 도망치는 바람에 조사하지 못하였
> 다."라고 하였다.
>
> - 승정원일기
>
> ↓
>
> | (가) |
> |---|
>
> ↓
>
> 전봉준은 금구 원평에 앉아 (전라)우도에 호령하였으며, 김개남은 남원성에 앉아 좌도를 통
> 솔하였다.
>
> - 갑오약력

① 논산에서 남·북접의 동학군이 집결하였다.
② 우금치 전투에서 동학군이 일본군과 격전을 벌였다.
③ 동학교도가 궁궐 앞에서 교조신원을 주장하는 집회를 열었다.
④ 백산에서 전봉준이 보국안민을 위해 궐기하라는 통문을 보냈다.

<정답 및 해설> ④
④ 안핵사 이용태의 폭거에 분노하여 전봉준은 1894년 3월 27일 백산봉기문을 띄우고 1차 봉기를 일으켰다.

www.ucampus.ac   143

290 ㈎의 사건에 대한 설명으로 옳은 것은?

17. 서울시

> 심문자 : 작년 3개월간 무슨 사연으로 고부 등지에서 민중을 크게 모았는가?
> 답변자 : 고부군수의 수탈이 심하여 민심이 억울하고 통한스러워 의거를 하였다.
> 심문자 : 흩어져 돌아간 후에는 무슨 일로 봉기하였는가?
> 답변자 : 안핵사 이용태가 의거 참가자 대다수를 동학도로 몰아 체포하여 살육하였기 때문이다.
> 심문자 : ㈎ 이후 다시 봉기를 일으킨 이유는 무엇인가?
> 답변자 : 일본이 군대를 거느리고 경복궁을 침범하였기 때문이다.

① 일본군이 풍도의 청군을 공격하면서 성립하였다.
② 법규교정소를 설치한다는 내용이 들어 있었다.
③ 집강소 및 폐정개혁에 관한 규정이 포함되었다.
④ 제물포조약을 근거로 실행한 것이다.

▎<정답 및 해설> ③
자료는 전봉준의 공초문 내용으로 ㈎는 전주화약이 되므로 ③항이 옳다.
① 1894년 (양력) 7월 청일전쟁, ② 1899년 광무개혁, ④ 임오군란의 결과 체결된 조약이다.

291 (가)의 체결 이후에 일어난 사실로 옳은 것은?

19. 국가직

> 청군과 일본군의 개입으로 사태가 악화되자 농민군은 폐정개혁을 제시하며 정부와 (가)을/
> 를 맺었다. 이에 따라 농민군은 해산하였다.

① 농민군이 황토현에서 감영군을 격파하였다.
② 고부군수 조병갑이 만석보를 쌓아 수세를 강제로 거두었다.
③ 안핵사 이용태가 농민을 동학도로 몰아 처벌하였다.
④ 남접군과 북접군이 논산에서 합류하여 연합군을 형성하였다.

▎<정답 및 해설> ④
1894년 5월 전주성에서 맺은 전주화약안(全州和約案)에 관한 내용이다.
④ 1894년 10월 2차 봉기, ① 1894년 4월 7일, ② 1894년 1월 고부민란의 배경, ③ 동년 3월 27일 통문을
띄우고 1차 봉기의 배경이 된 내용이다. 이 결과 전주화약안의 체결과 폐정개혁안의 제시가 있었다.

292 다음 내용이 포함된 개혁에 대한 설명으로 옳지 않은 것은?

16. 지방직

> • 공·사노비 제도를 모두 폐지하고, 인신매매를 금지한다.
> • 연좌법을 폐지하여 죄인 자신 외에는 처벌하지 않는다.
> • 과부의 재혼은 귀천을 막론하고 그 자유에 맡긴다.

① 중국 연호의 사용을 폐지하였다.
② 독립협회 활동의 영향을 받았다.
③ 군국기무처의 주도 하에 추진되었다.
④ 동학농민운동의 요구를 일부 수용하였다.

<정답 및 해설> ②
자료는 1894년 갑오개혁의 1차 개혁과 관련된 내용이다.
② 독립협회는 1896년부터 활동하였다.

293 발생 시기 순서로 나열할 때 다음 빈칸에 들어갈 사건으로 옳은 것은?

15. 서울시

> 을미사변 - 아관파천 - (   ) - 대한제국 수립

① 단발령 공포   ② 독립협회 결성
③ 홍범14조 반포   ④ 춘생문 사건 발발

<정답 및 해설> ②
아관파천 당시 환궁을 요구한 독립회가 옳다.
② 1896년, ① 1895년 11월 을미개혁, ③ 1895년 1월 2차 갑오개혁, ④ 1895년 12월

294 <보기>의 사건을 시간 순으로 바르게 나열한 것은?

18. 서울시

> <보기>
> ㄱ. 아관파천   ㄴ. 전주화약 체결
> ㄷ. 홍범14조 발표   ㄹ. 군국기무처 설치

① ㄱ → ㄷ → ㄴ → ㄹ   ② ㄴ → ㄹ → ㄷ → ㄱ
③ ㄷ → ㄱ → ㄹ → ㄴ   ④ ㄹ → ㄴ → ㄱ → ㄷ

<정답 및 해설> ②
ㄴ) 1894년 5월, ㄹ) 1894년 6월 25일 설치/동년 12월 17일 폐지, ㄷ) 1895년 1월,
ㄱ) 1896년 2월

295 다음 건의문이 결의된 이후에 일어난 사실로 옳은 것은?

17. 국가직

> 1. 외국인에게 의지하지 말고, 관·민이 힘을 합하여 전제황권을 견고하게 할 것
> 2. 외국과의 이권에 관한 조약은 각 대신과 중추원 의장이 합동 날인하여 시행할 것
> 3. 국가 재정은 탁지부에서 전관하고, 예산과 결산을 국민에게 공포할 것
> 4. 중대 범죄를 공판하되, 피고의 인권을 존중할 것
> 5. 칙임관을 임명할 때에는 정부의 자문을 받아 다수의 의견에 따를 것
> 6. 정해진 규정을 실천할 것

① 군국기무처를 중심으로 개혁이 추진되었다.
② 황제권 강화 작업의 일환으로 원수부가 설치되었다.
③ 고종이 러시아 공사관으로 거처를 옮기게 되었다.
④ 서재필을 중심으로 민중계몽을 위한 독립신문이 창간되었다.

<정답 및 해설> ②
자료는 독립협회의 헌의6조(獻議六條) 내용이다. 1898년 10월 29일 관민공동회에서 채택되었다. ② 1899년 6월 22일 광무개혁에서 설치, ① 1894년, ③ 1896년 아관파천, ④ 1896년 4월이다.

296 1898년 관민공동회에서 채택된 「헌의6조」에 해당하지 않는 것은?

17. 서울시

① 외국인에게 기대지 아니하고 관민이 동심협력하여 전제황권을 견고케 할 것
② 전국의 재정은 궁내부 내장원으로 이속하고 예산과 결산은 중추원의 승인을 거칠 것
③ 모든 중대 범죄는 공개 재판을 시행하되, 피고가 끝까지 설명하여 마침내 자복(自服)한 후에 시행할 것
④ 칙임관은 황제가 정부에 자문을 구하여 그 과반수에 따라 임명할 것

<정답 및 해설> ②
② 내장원(內藏院)은 왕실재산을 관리하는 곳이고 '예산과 결산은 중추원의 승인을 거칠 것'이란 헌의6조와는 무관하다. "예산과 결산을 국민에게 공표할 것"이라고 하였다.

297 <보기>의 건의문을 올린 단체에 대한 설명으로 가장 옳은 것은?

19. 보훈청

> <보기>
> 제1조 외국에 의부하지 말고 관민이 동심협력해 전제황권을 공고히 할 것
> 제2조 광산·철도·석탄· 산림의 개발 및 차관·차병과 외국과의 조약에 각부대신과 중추원
>   의장이 합동으로 서명하지 않으면 시행되지 못하게 할 것
> 제3조 전국의 재정은 모두 탁지부에서 관할하여 다른 기관이나 사회사가 간섭하지 못하게
>   하고, 예산과 결산을 인민에게 공포할 것
> 제4조 중죄인을 공판에 회부하되 피고가 자복한 후에 재판할 것
> 제5조 칙임관은 황제가 정부의 과반수 찬성을 받아 임명할 것
> 제6조 장정을 실천할 것

① 집강소를 설치했다.   ② 김옥균, 박영효 등이 주도했다.
③ 독립신문을 발간했다.   ④ 일본공사 미우라가 관여했다.

▌<정답 및 해설> ③
자료는 <헌의6조>로 독립협회의 대정부 건의문이다. 1898년 10월 관민공동회에서 채택되었다. ③ 1896년
4월 7일 창간하여 현재 신문의 날로 정해짐, ① 동학의 전봉준이 전라도 53개 군에 설치한 농민자치기구,
② 1884년 갑신정변, ④ 1895년 을미사변의 주역이었다.

298 대한제국의 성립 과정에 대한 설명으로 가장 옳지 않은 것은?

16. 서울시

① 을미사변 이후 위축된 국가 주권을 지키고 고종의 위상을 높여야 한다는 여론이 높아졌다.
② 고종은 러시아 공사관에 있는 동안 경운궁을 증축하였다.
③ 고종은 연호를 광무라 하고 경운궁에서 황제 즉위식을 거행하였다.
④ 대한제국의 헌법이라 할 수 있는 대한국국제를 발표하였다.

▌<정답 및 해설> ③
③ 경운궁의 원구단(환구단)이라고 해야 함, ① 반일 감정의 격화로, ② 환구단은 사적 제157호로 천자가
하늘에 제사를 지내는 제천단을 지칭한다. 제천의례는 삼국시대부터 시작이 되었으나, 고려 성종 때 처음
제도화되어 조선말까지 설치와 폐지를 반복하였다. 고종이 대한제국의 황제로 즉위하면서 고종 34년(1897년)
에 다시 설치하게 되었다. ④ 1899년에 발표하였다.

299 다음 상황이 나타난 시기에 추진한 정부정책으로 옳지 않은 것은?

16. 국가직

> 외국 사람들이 조계지를 지키지 않고 도성의 좋은 곳에 있는 집은 후한 값으로 사고 터를 넓히니 잔폐(殘廢)한 인민의 거주지가 침범을 당한다. 또한, 여러 해 동안 도로를 놓고 있기 때문에 집들이 줄어들었다. 탑동(塔洞) 등지에 집을 헐고 공원을 만든다 하니 … (중략) … 결국 집 없는 사람이 태반이 될 것이다.
>
> — 매일신문

① 경운궁을 정궁으로 삼았다.
② 한성은행, 대한천일은행 등 민족계 은행을 지원하였다.
③ 중추원을 개조하여 우리 옛 법령과 풍속을 연구하였다.
④ 한성전기회사를 통하여 서울에 전차노선을 개통하였다.

<정답 및 해설> ③
자료는 대한제국 당시 열강의 경제침탈 중 토지문제를 제시하였다. 당시 중추원관제는 독립협회의 건의였으나, 광무정권에서 수용하지 않았다. ③항의 중추원은 일제 총독자문기구에 대한 내용이다. ① 고종이 아관에서 환궁 후에 정궁이 됨, ② 1897년과 1899년, ④ 1899년 미국인 콜브란이 세워 1899년에 전차를 개통하였다.

300 대한제국 시기에 추진된 정책으로 옳지 않은 것은?

19. 지방직

① 시위대와 진위대를 증강하였다.
② 『독립신문』의 창간을 지원하였다.
③ 화폐제도의 개혁과 중앙은행의 창립을 추진하였다.
④ 황실재정을 담당하는 내장원의 기능을 확대하였다.

<정답 및 해설> ②
독립신문은 서재필이 1896년 4월 7일 창간한 민간신문으로 일간지의 효시를 이룬다. 대한제국은 아관(俄館)에서 환궁하여 1897년 10월 성립되었다. 대한제국의 보수세력에 의해 독립협회는 1898년 11월 해체되었다.

301 **대한제국 시기에 볼 수 있는 모습으로 옳은 것은?**

19. 국회직

① 제국신문을 읽고 있는 여성
② 우정총국으로 출근하는 관리
③ 박은식이 저술한 『이순신전』을 읽고 있는 학생
④ 통리교섭통상사무아문에서 나오는 외국인
⑤ 근로보국대 일원으로 공사장에서 일하는 아주머니

> <정답 및 해설> ①
> 자료의 대한제국(大韓帝國)은 1897년부터 1910년 한일병합 직전까지에 해당한다.
> ① 1898년 이종면·이종일이 창간하여 1910년 폐간될 때까지 한말의 대표적 민족지로서 황성신문과 함께 가장
> 오랜 발행실적을 기록하였으며, 특히 한글전용을 고수하여 일반인과 부녀자층에 독자가 많았다. ② 1883년에
> 설치되어 이듬해 갑신정변으로 불타 소실됨. ③ 박은식은 1920년, 신채호는 1908년에 각각 《이순신전》을
> 저술함. ④ 1882년 12월. ⑤ 일제의 근로보국령에 따라 1941년 근로보국대가 조직되었다.

302 **대한제국의 근대화 사업에 대한 설명으로 가장 옳지 않은 것은?**

19. 서울시

① 토지조사사업을 시행하여 지계를 발급하였다.
② 서북철도국을 설치해 경의철도 부설사업을 추진했다.
③ 우편학당, 전무학당, 상공업학교, 의학교, 광산학교 등을 설립하였다.
④ 고종대에 비변사를 설치하여 근대화 사업전반을 관장하였다.

> <정답 및 해설> ④
> ④ 중종 때 삼포왜란(1510)을 계기로 설치된 비변사는 흥선 대원군에 의해 폐지되었다.
> ① 지계(地契)란 근대적 토지소유증서. ② 1900년 궁내부에서 설치하였으나 1904년 폐지됨. ③ 동도서기사상
> (구본신참)에 따라 교육, 과학, 기술면에서 근대화의 진전이 있었다.

303 **노비제도에 대한 설명으로 옳지 않은 것은?**

19. 국회직

① 1731년(영조 7) 양인 인구를 확보하기 위해 노비종모법을 시행하였다.
② 1778년(정조 2) 노비추쇄를 금지하기 위해 노비추쇄관을 혁파하였다.
③ 1801년(순조 1) 공노비의 노비안을 불태우고, 6만 6천여 명의 내시노비(內寺奴婢)를 양인으로
   해방시켰다.
④ 1899년(고종 36) 대한국국제를 제정하면서 신분제를 철폐함에 따라 노비제가 사라지게 되었다.

> <정답 및 해설> ④
> ⑤ 신분제의 철폐와 노비제의 소멸은 갑오개혁의 내용이다.

304 **대한제국 정부가 시행한 정책으로 옳은 것은?**

18. 지방직

① 별기군을 폐지하고 5군영을 복구하였다.
② 양전사업을 시행하고자 양지아문을 설치하였다.
③ 통리기무아문을 설치하여 개화정책을 추진하였다.
④ 화폐제도를 은본위제로 개혁하고자 신식화폐발행장정을 공포하였다.

<정답 및 해설> ②
대한제국의 광무개혁은 1897년부터 1903년까지였다.
① 임오군란의 결과, ③ 1881년, ④ 갑오개혁의 내용이다.

305 **다음 각 문화재에 대한 설명으로 옳지 않은 것은?**

18. 지방직

① 화엄사 각황전은 다층식 외형을 지녔다.
② 수덕사 대웅전은 주심포 양식의 건물이다.
③ 부석사 무량수전은 배흘림기둥을 갖고 있다.
④ 덕수궁 석조전은 서양 고딕양식의 건물이다.

<정답 및 해설> ④
덕수궁석조전은 르네상스 건축양식으로 1910년 완공되었다.
명례동 교회(명동성당)가 고딕건축 양식이다.

306 **밑줄 친 '이 단체'의 운동에 대한 설명으로 옳은 것은?**

14. 사회복지직

> 　이 단체는 본격적으로 자신을 수호하는 운동을 벌이기에 앞서 정부로부터의 허가 과정에서 유배에 처해진 회장의 유배해제를 주장하는 강경한 상소를 올렸다. 정부의 반응이 소극적이자 이 단체는 독립협회의 민권운동을 적극 지원하는 것이 그들의 운동에 부합하는 것이라고 생각하였다. 그리하여 이 단체는 독립협회가 사회운동의 일환으로 전개한 노륙법과 연좌법의 부활 저지 운동에 적극 참여하였다.

① 대한매일신보, 만세보 등의 언론기관이 참여하였다.
② 시전상인들이 경제적 특권회복을 요구하였다.
③ 대한자강회 등의 애국계몽운동 단체가 참여하였다.
④ 통감부는 양기탁을 횡령 혐의로 구속하는 등 탄압하였다.

<정답 및 해설> ②
독립협회와 연계 투쟁한 대표적인 단체는 서울의 시전들이 조직한 황국중앙총상회에 해당한다. 자료의 노륙법(拏戮法)은 범죄자의 처자까지 연좌하여 처벌하던 법으로 일반적으로 나륙법이라 읽는다.
②항의 특권은 금난전권에 해당한다. ①·④는 국채보상운동, ③ 대한자강회는 독립협회의 정신을 계승한 애국계몽운동 단체이다.

307 **독도가 우리나라 영토임을 입증하는 근거로만 옳게 짝지어진 것은?**

17. 국가직

① 이범윤의 보고문 - 은주시청합기
② 대한제국 칙령 제41호 - 삼국접양지도
③ 미쓰야 협정 - 시마네 현 고시 제40호
④ 조선국교제시말내탐서 - 어윤중의 서북경략사 임명장

<정답 및 해설> ②
② 대한제국 칙령 제41호에 의해 울릉도를 울릉군으로 승격시켜 석도(독도)를 관할케 함, 삼국접양지도는 일본측 지도로 독도를 우리의 영토로 표기하였다. ④ 1870년 일본 외무성의 보고서로 독도를 조선의 영토로 인정함. ① 이범윤은 간도관리사, 은주시청합기는 일본측 자료로 독도를 조선의 영토로 기록함은 물론 안용복 사건의 전말을 수록함. ③ 미쓰야 협정은 1925년 만주군벌과 체결한 독립군의 공동체포 협약문건, 일본은 시마네 현 고시 제40호에 의해 1905년 2월 독도를 강탈하였다.

<조선국교제시말내탐서>
1869년 12월, 일본은 외무성 관리 3인을 조선에 보냈다. 이는 새로 들어선 일본 메이지 정부가 조선과 새로운 관계를 맺기 위해 조선에 관한 조사를 새로 할 필요를 느꼈기 때문이다. 이때 외무성 관리들은 보고서에서 죽도(다케시마, 울릉도)와 송도(마쓰시마, 독도)가 조선부속이 된 경위를 적고, 두 섬을 조선의 영토로 인정하였다.

308 **국권이 침탈되기까지의 과정을 시기 순으로 바르게 나열한 것은?**

17. 국가직

ㄱ. 헤이그 특사파견을 문제 삼아 고종황제를 강제로 퇴위시켰다.
ㄴ. 일본인 메가타를 재정고문으로, 미국인 스티븐스를 외교고문으로 임명하도록 하였다.
ㄷ. 대한제국의 사법권을 빼앗고 감옥사무를 장악하였다.
ㄹ. 통감이 추천한 일본인을 대한제국의 관리로 임명하도록 하였다.

① ㄱ→ㄴ→ㄷ→ㄹ   ② ㄴ→ㄱ→ㄹ→ㄷ
③ ㄴ→ㄷ→ㄱ→ㄹ   ④ ㄹ→ㄴ→ㄱ→ㄷ

<정답 및 해설> ②
ㄴ) 1904년 8월 1차 한일협약, ㄱ) 1907년 7월 18일, ㄹ) 1907년 7월 24일 정미7조약, ㄷ) 1909년 7월 기유각서

309 다음 자료 내용이 시행되기 전에 있었던 사실에 대한 설명으로 옳은 것은?

17. 국가직

> 제1조 일본국 정부는 동경의 외무성을 경유하여 금후 한국의 외국과의 관계 및 사무를 감리·지휘할 수 있고, 일본국의 외교 대표자와 영사는 외국에 있는 한국의 신민 및 이익을 보호할 수 있다.

① 유생출신 의병장을 중심으로 13도연합의병부대가 결성되었다.
② 유생과 전직관료, 평민출신 등 다양한 계층에서 의병을 일으켰다.
③ 명성황후 시해사건과 단발령으로 의병운동이 확산되었다.
④ 의병부대들은 간도와 연해주로 이동하여 의병기지를 건설하였다.

<정답 및 해설> ③
자료는 1905년 11월에 체결된 을사늑약의 내용이다.
③ 1895년, ① 1908년, ② 1905년 을사의병, ④ 1909년 일본군의 삼광작전(三狂作戰) 이후의 내용이다.

310 일본이 대한제국의 정부기관에 자신들이 추천하는 고문을 두게 하여 대한제국의 내정에 간섭함으로써 실질적으로 주권을 침해하는 결과를 가져왔던 조약은?

16. 서울시

① 1904년 2월 한일의정서
② 1904년 8월 제1차 한일협약(한일협정서)
③ 1905년 제2차 한일협약(을사늑약)
④ 1907년 한일신협약(정미7조약)

<정답 및 해설> ②
② 재정, 외교, 군사고문관 파견. ① 외교권의 제한에 따른 국제적 고립과 시설개선에 관한 충고를 할 권리가 명문화됨. ③ 외교권 박탈·통감부 설치. ④ 인사권·행정권·군사권 등을 박탈하였다.

311 <보기>의 사건을 시간 순으로 바르게 나열한 것은?

18. 서울시

<보기>
ㄱ. 일본군이 인천항에 정박한 러시아군함 2척을 공격
ㄴ. 대한제국 정부의 국외중립선언
ㄷ. 일본군이 러시아에 선전포고
ㄹ. 한일의정서 체결

① ㄱ - ㄹ - ㄴ - ㄷ
② ㄴ - ㄱ - ㄷ - ㄹ
③ ㄱ - ㄷ - ㄹ - ㄴ
④ ㄴ - ㄹ - ㄷ - ㄱ

<정답 및 해설> ②
ㄴ) 1904년 1월 21일, ㄱ) 1904년 2월 9일(제물포해전)/(참고로 동년 2월 8일 밤 일본은 이미 여순항을 선제공격함), ㄷ) 1904년 2월 10일, ㄹ) 1904년 2월 23일

312 <보기>는 대한제국 시기의 국권피탈과 관련된 사건이다. 이를 시간 순으로 바르게 나열한 것은?

19. 서울시

<보기>
ㄱ. 일본은 대한제국의 외교권을 박탈하고 통감부를 설치하였다.
ㄴ. 일본은 대한제국의 각 부에 일본인 차관을 두어 내정을 간섭하였다.
ㄷ. 대한제국은 재정과 외교 부문에 일본이 추천하는 외국인 고문을 두게 되었다.
ㄹ. 고종은 헤이그의 만국평화회의에 특사를 보내 억울함을 호소하려고 하였다.

① ㄱ→ㄷ→ㄴ→ㄹ
② ㄴ→ㄷ→ㄱ→ㄹ
③ ㄷ→ㄱ→ㄹ→ㄴ
④ ㄹ→ㄷ→ㄱ→ㄴ

<정답 및 해설> ③
ㄷ) 1904년 8월 1차 한일협약(고문정치), ㄱ) 1905년 11월 을사늑약(통감정치), ㄹ) 1907년 6월, ㄴ) 1907년 7월 정미7조약(차관정치)의 내용이다.

313 **다음 〈보기〉의 사건들을 발생 순서대로 옳게 나열한 것은?**

15. 서울시

〈보기〉
㉠ 일본은 러시아로부터 한국에 대한 지도·보호 및 감독의 권리를 인정받았다.
㉡ 미국은 한국에서 일본의 보호권 확립을, 일본은 미국의 필리핀 지배를 인정하였다.
㉢ 일본은 한국의 외교권을 박탈하고 통감부를 설치하였다.
㉣ 영국은 한국에서 일본의 특수이익을, 일본은 영국의 인도 지배를 서로 승인하였다.

① ㉠ - ㉡ - ㉢ - ㉣   ② ㉡ - ㉣ - ㉠ - ㉢
③ ㉢ - ㉠ - ㉡ - ㉣   ④ ㉣ - ㉡ - ㉠ - ㉢

<정답 및 해설> ②
㉡ 1905년 7월 가쓰라·태프트 밀약, ㉣ 1905년 8월 2차 영일동맹, ㉠ 1905년 9월 5일 포츠머드조약, ㉢ 1905년 11월 을사늑약의 내용이다.

314 **(가), (나) 시기에 있었던 사실로 옳은 것은?**

19. 국가직

	(가)	(나)	
을미사변 발발	을사조약 강제 체결	13도 창의군 서울진공작전 전개	

① (가) - 시전상인을 중심으로 황국중앙총상회가 조직되었다.
② (가) - 신민회는 일제가 날조한 105인 사건으로 와해되었다.
③ (나) - 함경도 관찰사 조병식이 곡물수출을 막는 방곡령을 내렸다.
④ (나) - 일제의 황무지개간권 요구를 반대하기 위해 보안회가 창설되었다.

<정답 및 해설> ①
자료의 을미사변은 1895년 10월, 을사늑약은 1905년 11월, 서울진공작전은 1908년 1월이었다. ① 1898년, ② 1911년, ③ 1889년, ④ 1904년 6월이었다.

315 다음 조칙이 발표된 이후의 상황에 대한 설명으로 옳은 것만을 <보기>에서 모두 고른 것은?

17. 국가직

≪관보≫ 호외
　짐이 생각건대 쓸데없는 비용을 절약하여 이용후생에 응용함이 급무라. 현재 군대는 용병으로서 상하의 일치와 국가안전을 지키는 방위에 부족한지라. 훗날 징병법을 발표하여 공고한 병력을 구비할 때까지 황실시위에 필요한 자를 **빼고** 모두 일시에 해산하노라.

<보기>
ㄱ. 신돌석과 같은 평민출신의 의병장이 처음으로 등장하였다.
ㄴ. 단발령의 실시로 위정척사 사상에 바탕을 둔 의병운동이 시작되었다.
ㄷ. 연합의병부대인 13도창의군이 결성되어 서울진공작전을 계획하였다.
ㄹ. 일본군의 '남한대토벌작전'으로 의병부대의 근거지가 초토화되었다.

① ㄱ, ㄴ　　　　　　　　　② ㄱ, ㄹ
③ ㄴ, ㄷ　　　　　　　　　④ ㄷ, ㄹ

<정답 및 해설> ④
자료의 「모두 일시에 해산하노라.」에서 1907년 8월 군대해산에 관한 내용이다.
ㄷ) 1908년 총사령관 이인영, ㄹ) 1909년 9월, ㄱ) 1905년 을사의병, ㄴ) 1895년 을미의병

316 <보기>의 '그'에 대한 설명으로 가장 옳지 않은 것은?

18. 서울시

<보기>
　그는 평안도 양덕사람으로 … (중략) … 체격이 장대하고 지기가 왕성하였는데, 비록 글은 배우지 못하였으나 천성적인 의협심이 있어, 남을 돕는 일을 급무로 삼은 연유로 사람들이 많이 따랐다. 1907년 겨울에 차도선, 송상봉, 허근 등 여러 사람들과 의병을 일으켜 … (중략) … 전투를 벌였다.

① 산포수들을 모아 의병을 구성하였다.
② 주요 활동지는 함경도 삼수, 갑산 등지였다.
③ 1920년 청산리전투에서 일본군을 격파하였다.
④ 13도창의군을 결성하고 서울진공작전을 개시하였다.

<정답 및 해설> ④
평안북도 양덕(평양 출신설도 있음) 출신으로 머슴살이까지 한 가난한 농부의 아들 홍범도(洪範圖, 1868~1943)에 관한 내용이다. ④항은 1908년 이인영, 허위가 주도하였다.

317 **다음의 협약 이후 일어난 일로 옳지 않은 것은?**

17. 서울시

> • 한국 정부는 시정개선에 관하여 통감의 지도를 받을 것
> • 한국 정부의 법령제정 및 중요한 행정상의 처분은 미리 통감의 승인을 거칠 것
> • 한국 고등 관리의 임면은 통감의 동의로써 이를 행할 것
> • 한국 정부는 통감이 추천하는 일본인을 한국 관리에 임명할 것

① 13도 창의군의 서울진공작전 ② 고종의 헤이그 특사파견
③ 대한제국 군대해산 ④ 대한제국 경찰권 박탈

<정답 및 해설> ②
자료의 「일본인을 한국 관리에 임명할 것」에서 인사권을 박탈한 정미7조약(1907년)에 관한 내용이다. ② 1907년 6월, ① 1908년 1월, ③ 1907년 8월, ④ 1910년 6월이다.

318 **밑줄 친 '이 협약'에 대한 설명으로 옳은 것은?**

18. 지방직

> 일제는 군대를 증강해 강압적 분위기를 조성한 다음 친일내각과 이 협약을 체결했다. 이 협약을 체결할 때, 일제는 대한제국 군대의 해산을 요구해 관철시켰다. 이때 해산된 군인의 상당수는 일본군과 격전을 벌인 후 의병부대에 합류하였다.

① 고종이 헤이그에 특사를 파견하는 계기가 되었다.
② 최익현이 의병운동을 처음 시작한 원인이 되었다.
③ 재정고문 메가타가 화폐정리사업을 실시하는 근거가 되었다.
④ 통감이 추천하는 일본인을 한국 관리에 임명한다는 내용을 담고 있다.

<정답 및 해설> ④
「군대의 해산을 요구해 관철」은 1907년 정미7조약(한일신협약)과 관련된다.
④ 관리 임명권을 박탈한 차관정치 단행, ① 을사늑약, ② 을미사변, ③ 1904년 8월 한일협정서를 통한 고문정치의 결과 내용이다.

319 **<보기>의 협약 이후 일어난 사실로 가장 옳지 않은 것은?**

19. 서울시

<보기>
제1조 한국정부는 시정개선에 관하여 통감의 지도를 받는다.
제2조 한국의 법령제정 및 중요한 행정상의 처분은 미리 통감의 승인을 거친다.
제4조 한국 고등 관리의 임면은 통감의 동의로써 이를 시행한다.
제5조 한국정부는 통감이 추천하는 일본인을 한국 관리에 임명한다.

① 각 부의 차관에 일본인이 임명되어 이른바 차관정치가 시작되었다.
② 대한제국 군대가 해산되었다.
③ 사법권과 경찰권을 빼앗겼다.
④ 만국평화회의에 이상설 등이 파견되었다.

<정답 및 해설> ④
자료는 1907년 7월에 체결된 정미7조약(한일신협약)의 내용을 제시하였다.
④ 1906년 6월 을사늑약의 부당성을 호소하기 위함, ① 정미7조약의 체결로 통감의 권한을 강화하기 위해
차관정치(次官政治) 단행, ② 1907년 8월 1일, ③ 사법권의 박탈은 1909년 기유각서, 경찰권의 박탈은 1910년
6월, 동년 8월 한일병합조약이 성립되어 주권을 강탈당하였다.

320 **근대의 구국계몽운동에 대한 설명으로 가장 옳은 것은?**

16. 서울시

① 송수만, 심상진은 대한자강회를 조직하고 일본의 황무지개척에 반발하는 운동을 전개하여
이를 철회시켰다.
② 이종일은 순한글로 간행한 황성신문을 발간하여 정치논설보다 일반 대중을 위한 사회계몽
기사를 많이 실었다.
③ 최남선은 을지문덕, 강감찬, 최영, 이순신 등의 애국명장에 관한 전기를 써서 애국심을 고
취하였다.
④ 고종은 을사늑약의 불법성을 폭로하는 친서를 양기탁과 영국인 베델의 대한매일신보를 통
하여 발표하였다.

<정답 및 해설> ④
① 1904년 보안회, ② 이종일은 제국신문 창간, ③ 신채호의 내용이다.

321 다음은 대한제국 시기에 설립된 어느 회사에 관한 내용이다. 밑줄 친 '이 회사'에 대한 설명으로 옳은 것은?

18. 국가직

> • 이 회사의 고금(股金, 주권)은 액면 50원씩이고, 총 1천만 원을 발행하고, 주당 불입금은 5년간 총 10회 5원씩 나눠서 낸다.
> • 이 회사는 국내 진황지 개간, 관개사무와 산림천택(山林川澤), 식양채벌(殖養採伐) 등의 사무 이외에 금·은·동·철·석유 등의 각종 채굴사무에 종사한다.

① 외국 상인과의 상권경쟁을 위해 시전상인이 만든 척식회사였다.
② 황무지 개간권 요구에 대응하여 설립된 특허회사였다.
③ 역둔토나 국유미간지를 약탈하려는 국책회사였다.
④ 종로의 백목전 상인이 주도가 된 직조회사였다.

<정답 및 해설> ②
사료는 18조로 된 '조선농광회사'의 규칙이다.
보안회의 원세성, 이도재 등이 중심인물이었다. 일제가 황무지개척권을 요구하자 우리 스스로 개간사업을 주도하기 위해 1904년 7월 '황무지 개간만을 사업대상으로 한다.'는 전제로 정부는 농광회사 설립을 허가하였다.
① 황국중앙총상회(1898), ③ 동양척식주식회사(1908), ④ 종로직조사(1900)에 관한 내용이다.

322 다음 자료와 관련된 사업에 대한 설명으로 가장 옳지 않은 것은?

16. 서울시

> 만약 지주가 정해진 기한 내에 조사국 혹은 조사국 출장소원에게 신고 제출을 게을리 하거나 신고를 제출하지 아니하는 때는 당국에서 이 토지에 대해 지주의 소유권 유무 등을 심사하여 만약 소유자로 인정하지 못할 경우에는 이 토지를 지주가 없는 것으로 간주하여 당연히 국유지로 편입하는 수단을 집행할 것이니, 일반 토지소유자는 고시에 의한 신고 제출을 게을리 하지 말도록 하였더라.
>
> – 「매일신보」

① 소유권 분쟁을 인정하지 않아 분쟁은 발생하지 않았다.
② 명의상의 주인을 내세우기 어려운 동중·문중 토지의 상당부분이 조선총독부의 소유가 되었다.
③ 한일병합조약이 체결된 직후 신속하게 사업이 시작되었다.
④ 사업의 결과 조선총독부의 재정수입이 크게 증가하였다.

<정답 및 해설> ①
① 토지조사사업의 결과 약 10만 건의 소유권 분쟁이 있었으나, 결국 총독부의 탄압으로 묵살되었다. 또한, 소유권 등을 박탈당한 농민들의 참여로 3·1 운동 당시 비폭력주의가 붕괴되었다. ② 동중·문중 토지 외에 역둔토·궁장토 등의 국유지도 박탈되어 전 농경지의 40%를 박탈함, ③ 1912년~1918년까지 시행됨, ④ 총독부의 지세수입은 두 배로 늘고 과세지는 10년 사이에 52%로 증가하였다. 참고로 1914년 3월 조선총독부는 세수(稅收)를 위해 지세령(地稅令)을 공포하고 세금을 징수하였다.

158 　한국사 필수 기출문제 415제

323 다음 법령에 대한 설명으로 옳은 것은?

16. 국가직

> 제17관 임시토지조사국은 토지대장 및 지도를 작성하고, 토지의 조사 및 측량한 것을 사정하여 확정한 사항 또는 재결을 거친 사항을 이에 등록한다.

① 토지와 임야를 함께 조사하도록 하였다.
② 토지등급은 물론 지적, 결수, 지목 등을 신고하도록 하였다.
③ 지역별 지가와 그것의 1.3%를 지세로 하는 과세표준을 명시하였다.
④ 본 법령에 따라 토지소유를 증명하는 토지가옥증명규칙과 시행세칙이 공포되었다.

<정답 및 해설> ②
자료는 1912년 일제의 토지조사령이다. ②항이 옳다.
① 임야조사령은 1918년, ③ 1918년 지세령 공포, ④ 1906년 외국인의 부동산 소유를 확대하기 위함이었다.

324 (가) 기구가 존속한 시기의 사람들이 볼 수 있었던 사실로 적절한 것은?

18. 국가직

> 지주는 조선총독이 정하는 기간 내에 (가) 혹은 그것의 출장소 직원에게 신고해야 한다. 만약 제출을 태만히 하거나 신고서를 제출하지 않을 시에는 당국에서 해당 토지에 대해 소유권의 유무 등을 조사하다가 소유자를 알지 못하는 경우에 지주가 없는 것으로 간주하여 국유지로 편입할 수 있다.

① 조선청년연합회에 출입하는 일본인 고문
② 신문에 연재 중인 소설 무정을 읽는 학생
③ 연초전매 제도에 따라 조합에 수매되는 담배
④ 의열단에 가입하는 신흥무관학교 출신 청년

<정답 및 해설> ②
제시된 자료는 1912년에 발표된 토지조사령으로 (가)는 임시토지조사국장이다.
② 1917년(1월 1일부터 6월 14일까지) 126회에 걸쳐 매일신보(每日申報)에 연재되었던 춘원 이광수의 장편소설, ① 조선청년연합회는 1920년 12월 조직, ③ 연초전매령(1921), 참고로 연초세령은 1914년임, ④ 의열단은 1919년 결성되었다.

www.ucampus.ac **159**

325 다음 법령이 시행되던 시기에 볼 수 있는 모습으로 옳은 것은?

16. 지방직

> 제1조 3개월 이하의 징역 또는 구류에 처하여야 할 자는 그 정상에 따라 태형에 처할 수 있다.
> 제6조 태형은 태로써 볼기를 치는 방법으로 집행한다.
> 제13조 본령은 조선인에 한하여 적용한다.

① 회사령 공포를 듣고 있는 상인
② 경의선 철도 개통식을 보는 학생
③ 동양척식주식회사의 설립식에 참석한 기자
④ 대한광복군정부의 군사훈련에 참여한 청년

<정답 및 해설> ④
자료는 1912년에 제정된 조선 태형령에 관한 내용이다.
① 1910년 12월에 조선총독부가 공포하여(1910.12.29.) 조선에서 회사를 설립할 경우에 조선총독부의 허가를 받도록 규정한 조령(條令)으로써, 1920년 3월 31일까지 존속하였다. 한국인의 경제를 통제하고 일제 강점하의 경제체제로 재편하기 위해 취한 조치였다. 조선총독부 제령 13호로 발표되어 발표 3일 후인 1911년 1월 1일부터 즉시 시행되었다.
② 1906년, ③ 1908년, ④ 1914년 연해주 블라디보스토크

326 다음 법령에 대한 설명으로 옳지 않은 것은?

17. 국가직

> (가) 제5조 회사가 본령이나 본령에 의거하여 발하는 명령과 허가조건에 위반하거나 공공질서와 선량한 풍속에 반하는 행위를 할 때 조선총독은 사업의 정지와 금지, 지점의 폐쇄, 또는 회사의 해산을 명할 수 있다.
> (나) 제1조 국가총동원이란 전시에 국방 목적을 달성하기 위해 국가의 전력을 가장 유효하게 발휘하도록 인적 및 물적자원을 운용하는 것이다. 제4조 정부는 전시에 국가 총동원상 필요할 때에는 칙령이 정하는 바에 따라 제국 신민을 징용하여 총동원 업무에 종사하게 할 수 있다.

① (가) - 「회사령」이다.
② (가) - 1920년대에 폐지되었다.
③ (나) - 「국가총동원법」이다.
④ (나) - 일제가 태평양전쟁을 일으킨 이후 제정하였다.

<정답 및 해설> ④
(가) 1911년 회사령, (나) 1938년 국가총동원법의 내용이다.
④ 태평양전쟁은 1941년 12월에 발발하였다.

327 일제 강점기 이른바 '문화통치'에 대한 설명으로 옳지 않은 것은?

19. 지역인재

① 농촌진흥운동을 실시하였다.
② 관리나 교원의 제복 착용을 폐지하였다.
③ 헌병경찰제를 폐지하고 보통경찰제를 시행하였다.
④ 문관도 조선총독에 임용될 수 있도록 규정을 바꾸었다.

<정답 및 해설> ①
문화통치(文化統治)는 3·1운동 이후 1920년부터 1930년까지 실시된 일제의 제2기 식민정책의 내용이다. ①항은 1932년 농민운동을 억제하고 농민을 효율적으로 통제하고자 시행하였다.

328 다음 ㉠의 추진 결과 나타난 현상으로 옳지 않은 것은?

15. 서울시

일본은 1910년대 이후 자본주의 경제가 급속하게 발전하면서 농민들이 도시에 몰려 식량 조달에 큰 차질이 빚어졌다. 이를 해결하기 위해 (㉠)을 추진하였는데, 이는 토지개량과 농사개량을 통해 식량생산을 대폭 늘려 일본으로 더 많은 쌀을 가져가고 우리나라 농민 생활도 안정시킨다는 목표로 추진되었다.

① 쌀 생산량의 증가보다 일본으로의 수출량 증가가 두드러졌다.
② 만주로부터 조, 수수, 콩 등의 잡곡 수입이 증가하였다.
③ 한국인의 1인당 연간 쌀 소비량이 이전보다 줄어들었다.
④ 많은 수의 소작농이 이를 통해 자작농으로 바뀌었다.

<정답 및 해설> ④
1920년대 일제의 산미증식운동(産米增殖運動)에 관한 내용이다.
그 결과 종전보다 식량의 증가는 불과 30%인데 반해 일본으로의 수출량은 약 8배로 증가하였다. 즉, 증산량보다 많은 쌀을 반출하여 일본은 소기의 목적을 달성할 수 있었으나, 조선은 식량난으로 허덕였다.

329 <보기>는 일제가 제정한 법령의 일부이다. 이 법령에 의해 처벌된 사건이 아닌 것은?

18. 서울시

<보기>
  국체를 변혁하는 것을 목적으로 결사를 조직하는 자 또는 결사의 임원, 그의 지도자로서의 임무에 종사하는 자는 사형, 무기 또는 5년 이상의 징역 또는 금고에 처한다. … (중략) … 사유재산 제도를 부인하는 것을 목적으로 결사를 조직하는 자, 결사에 가입하는 자, 또는 목적수행을 위한 행위를 돕는 자는 10년 이하의 징역 또는 금고에 처한다.

① 김상옥의 종로경찰서 폭탄투척 사건
② 조선공산당 사건
③ 수양동우회 사건
④ 조선어학회 사건

<정답 및 해설> ①
제시된 자료는 1925년 일제의 치안유지법(治安維持法)의 내용이다.
일제가 반체제 사회주의운동을 탄압하기 위해 만든 법이었으나 독립운동을 탄압하는 대표적인 수단으로 활용되었다. 또한, 일제는 1936년에 조선사상범보호관찰령을 공포하고, 1941년에는 조선사상범예방구금령을 공포하여 독립운동가를 언제든지 검거할 수 있는 길을 터놓았다.
① 1923년 의열단원 김상옥 의사가 종로경찰서에 투탄한 사건이었다.
② 1925년부터 1928년까지 조선공산당 4차 사건이 있었다. ③ 1937년부터 1938년 3월까지 이수광, 주요한 등 수양동우회와 관련된 인물 181명이 구속된 사건, ④ 1942년 10월부터 1943년 4월까지 한글연구를 한 학자들을 민족의식을 고양시켰다는 죄목으로 탄압·투옥한 사건이었다. 모두 33명이 검거되었던 사건으로 ②,③,④항은 치안유지법의 내란죄로 몰았다.

330 다음의 법률에 근거하여 실시된 식민지 정책으로 옳지 않은 것은?

18. 국가직

제4조 정부는 전시에 국가총동원상 필요하다고 인정될 때에는 칙령이 정하는 바에 따라서 제국 신민을 징용하여 총동원 업무에 종사하도록 할 수 있다.
제7조 정부는 칙령이 정하는 바에 따라 노동쟁의의 예방 혹은 해결에 관한 명령, 작업소 폐쇄, 작업 혹은 노무의 중지 … (중략) … 등을 명할 수 있다.

① 국민징용령을 공포하여 강제적인 노무동원을 실시하였다.
② 금속류회수령을 제정하여 주요 군수물자를 공출하였다.
③ 육군특별지원병령을 제정하여 지원병을 선발하였다.
④ 물자통제령을 공포하여 배급제를 확대하였다.

<정답 및 해설> ③
자료는 1938년 4월 제정, 5월 공포된 국가총동원법이다.
①,②,④항은 1939년 이후의 내용이다. ③ '육군특별지원병령'은 1938년 2월에 제정되었다.
② 금속류회수령(金屬類回收令)은 1941년 9월, 조선총독부 관보 칙령 제835호에 공포되었다. 철·동 또는 황동·청동 기타의 동합금(銅合金)을 재료로 한 물자를 회수하기 위함이었다.

331 밑줄 친 ㉠,㉡에 대한 설명으로 옳은 것은?

19. 지방직

> 신고산이 우르르 함흥차 가는 소리에 ㉠지원병 보낸 어머니 가슴만 쥐어뜯고요 … (중략)
> … 신고산이 우르르 함흥차 가는 소리에 ㉡정신대 보낸 어머니 딸이 가엾어 울고요

① ㉠ - 학생들도 모집 대상이었다.
② ㉠ - 처음에는 징병제에 따라 동원되기 시작하였다.
③ ㉡ - 국민징용령에 근거한 조직이었다.
④ ㉡ - 물자공출 장려를 목표로 결성하였다.

<정답 및 해설> ①
㉠ 1938년 국가총동원령, ㉡ 1944년 8월 23일 후생성은 여자정신근로령(女子挺身勤勞令)을 공포·시행하였다. 만 12세~40세의 배우자 없는 여성을 정신대의 대상으로 규정하고, 정신근로령서를 발급하여 부녀노동력을 동원하였다. ② 징병제는 1944년, ③ 징용령은 1943년, ④ 일제는 1940년 10월 일본 내에서의 임시미곡배급규칙, 미곡관리규칙을 한국에도 적용하여 미곡에 대한 국가 관리를 단행하였다. 이에 따라 미곡은 모두 강제공출제가 되었다.

332 일제 강점기 조선인의 생활모습으로 옳지 않은 것은?

18. 국가직

① 도시 외곽의 토막촌에는 빈민이 살았다.
② 번화가에서 최신 유행의 모던걸과 모던보이가 활동하였다.
③ 몸빼를 입은 여성들이 근로보국대에서 강제노동을 하였다.
④ 상류층이 한식 주택을 2층으로 개량한 영단주택에 모여 살았다.

<정답 및 해설> ④
④항 1941년 6월 총독부령 제23호로 조선주택영단령(朝鮮住宅營團令)이 제정·공포되어 동년 7월에 설립된 조선주택영단에 의해 건설되었다. 영단주택은 전시체제하에서 군수생산 업체에 근무하는 조선인 노동자(勞動者)의 주거부족 문제를 해결하기 위해 일제가 공급하였다. 일본 본토에서는 상류층이 아닌 일반 서민층의 주택문제를 해결하기 위해 공급되었다는 점이 다르다. ① '토막'이란 집 없는 빈민들이 공터에 만들어 놓은 움막·움집 등을 의미한다.
② 1920년대 도시는 백화점을 비롯하여 식당, 카페·다방, 극장·댄스홀 등 대형 상업건축물이 들어섰고 대중교통 수단으로 전차와 버스가 각광을 받았다. 쇼핑과 외식을 즐기는 모던보이와 모던걸이 등장하고 신여성의 상징으로 단발(短髮)이 유행하였다. ③ 일제는 1941년 근로보국대(勤勞報國隊)를 만들어 학생·여성 등의 노동력을 동원하는 데 조선인 여성들에게 일을 시키려 일본 농촌여성의 노동복인 몸빼를 입도록 이미 1938년부터 강요하였다.

333 자료의 민족 운동가들이 추진한 독립운동에 대한 서술로 가장 옳은 것은?

19. 서울시

> <보기>
> 8월 초에 여러 형제분이 모여서 같이 만주로 갈 준비를 하였다. 비밀리에 땅과 집을 파는데, 여러 집을 한꺼번에 처분하니 얼마나 어려우리요. 그때만 해도 여러 형제분 집은 예전 대갓집이 그렇듯이 종살이를 하는 사람이 수없이 많았고 (……) 우리 집 어른(이회영)은 옛날 범절을 따지지 않고 위아래 구분 없이 뜻만 같으면 악수하여 동지로 대접하였다. (……) 1만여 석의 재산과 가옥을 모두 팔고 경술년(1910) 12월 30일에 큰집, 작은집이 함께 압록강을 건너 떠났다.
>
> -이은숙, 민족운동가 아내의 수기(서간도 시종기)

① 신흥강습소를 만들어 민족교육과 독립군 양성을 추진하였다.
② 대한광복군정부, 대한국민의회 등의 독립운동기지를 설립하였다.
③ 간민회를 기반으로 서전서숙과 명동학교 등 학교를 세워 민족교육을 실시하였다.
④ 나라를 되찾은 후 고종을 복위시키려는 목표를 세우고 전국적인 의병봉기를 준비하였다.

<정답 및 해설> ①
「여러 형제분이 모여서 같이 만주로 갈 준비」, 「우리 집 어른(이회영)」 등에서 이회영 6형제가 압록강을 건너 간도로 이주하는 과정을 제시하였다. 이은숙은 이회영의 아내로 <서간도 시종기>를 남겼다.
① 1911년 서간도에 설치, ② 연해주 블라디보스토크, ③ 두만강 넘어 북간도, ④ 국내에서 조직된 임병찬의 독립의군부(1912)의 내용이다.

---

334 밑줄 친 ㉠이후에 일어난 사실로 옳지 않은 것은?

19. 국가직

> 상쾌한 아침의 나라라는 뜻을 지닌 조선은 일본의 총칼 아래 민족정신을 무참히 유린당했다. … 조선민족은 독립항쟁을 줄기차게 계속하였다. 그 중에서도 중요한 것은 ㉠1919년의 독립만세운동이었다.
>
> -네루, 「세계사 편력」

① 암태도 소작쟁의가 일어났다.
② 정우회 선언이 발표되었다.
③ 임병찬이 독립의군부를 조직하였다.
④ 조선민립대학기성회가 창립되었다.

<정답 및 해설> ③
자료의 1919년이면 기미년 기미독립선언이 있었던 3·1운동과 관련된 내용이다.
③ 1912년에 결성된 항일비밀결사, ① 1923년부터 1924년, ② 1926년 사회주의 사상가인 안광천이 기초, ④ 1922년에 결성되어 '1천만이 한사람 1원씩'이란 슬로건을 내걸고 민립대학설립운동(民立大學設立運動)을 전개하였다.

335 **\<보기>에서 일제 강점기의 사건을 발생한 순서대로 바르게 나열한 것은?**

19. 서울시

<보기>
ㄱ. 물산장려운동   ㄴ. 3·1 운동
ㄷ. 광주학생항일운동   ㄹ. 6·10 만세운동

① ㄱ→ㄴ→ㄷ→ㄹ   ② ㄱ→ㄷ→ㄴ→ㄹ
③ ㄴ→ㄱ→ㄹ→ㄷ   ④ ㄴ→ㄹ→ㄷ→ㄱ

<정답 및 해설> ③
ㄴ) 1919년, ㄱ) 1922년, ㄹ) 1926년. ㄷ) 1929년
ㄴ)은 자연 발생적으로 전국적인 확산, ㄱ) 타협적 민족주의세력이 중심이 된 실력양성운동의 일환, ㄹ) 국내 최초의 좌우통합운동으로 전개, ㄷ) 식민지 교육정책과 민족적 차별에 저항하여 좌우통합운동으로 전개되었고, 현재 학생의 날(11월 3일)로 기념되고 있다.

336 **3·1 운동이 일어난 원인에 대한 설명으로 가장 옳지 않은 것은?**

19. 보훈청

① 순종의 장례식을 계기로 일어났다.
② 고종황제가 독살되었다는 소문이 퍼졌다.
③ 해외 독립 운동가들이 파리강화회의에서 독립외교를 펼쳤다.
④ 1차 세계대전이 끝나면서 민족자결주의 시대가 온다는 믿음이 확산되었다.

<정답 및 해설> ①
① 순종의 인산일은 1926년 6·10 만세운동의 배경이 되었다. 고종의 인산일(장례식)이라야 한다.

337 **대한민국 임시정부에 대한 설명으로 옳지 않은 것은?**

17. 서울시

① 국내 항일세력들과 연락하기 위해 연통제를 운영하였다.
② 국외 거주 동포에게 독립공채를 발행하였다.
③ 만주지역의 무장투쟁 세력들도 참여하였다.
④ 임시정부 수립 직후 임시의정원을 구성하였다.

<정답 및 해설> ④
임시정부는 '출범' 당시 3권 분립체제로 의정원, 국무원, 법원을 구성하였다.
④ 수립 직후가 틀린다.

338 <보기>의 밑줄 친 ㈎에 대한 설명으로 가장 옳지 않은 것은?

19. 보훈청

<보기>
3·1 운동은 이념과 계급의 차이를 뛰어넘어 전개된 전 민족적 항일운동이었으며, 한국인의 독립의지를 전 세계에 널리 알리는 계기가 되었다. 3·1 운동이 전개되는 과정에서 통일적 지도부가 필요하다는 공감대가 이루어졌는데, 이런 바탕 위에서 ㈎이/가 수립되었다. 처음에는 연해주와 상하이, 국내 등 여러 곳에서 결성되었다가, 외교활동에 유리한 상하이에서 통합된 조직으로 출범하였다.

① 삼권분립에 기초한 민주공화제를 채택하였다.
② 국내에 지방마다 연통제에 입각한 비밀행정 체계를 만들었다.
③ 독립공채를 발행하여 해외 각지에서 독립자금을 마련하였다.
④ 휘하에 조선의용군을 편성하여 중국공산당과 함께 항일전쟁에 참여하였다.

<정답 및 해설> ④
(가) 3·1 운동을 계기로 수립된 상하이 대한민국 임시정부가 된다.
④ 1942년 옌안 조선독립동맹 산하의 병력으로 김무정, 김두봉이 지도하였다.

339 다음 발의로 개최된 ㉠에 대한 설명으로 옳은 것은?

17, 국가직

베이징 방면의 인사는 분열을 통탄하며 통일을 촉진하는 단체를 출현시키고 상하이 일대의 인사는 이를 고려하여 개혁을 제창하고 있다. …(중략)… 근본적 대해결로써 통일적 재조를 꾀하여 독립운동의 신국면을 타개하려고 함에는 다만 민의뿐이므로 이에 ㉠의 소집을 제창한다.

① 창조파와 개조파 등의 주장이 대립되었다.
② 한국국민당을 통한 정당정치 실시가 결정되었다.
③ 삼균주의를 바탕으로 한 건국강령이 채택되었다.
④ 파리강화회의에 김규식을 파견하는 것이 논의되었다.

<정답 및 해설> ①
㉠은 1923년 상하이에서 소집된 임시정부의 국민대표회의의 결과에 대한 내용이다.
② 1935년 김구가 조직함, ③ 1941년 일제의 패망에 대비하여 채택됨, ④ 1919년 여운형과 김규식이 신한청년당(新韓靑年黨)을 조직한 배경이다.

340 ㉠조직에 대한 설명으로 옳은 것은?

18. 지방직

1922년 3월, 중국 상하이에서 (㉠)이/가 일본 육군대장 타나카 기이치(田中義一)를 암살하고자 한 사건이 발생했다. 이때 체포된 독립운동가들은 일본경찰에 인도되어 심문을 받게 되었는데, 그 심문 과정에서 (㉠)에 속한 김익상이 1921년 9월 조선총독부 건물에 폭탄을 던진 의거의 당사자라는 사실이 밝혀졌다.

① 공화주의를 주창하는 내용의 대동단결선언을 작성해 발표하였다.
② 이 조직에 속한 이봉창이 일왕이 탄 마차 행렬에 폭탄을 던졌다.
③ 일부 구성원을 황푸군관학교에 보내 군사훈련을 받도록 하였다.
④ 새로 부임하는 사이토 조선총독에게 폭탄을 투척하는 의거를 일으켰다.

<정답 및 해설> ③
㉠은 의열단이다. 김원봉 자신도 황푸군관학교를 졸업하였다.
① 1917년 동제사의 후신인 신한혁명당, ② 애국단, ④ 노인단 소속의 강우규 의거

341 다음 선언문을 강령으로 했던 단체의 활동으로 옳지 않은 것은?

16. 국가직

우리는 일본 강도 정치 즉 이족통치가 우리 조선 민족생존의 적임을 선언하는 동시에, 우리는 혁명수단으로 우리 생존의 적인 강도 일본을 살벌함이 곧 우리의 정당한 수단임을 선언하노라.

① 민족혁명당 창당에 가담하였다.
② 경성부민관에 폭탄을 투척하였다.
③ 일본 제국의회와 황궁을 공격할 계획을 세웠다.
④ 임시정부 요인과 제휴한 투탄계획을 추진하였다.

<정답 및 해설> ②
제시된 자료는 신채호의 「조선혁명선언」의 일부 내용으로 1925년 의열단의 강령으로 채택되었다. ② 1945년 7월 24일 경성부민관(현 서울시의회 의사당)에서 터진 폭탄은 대한애국청년당의 10대들인 조문기, 강윤국, 우동학 등이었다.

342 다음 지문과 관계있는 단체의 활동으로 옳은 것은?

17. 사회복지직

> 이제 폭력의 목적물을 대략 열거하건대, 조선총독 및 각 관공리, 일본천황 및 각 관공리, 정탐노·매국적, 적의 일체 시설물, 이 밖에 각 지방의 신사나 부호가 비록 현저히 혁명운동을 방해한 죄가 없을지라도 언어 혹 행동으로 우리의 운동을 완화하고 중상하는 자는 폭력으로써 대응할지니라.

① 1932년 1월 이봉창은 도쿄에서 관병식을 마치고 돌아가는 일왕 히로히토를 저격하였다.
② 1932년 4월 윤봉길은 상하이 훙커우 공원에서 일제의 요인들을 폭살시키는 의거를 결행하였다.
③ 1920년 박재혁은 밀양 경찰서에 폭탄을 투척하는 의거를 결행하였다.
④ 1926년 나석주는 식민지 대표 착취기관인 식산은행과 동양척식주식회사에 들어가 폭탄을 던지고 권총으로 관리들을 저격하였다.

<정답 및 해설> ④
제시된 자료는 조선혁명선언의 내용으로 의열단의 강령이었다.
①·②항 애국단원, ③ 박재혁은 부산경찰서, 밀양경찰서는 최수봉이 투탄하였다.

343 <보기>의 선언문을 지침으로 삼은 단체의 활동에 대한 설명으로 가장 옳은 것은?

18. 서울시

> <보기>
> 강도 일본이 우리의 국호를 없이 하며, 우리의 정권을 빼앗으며, 우리의 생존적 필요조건을 다 박탈하였다. … (중략) … 혁명의 길은 파괴부터 개척할지니라. 그러나 파괴만 하려고 파괴하는 것이 아니라 건설하려고 파괴하는 것이니, 만일 건설할 줄을 모르면 파괴할 줄도 모를 지며, 파괴할 줄을 모르면 건설할 줄도 모를지니라. 건설과 파괴가 다만 형식상에서 보아 구별될 뿐이요 정신상에서는 파괴가 곧 건설이니, 이를테면 우리가 일본세력을 파괴하려는 것이, … (하략) …

① 오성륜, 김익상, 이종암이 상해 황포탄에서 일본 육군대장 다나카 기이치를 저격하였다.
② 이봉창이 동경에서 일왕 히로히토에게 폭탄을 던졌다.
③ 백정기, 이강훈, 원심창이 상해 육삼정에서 일본공사 아리요시를 암살하려고 시도하였다.
④ 윤봉길이 상해 홍구공원에서 열린 일본의 천장절 행사에 폭탄을 던졌다.

<정답 및 해설> ①
신채호가 쓴 조선혁명선언의 내용으로 1925년 의열단의 강령으로 채택되었다.
① 1922년, ② 애국단원으로 1932년 1월, ③ 1933년 3월, ④ 1932년 4월

168 한국사 필수 기출문제 415제

344 다음 선언문의 강령에 따라 활동한 단체에 대한 설명으로 옳은 것은?

19. 지방직

> 민중은 우리 혁명의 대본영(大本營)이다. 폭력은 우리 혁명의 유일한 무기이다. 우리는 민중 속으로 가서 민중과 손을 맞잡아 끊임없는 폭력 - 암살, 파괴, 폭동 - 으로써 강도 일본의 통치를 타도하고 우리 생활에 불합리한 일체의 제도를 개조하여 인류로써 인류를 압박하지 못하며, 사회로써 사회를 박탈하지 못하는 이상적 조선을 건설할지니라.

① 임시정부 활동에 활기를 불어넣고자 결성하였다.
② 청산리 지역에서 일본군과 접전을 벌여 대승을 거두었다.
③ 한국독립당, 조선혁명당 등과 함께 민족혁명당을 결성하였다.
④ 원산에서 일본인이 한국인 노동자를 구타한 사건을 계기로 총파업을 일으켰다.

<정답 및 해설> ③
자료는 신채호의 조선혁명선언의 내용이고, 1925년 조선의열단의 강령으로 채택되었다.
③ 난징에서 1935년 7월. ① 1940년 5월 한국독립당의 결성 배경, ② 1920년 10월 청산리대첩, ④ 1929년 원산 노동자 총파업의 내용이다.

345 1920년대 만주지역 독립운동에 대한 설명으로 옳지 않은 것은?

16. 국가직

① 대종교 계통 인사들이 신민부를 결성하였다.
② 독립군 연합부대가 봉오동 전투에서 승리하였다.
③ 민족유일당운동의 일환으로 국민부를 결성하였다.
④ 한국독립군이 한중연합작전으로 동경성에서 승리하였다.

<정답 및 해설> ④
자료는 1920년대 내용이어야 한다.
④ 1933년 한국독립군과 중국호로군이 연합하여 쌍성보, 동경성, 사도하자 전투 등에서 승리하였다. 곧, 1930년대의 내용이다. ① 1925년, ② 1920년 6~7월, ③ 1923년 서간도 교포사회를 통치하는 민정과 군정을 갖춘 공화정이었다.

346 만주사변 이후 일제 패망에 이르는 시기에 대한 설명으로 옳은 것은?

19. 국회직

① 일제는 회사령을 폐지하여 한반도에 대한 경제침략을 본격화하였다.

② 상하이에서 개최된 국민대표회의는 창조파와 개조파의 대립으로 결렬되었다.

③ 일제는 수풍발전소와 흥남질소비료공장을 건설하였다.

④ 일제는 중일전쟁을 일으키고 한반도를 병참기지로 이용하였다.

<정답 및 해설> ④
제시된 내용의 만주사변은 1931년에 발발하고, 일제의 패망은 1945년 8월이다.
⑤ 중일전쟁은 1937년, ① 1920년, ② 1923년, ③ 수풍발전소는 1943년에 준공되고, 흥남질소비료공장은
1930년에 준공되었다. ④ 한국민주당(한민당)은 1945년 9월에 조직되었다. 송진우(宋鎭禹), 김성수(金性洙),
장덕수(張德秀), 조병옥(趙炳玉), 윤보선(尹潽善) 등 우익인사들이 대거 참여한 민족주의 우파 정당이었다.

347 ㉠부대에 대한 설명으로 옳은 것은?

18. 지방직

(㉠)은/는 1933년에 중국인 부대와 연합하여 동경성 전투 등을 치르며 큰 전과를 올렸고,
대전자령에서는 일본군을 기습 공격하여 승리를 거두었다.

① 하와이에 대조선국민군단을 창설하였다.

② 양세봉의 지휘하에 흥경성 전투에 참여하였다.

③ 만주지역에서 활동했던 한국독립당의 산하 조직이었다.

④ 중국의용군과 연합하여 영릉가 전투에서 일본군을 물리쳤다.

<정답 및 해설> ③
㉠은 혁신의회 산하의 한국독립군이다.
① 박용만, ②·④ 조선혁명군이다.

348 <보기>의 어록을 남긴 인물의 활동으로 가장 옳은 것은?

18. 서울시

> <보기>
> "대전자령의 공격은 이천만 대한인민을 위하여 원수를 갚는 것이다. 총알 한 개 한 개가 우리 조상 수천수만의 영혼이 보우하여 주는 피의 사자이니 제군은 단군의 아들로 굳세게 용감히 모든 것을 희생하고 만대 자손을 위하여 최후까지 싸우라."

① 화북 조선독립동맹의 주석으로 선출되어 활동하였다.
② 조선혁명군을 이끌고 영릉가 전투에서 대승을 거두었다.
③ 한국독립군을 이끌고 쌍성보 전투에서 일본군을 격파하였다.
④ 조선의용대를 결성하고 대적 심리전 등에서 크게 활약하였다.

<정답 및 해설> ③
제시된 내용은 한국독립군사령관 지청천(池靑天, 1888~1957)의 어록이다. 자료의 대전자령 전투는 1933년 한국독립군과 중국호로군의 연합작전이었다.
① 김두봉, ② 양세봉, ④ 1938년 10월 조선민족전선연맹 산하의 무장독립군으로 한커우에서 결성되었다.

349 밑줄 친 '이곳'에서 전개된 민족운동으로 옳은 것은?

17. 국가직

> 1903년에 우리나라 공식 이민단이 <u>이곳</u>에 도착하였다. 이주 노동자들은 사탕수수 농장, 개간 사업장, 철도 공사장 등에서 일하며 한인사회를 형성하여 갔다. 노동이민과 함께 사진결혼에 의한 부녀자들의 이민도 이루어졌다. 또한 한인합성협회 등과 같은 한인단체가 결성되었다.

① 독립운동기지인 한흥동이 건설되었다.
② 독립운동단체인 권업회가 조직되었다.
③ 자치기관인 경학사와 부민단이 만들어졌다.
④ 군사양성 기관인 대조선국민군단이 창설되었다.

<정답 및 해설> ④
자료의 「사탕수수 농장, 한인사회를 형성, 한인합성협회」 등은 미주 이주 동포들의 생활상과 관련된 내용이다.
①·② 노령 연해주, ③ 서간도 지역이었다.

대조선국민군단(大朝鮮國民軍團)
1914년 6월 하와이 오아후(Oahu)섬 코올아우지방 카할루우의 아후이마누 농장에서 독립군사관을 양성할 목적으로 만든 군사교육 단체였다. 국민군단의 편성과 설치에 대한 주무(主務)는 하와이 각 지방에서 군사훈련을 추진해 온 대한인국민회 하와이지방총회 연무부(練武部)가 담당하였다. 그러나 이 사업을 주도한 인물은 박용만이었다. 국민군단은 박용만이 1909년 6월 네브라스카 헤스팅스에서 시작한 한인소년병학교의 군사운동정신을 계승한 것으로 미주 한인사회에 항일독립전쟁론을 구현하고자 만든 단체였다. 이에 따라 국민군단의 핵심사업은 '산넘어병학교'라 불리는 대조선국민군단사관학교 설립을 통한 독립군사관 양성이었다.

350 밑줄 친 '이 단체'에 관한 설명으로 옳지 않은 것은?

15. 서울시

대한민국 임시정부에서는 만주 지역의 독립군과 각처에 산재해 있던 무장투쟁 세력을 모아 충칭에서 <u>이 단체</u>를 창설하였다.

① 김원봉이 이끄는 조선의용대의 일부를 통합하여 군사력을 증강하였다.
② 초기에는 중국군사위원회의 지휘와 간섭을 받았다.
③ 중국의 화북 전선에서 일본군에 대항하여 팔로군과 연합작전을 전개하였다.
④ 중국 주둔 미국전략정보국(OSS)과 합작하여 국내진공작전을 계획하였으나 실현되지 못했다.

<정답 및 해설> ③
자료는 충칭에서 1940년 조직된 한국광복군에 대한 내용이다.
③ 옌안 조선독립동맹 산하의 조선의용군, ① 1942년, ② <행동준승9개항>에 따라 통제됨, ④ 1945년 8월 20일로 계획되었으나 일제의 패망으로 실현되지 못하였다.

351 밑줄 친 '군'의 활동으로 옳은 것은?

19. 국회직

우리 군은 임시정부에 직속한 국군이나 범한국의 혼을 가진 열혈청년은 모두 한데 뭉치여 위국헌신할 가장 범위 크고 원만한 기구이다. 삼십년 전 우리나라를 망친 것은 우리 부형의 죄과이고, 삼십년 후인 금일 조국을 능히 광복할만한 기회를 당하야 적은 사리에 눈이 멀어 혹은 주의적 입장의 고집으로 혹은 감정관계로 뭉쳐야 될 때 뭉치지 못하고 … 이것은 우리의 천대선조와 억만대후손에게 대하야 더 말할 수 없는 대죄인이 되는 것이다.

① 태항산 지역에서 일본군을 격퇴하였다.
② 쌍성보에서 일본군과 교전하였다.
③ 압록강에서 사이토 총독을 저격하였다.
④ 미국과 전략적으로 협력하였다.
⑤ 청산리전투에서 승리한 후 러시아령으로 이동하였다.

<정답 및 해설> ④
「임시정부에 직속한 국군」이란 점에서 1940년 9월 조직된 한국광복군임을 알 수 있다.
④ 미국의 지원으로 국내정진군 편성, ① 태항산의 호랑이 김두봉이 이끈 조선의용군, ② 이청천의 한국독립군, ③ 1919년 9월 남대문역에서 노인단 소속의 나석주가 저격, ⑤ 백포 서일이 총재였던 대한독립군단과 관련된 내용이다.

352 **한국광복군에 대한 설명으로 옳은 것은?**

19. 지역인재

① 양세봉이 총사령관이었다.
② 쌍성보에서 일본군과 접전하였다.
③ 미얀마, 인도전선에 공작대를 파견하였다.
④ 상하이에서 항일독립운동 세력을 통합하여 설립되었다.

<정답 및 해설> ③
한국광복군(韓國光復軍)은 임시정부가 1940년 충칭에 정착한 후 1940년 9월에 조직하였다.
대일선전포고를 하고 1943년 2차 대전에 참전하여 미얀마, 인도전선, 말레이반도 등에 공작대를 파견하였다.
미육군전략정보처(OSS)의 지원을 받아 국내정진군(國內挺進軍)을 조직하기도 하였다. ① 국민부 산하의 조선
혁명군, ② 혁신의회 소속 이청천의 한국독립군, ④ 1919년 9월에 통합정부로 출범한 대한민국임시정부(大韓
民國臨時政府)의 내용이다.

353 **㉠에 해당하는 독립운동단체의 활동으로 옳은 것은?**

19. 지역인재

중국에서 활동하던 한국독립당의 조소앙 계열과 조선의열단, 조선혁명당은 한국대일전선통
일동맹을 결성하고 민족유일당 건설을 주창했다. 그 결과 각 단체의 대표들은 통합단체인 ㉠
을(를) 만들었다.

① 건국강령을 발표하였다.
② 조선의용대 조직을 주도하였다.
③ 봉오동전투에서 승리하였다.
④ 신흥무관학교를 설립하였다.

<정답 및 해설> ②
한국대일전선통일동맹(1932.11) 이후 우파는 광복운동단체연합(1937.8)을 조직하고, 좌파는 조선민족전선연
맹(1937.12)을 난징에서 결성하였다. 그 후 ②항의 조선의용대는 1938년 10월 조선민족전선연맹 산하에 한커
우에서 조직되었다.
① 충칭 임시정부, 옌안의 조선독립동맹, 국내의 건국동맹 등, ③ 주력부대는 이범석과 김좌진의 북로군정서군,
④ 서간도 삼원보에 이시영과 이승훈 등이 중심이 되어 건립하였다.

354 다음 전투를 이끈 한국인 부대에 대한 설명으로 옳은 것은?

19. 국가직

> 아군은 사도하자에 주둔 병력을 증강시키면서 훈련에 여념이 없었다. 새벽에 적군은 황가둔에서 이도하 방면을 거쳐 사도하로 진격하여 왔다. 그런데 적군은 아군이 세운 작전대로 함정에 들어왔고, 이에 일제히 포문을 열어 급습함으로써 적군은 응전할 사이도 없이 격파되었다.

① 양세봉이 총사령관이었다.
② 미쓰야협정이 체결되기 직전까지 활약하였다.
③ 한국독립당의 산하부대로 동경성 전투도 수행하였다.
④ 조선민족전선연맹이 중국국민당의 지원을 받아 창설하였다.

<정답 및 해설> ③
「사도하자」 전투(1933년)에서 한국독립군과 중국호로군이 연합하여 일·만 연합군을 격파하였다. 총사령관은 이청천이었다. ① 조선혁명군, ② 미쓰야협정의 체결은 1925년, ④ 1938년 10월 한커우에서 창설된 조선의용대(김원봉·윤세주)의 내용이다.

355 일제 강점기 민족해방운동의 전개에 대한 설명으로 옳지 않은 것은?

14. 사회복지직

① 3·1운동을 계기로 운동 이념상 복벽주의는 점차 청산되었다.
② 1920년대에는 민족주의운동과 사회주의운동으로 분화되었다.
③ 1920년대 중엽에는 신간회가 해소되고 혁명적 농민조합운동이 격렬하게 전개되었다.
④ 1930년대 후반에는 통일전선운동과 무장투쟁이 활발하게 전개되었다.

<정답 및 해설> ③
신간회는 1931년에 해산되었고, 혁명적(적색) 농민조합운동은 1930년대였다.

356 다음의 ( ) 안에 들어갈 말을 바르게 나열한 것은?

17. 서울시

> 일제의 민족분열정책과 자치운동론의 등장에 대응하여, 민족해방운동의 단결과 통일적 대응을 모색하던 사회주의 진영과 비타협적 민족주의 진영은 1926년 (㉠) 선언을 계기로, 1927년 1월 (㉡)를 발기하였다. 이어서 서울청년회계 사회주의자와 물산장려운동계열이 연합한 (㉢)와도 합동할 것을 결의, 마침내 2월 15일 YMCA 회관에서 (㉡) 창립대회를 가졌다.

	㉠	㉡	㉢
①	북풍회	정우회	고려공산청년회
②	정우회	신간회	조선민흥회
③	정우회	근우회	고려공산청년회
④	북풍회	신간회	조선민흥회

> **＜정답 및 해설＞ ②**
> 1926년 안광천이 기초한 정우회선언, 1927년 이상재를 회장으로 한 신간회, 좌파 중심의 조선민흥회에 대한 내용이다.

357 다음 선언으로 결성된 단체에 대한 설명으로 옳은 것은?

17. 국가직

> 민족주의적 세력에 대하여는 그 부르주아 민주주의적 성질을 분명히 인식함과 동시에 과정상의 동맹자적 성질도 충분히 승인하여, 그것이 타락하지 않는 한 적극적으로 제휴하여 대중의 이익을 위해서도 종래의 소극적인 태도를 버리고 싸워야 할 것이다.

① 조선인 본위의 교육제도 실시를 주장하였고, 원산노동자 총파업을 지원하였다.
② 민중의 직접폭력혁명으로 강도 일본을 무너뜨리는 목표를 설정하였다.
③ 언론을 통한 국민계몽과 문맹퇴치운동, 민립대학설립운동 등을 추진하였다.
④ 민족자본의 육성을 위해 자급자족, 토산품애용 등을 주장하며 물산장려운동을 벌였다.

> **＜정답 및 해설＞ ①**
> 1926년 사회주의 세력의 정우회선언의 내용이다. 그 결과 좌·우 통합의 신간회가 결성되었다.
> ① 1929년 원산 총파업과 광주학생항일운동을 지원함. ② 의열단선언, ③·④항은 타협적 민족주의세력이 추진한 민족실력양성운동의 일환이었다.

358 <보기>의 단체가 존속한 기간에 발생한 사건이 아닌 것은?

18. 서울시

> <보기>
> • 사회주의계열과 비타협적 민족주의계열의 합작으로 구성되었다.
> • 설립 당시 회장은 이상재, 부회장은 홍명희가 맡았다.
> • 전국에 140여 개소의 지회를 두고, 약 4만 명의 회원을 확보하였다.

① 광주학생독립운동
② 원산 총파업
③ 단천 산림조합시행령 반대운동
④ 암태도 소작쟁의

<정답 및 해설> ④
제시된 자료는 1927년에 결성된 좌우통합의 신간회(1927~1931)에 관한 내용이다.
④ 1923년부터 1924년, ① 1929년 11월, ② 1929년 4월, ③ 1930년 7월

359 다음 강령을 채택한 단체의 활동으로 옳지 않은 것은?

19. 국회직

> • 우리는 정치·경제적 각성을 촉진함.
> • 우리는 단결을 공고히 함.
> • 우리는 기회주의를 일체 부인함.

① 동양척식주식회사 폐지를 주장하였다.
② 일본인의 조선이민을 반대하였다.
③ 조선소년연합회를 창설하고자 하였다.
④ 여성의 법률상 및 사회적 차별을 없애고자 하였다.
⑤ 노동운동과 연계하여 최저 임금제를 요구하였다.

<정답 및 해설> ③
1927년 신간회(新幹會)의 3대 강령을 제시하였다.
③ 1927년 방정환·조철호 등이 서울에서 조직한 소년운동 단체였다.

176 한국사 필수 기출문제 415제

360 <보기>는 1927년에 창립한 어느 단체의 강령이다. 이 단체에 대한 설명으로 가장 옳지 않은 것은?

19. 서울시

<보기>
1. 우리는 정치·경제적 각성을 촉구한다.
1. 우리는 단결을 공고히 한다.
1. 우리는 기회주의를 일체 부인한다.

① 비타협적 민족주의 세력과 사회주의 세력이 연합하였다.
② 일제에 의해 조작된 소위 105인 사건으로 탄압을 받았다.
③ 전국에 140여 개소의 지회와 약 4만 명의 회원을 확보하였다.
④ 1929년에 광주학생운동이 일어나자 민중대회의 개최를 계획했다.

<정답 및 해설> ②
제시된 자료는 신간회(新幹會)의 3대 강령이다.
② 1911년 신민회 해체의 배경이 된 사건이었다. ① 정우회선언에 자극되어 좌·우 통합의 민족유일당운동 단체로 창립됨, ③ 143개 지부의 지도부는 대부분이 좌파세력이었다. ④ 민중대회를 계기로 중앙본부와 지부 사이에 마찰이 생겨 결국 해소론(解消論)이 등장하게 되었다.

361 다음 사실들을 시기 순으로 바르게 나열한 것은?

16. 지방직

ㄱ. 김좌진을 중심으로 한 신민부가 조직되었다.
ㄴ. 민족협동전선론에 따라 정우회가 조직되었다.
ㄷ. 노동조건의 개선을 요구한 원산 노동자 총파업이 일어났다.
ㄹ. 백정의 사회적 차별을 철폐하고자 하는 형평사가 창립되었다.

① ㄱ→ㄴ→ㄹ→ㄷ   ② ㄱ→ㄹ→ㄷ→ㄴ
③ ㄹ→ㄱ→ㄴ→ㄷ   ④ ㄹ→ㄷ→ㄱ→ㄴ

<정답 및 해설> ③
ㄹ) 1923년, ㄱ) 1925년, ㄴ) 1926년, ㄷ) 1929년

362 다음과 같은 강령을 발표한 조직의 활동으로 옳은 것은?

19. 지방직

> 건국 시기의 헌법상 경제체계는 국민 각개의 균등생활 확보 및 민족 전체의 발전 그리고 국가를 건립 보위함과 연환(連環) 관계를 가진다. 그러므로 다음에 나오는 기본원칙에 따라서 경제정책을 집행하고자 한다.
> 가. 규모가 큰 생산기관의 공구와 수단 …(중략)… 은행·전신·교통 등과 대규모 농·공·상 기업 및 성시(城市) 공업구역의 주요한 공용 방산(房産)은 국유로 한다.
> 나. 적이 침략하여 점령 혹은 시설한 일체 사유자본과 부역자의 일체 소유자본 및 부동산은 몰수하여 국유로 한다.

① 이승만을 대통령, 이시영을 부통령으로 선출하였다.
② 자유시 참변을 겪고 러시아 적군에 무장해제를 당하였다.
③ 좌우합작위원회를 구성하고 좌우합작7원칙을 발표하였다.
④ 미군전략정보국(OSS) 지원 아래 국내 진공작전을 준비하였다.

<정답 및 해설> ④
1941년 충칭 임시정부에서 발표한 건국강령(建國綱領)의 내용이다.
④ 1945년 8월 20일, ① 1948년 대한민국 정부수립, ② 1921년 서일이 총재였던 대한독립군단, ③ 1946년 10월 여운형과 김규식의 활동 사항이다.

---

363 밑줄 친 '운동'에 대한 설명으로 옳은 것은?

18. 지방직

> 조선 사람은 조선 사람이 만든 물건만 쓰고 살자고 하는 <u>운동</u>이 일어나고 있다. 그렇게 하면 조선인 자본가의 공업이 일어난다고 한다. …(중략)… 이 <u>운동</u>이 잘 되면 조선인 공업이 발전해야 하지만 아직 그렇지 않다. …(중략)… 이 <u>운동</u>을 위해 곧 발행된다는 잡지에 회사를 만들라고 호소하지만 말고 기업을 하는 방법 같은 것을 소개해야 한다.
> – 개벽

① 조선총독부가 회사령을 폐지하는 계기가 되었다.
② 원산 총파업을 계기로 조직적으로 전개될 수 있었다.
③ 조만식 등에 의해 평양에서 시작되어 전국으로 확산되었다.
④ 조선노농총동맹의 적극적 참여로 대중적인 기반이 확충되었다.

<정답 및 해설> ③
1922년 '조선 물산장려운동'의 내용이다.
① 1차 세계대전의 결과 일본 군수기업의 성장, ② 노동쟁의, ④ 소작쟁의와 노동쟁의

178 한국사 필수 기출문제 415제

364 다음 자료를 쓴 역사가의 활동으로 옳은 것은?

17. 지방직

> 역사란 무엇이뇨. 인류 사회의 아와 비아의 투쟁이 시간부터 발전하며 공간부터 확대하는 심적 활동의 상태의 기록이니, 세계사라 하면 세계 인류의 그리되어 온 상태의 기록이며, 조선사라 하면 조선 민족의 그리되어 온 상태의 기록이니라.

① 「여유당전서」를 발간하여 조선 후기 실학자들을 재평가하였다.
② 「을지문덕」, 「최영」, 「이순신」 등 애국명장의 전기를 써서 애국심을 고취하였다.
③ 「조선사회경제사」를 저술하여 세계사적 보편성 속에서 한국사를 해석하였다.
④ '5천 년간 조선의 얼'이라는 글을 동아일보에 연재하여 민족정신을 고취하였다.

<정답 및 해설> ②
제시된 자료는 신채호의 조선상고사(朝鮮上古史) 내용이다.
① 1930년대 조선학운동, ③ 사회경제사학의 백남운, ④ 정인보의 작품이다.

365 다음 글의 저자에 대한 설명으로 옳은 것은?

19. 국가직

> 무릇 동양의 수천 년 교화계(敎化界)에서 바르고 순수하며 광대정밀하여 많은 성현들이 전해주고 밝혀 준 유교가 끝내 인도의 불교와 서양의 기독교와 같이 세계에 큰 발전을 하지 못함은 어째서이며 … 유교계에 3대 문제가 있는지라. 그 3대 문제에 대하여 개량하고 구신(求新)을 하지 않으면 우리 유교는 흥왕할 수가 없을 것이다.

① '조선얼'을 강조하며 '조선학운동'을 펼쳤다.
② '나라는 형(形)이고 역사는 신(神)'이라고 주장하였다.
③ 주석·부주석 체제하의 대한민국 임시정부에서 주석을 역임하였다.
④ 『독사신론』에서 민족을 역사서술의 주제로 설정하고 사대주의를 비판하였다.

<정답 및 해설> ②
자료는 박은식의 유교구신론(儒敎求新論)(1909)의 내용으로 유교의 모순을 지적하고 양명학을 높이 평가한 작품이다. ② 박은식의 1915년 작품인 한국통사(韓國痛史) 서문, ① 정인보의 조선사연구, ③ 김구, ④ 독사신론(讀史新論)은 1908년 신채호의 작품이다.

367 <보기>에서 설명하는 시기의 역사학의 동향으로 가장 옳지 않은 것은?

19. 보훈청

> <보기>
> 일제의 민족말살정책이 발악적으로 진행되던 1930~1940년대에 민족문화를 수호하고 체계화하려는 운동이 여러 학문분야에서 꾸준히 일어났다. 역사학에서도 일제의 식민사학에 반발하거나 학문적으로 경쟁하면서 많은 학자들이 성과를 쌓아갔다.

① 안재홍, 정인보, 문일평 등이 조선학운동을 전개하였다.
② 이병도 등이 진단학회를 조직하고 실증사학을 주도하였다.
③ 백남운 등이 유물사관에 입각하여 사회경제사 연구를 진척시켰다.
④ 박은식이 『한국독립운동지혈사』를 저술하여 민족주의 역사학을 발전시켰다.

<정답 및 해설> ④
제시된 자료의 「1930~1940년대」와 거리가 먼 것은 1920년대의 민족사학이었다.
④ 임시정부의 2대 대통령을 역임한 박은식(1859~1925)은 1925년 11월에 사망하였다.

368 다음 ㉠의 인물에 대한 설명으로 옳은 것은?

15. 서울시

> ㉠은 조선시대에 민중을 위해서 노력한 정치가들과 혁명가들을 드러내고, 세종과 실학자들의 민족지향, 민중지향, 실용지향을 높이 평가하는 사론을 발표하여 일반 국민의 역사의식을 계발하는 데 기여하였다. 또한, 국제관계에서 실리적 감각이 필요함을 절감하고, 이러한 시각에서 「대미관계 50년사」라는 저서를 내기도 하였다.

① 1930년대에 조선학운동을 주도하였다.
② 진단학회를 창립하여 한국사의 실증적 연구에 힘썼다.
③ 한국사가 세계사의 보편적 법칙에 입각하여 발전하였음을 강조하였다.
④ 우리의 민족정신을 '혼'으로 파악하고, '혼'이 담겨 있는 민족사의 중요성을 강조하였다.

<정답 및 해설> ①
자료의 「대미관계 50년사」는 문일평(文一平, 1888~1939)의 작품이다. 또한, 세종을 높이 평가하여 심(心)의 근원으로 보고 '조선 심'을 강조하였다. 그는 정인보, 안재홍과 함께 1930년대 조선학 운동을 주도한 역사학자이다. ② 1934년 이병도, ③ 1930년대 백남운, ④ 박은식의 한국통사(韓國痛史) 내용이다.

369 다음 주장을 한 인물에 대한 설명으로 옳은 것은?

17. 국가직

> 계급투쟁은 민족의 내부 분열을 초래할 것이며, 민족의 내쟁은 필연적으로 민족의 약화에 따르는 다른 민족으로 부터의 수모를 초래할 것이다. 계급투쟁의 길은 우리가 반드시 취해야 할 필요는 없고, 민족 균등이 실현되는 날 그것은 자연 해소되는 문제다. … (중략) … 이 세계적 기운과 민족적 요청에서 민족사관은 출발하는 것이며, 민족사는 그 향로와 방법을 명백하게 과학적으로 지시하여야 할 것이다.
>
> – 조선민족사개론

① 「조선상고사」와 「조선사연구초」를 저술하였다.
② 대동사상을 수용한 「유교구신론」을 주장하였다.
③ 「진단학보」를 발간한 진단학회의 발기인으로 활동하였다.
④ 「5천년간 조선의 얼」이라는 글을 동아일보에 연재하였다.

<정답 및 해설> ③
자료는 신민족주의 사학자 손진태(孫晋泰)에 관한 내용이다.
저서에 <조선민족사개론>, <조선민족설화연구>. <국사대요> 등이 있다. 손진태는 안재홍의 신민족주의 이론을 자신의 이론으로 체계화한 인물로, 종래 민족주의 사학의 한계를 실증적으로 극복하고 신민족주의를 바탕으로 민족이 단결할 것과 자주독립 및 평등을 강조하였다. 계급투쟁보다는 민족균등과 계급간의 화해를 추구하였으며, 평등이 단결의 길이고, 단결이 흥성(興盛)의 길이라고 주장하면서 평등과 단결을 강조하였다. 진단학회 회원이었다.
① 신채호, ② 박은식, ④ 정인보와 관련된 내용이다.

370 밑줄 친 '나'에 대한 설명으로 옳은 것은?

17. 국가직

> 나의 조선경제사의 기도(企圖)는 사회의 경제적 구성을 기축으로 대체로 다음과 같은 제
> 문제를 취급하려 하였다.
> 제1. 원시씨족 공산체의 태양(態樣)
> 제2. 삼국의 정립 시대의 노예경제
> 제3. 삼국시대 말기 경부터 최근세에 이르기까지의 아시아적 봉건사회의 특질
> 제4. 아시아적 봉건국가의 붕괴 과정과 자본주의 맹아 형태
> 제5. 외래 자본주의 발전의 일정과 국제적 관계
> 제6. 이데올로기 발전의 총 과정

① 우리 고대사를 중국 민족에 필적하는 강건한 민족의 역사로 서술했다.
② 일제 식민사학의 정체성론을 극복하는 근거를 제공하였다.
③ 실학에서 자주적인 근대사상과 우리 학문의 주체성을 찾으려 하였다.
④ 순수학문을 표방하면서 식민주의 사학에 학문적으로 대항하려 하였다.

<정답 및 해설> ②
자료는 1930년대 백남운의 사회경제사관(유물사관)에 관한 조선사회경제사의 내용을 제시하였다. 작품으로는
<조선사회경제사>(1933), <조선봉건사회경제사>(1937)로 대표된다.
① 고대사 연구는 신채호, ③ 1930년대 조선학운동, ④ 실증사학 단체인 진단학회와 관련된 내용이다.

371 <보기>는 일제강점기 당시 흥행에 성공하였던 영화의 줄거리이다. 이 영화가 상영되던 시기의 문화 예술계에 대한 설명으로 가장 옳은 것은?

18. 서울시

<보기>

영진은 전문학교를 다닐 때 독립만세를 부르다가 왜경에게 고문을 당해 정신이상이 된 청년이었다. 한편 마을의 악덕지주 천가의 머슴이며, 왜경의 앞잡이인 오기호는 빚 독촉을 하며 영진의 아버지를 괴롭혔다. 더욱이 딸 영희를 아내로 준다면 빚을 대신 갚아줄 수 있다고 회유하기까지 하였다. … (중략) … 오기호는 마을축제의 어수선한 틈을 타 영희를 겁탈하려 하고 이를 지켜보던 영진은 갑자기 환상에 빠져 낫을 휘둘러 오기호를 죽인다. 영진은 살인혐의로 일본 순경에게 끌려가고, 주제곡이 흐른다.

① 역사학 : 민족주의 역사가들 사이에서 이른바 조선학운동이 시작되었다.
② 문학 : 민중생활에 관심을 기울인 신경향파 문학이 대두하여 식민통치에 대한 저항문학으로 발전했다.
③ 음악 : 일본 주류 대중음악의 영향을 받은 트로트 양식이 정립되었다.
④ 영화 : 일제는 조선영화령을 공포하여 영화를 전시체제의 옹호와 선전의 수단으로 사용하였다.

<정답 및 해설> ②
자료는 1926년 나운규의 영화 <아리랑>의 내용이다. 나운규가 영진역을 맡았다.
아리랑은 나운규의 고향인 회령에서 청진까지 철도를 부설하던 노동자들이 부르던 애달픈 노랫가락 '아리랑'에서 영화의 기본적인 줄거리를 착상했다고 알려져 있다.
② 사회주의 문학(신경향파 문학)은 1925년 카프, ① 1930년대, ③ 1930년대 중반에 정착된 일본엥카의 영향을 받아 형성된 대중가요 뽕짝, ④ 1940년 1월 조선총독부령 제1호로 공포되었다.

www.ucampus.ac **183**

[8] 현대사

372 다음 단체에 대한 설명으로 옳지 않은 것은?

19. 국회직

> • 8·15 해방 직후 전국에 145개의 지부를 조직하였다.
> • 여운형이 중심이 되어 조직된 조선건국동맹이 모태가 되었다.

① 이승만을 주석으로, 여운형을 부주석으로 추대하였다.
② 중도 우파와 온건 좌파를 중심으로 구성되었다.
③ 조선민주주의인민공화국을 선포하였다.
④ 좌파의 적극적인 개입으로 탈퇴한 우파도 있었다.

<정답 및 해설> ③
제시된 자료는 1945년 8월 15일 조직된 건국준비위원회의 내용이다.
건국동맹의 후신으로 온건 좌파의 여운형과 중도 우파의 안재홍이 중심인물이었다. ③ 미군의 진주에 맞춰
조선인민공화국을 선포(1945.9.6.)하였다. 조선민주주의인민공화국은 1948년 9월 수립된 김일성의 북한정권
이다.

373 (가), (나) 문서에 대한 설명으로 옳은 것은?

17. 서울시

> (가) 조선 인민의 노예 상태에 유의하여 적당한 시기에 맹세코 조선을 자주 독립시킬 것을 결
> 의한다.
> (나) 조선 임시 정부의 구성을 원조할 목적으로 먼저 그 적절한 방안을 마련하기 위하여 남조
> 선 합중국 관구와 북조선 소련관구의 대표자들로 공동위원회가 설치될 것이다.

① (가)는 포츠담 회담에서 발표되었다.
② (나)의 결정에는 미국, 영국, 소련이 참여하였다.
③ (나)의 결정에 따라 좌우합작위원회가 만들어졌다.
④ (가),(나)는 8·15 해방 직전에 발표되었다.

<정답 및 해설> ②
(가)는 1943년 카이로 회담, (나) 1945년 모스크바 3상회의가 된다.
③ 좌우합작운동은 (나)와 무관함, ④ (나)는 해방 이후에 해당한다.

374 <보기>의 선언에 대한 설명으로 가장 옳은 것은?

18. 서울시

> <보기>
> 각 군사사절단은 일본국에 대한 장래의 군사행동을 협정하였다. … (중략) … 앞의 3대국은
> 조선인민의 노예상태에 유의하여 적당한 시기에 맹세코 조선을 자주독립시킬 결의를 한다.

① 이 선언에서 연합국은 일본에 무조건 항복을 요구하였다.
② 미국, 영국, 중국의 정상이 모여 회담을 한 후 나온 선언이다.
③ 소련은 일본과의 전쟁에 참전할 것을 결정했다.
④ 미국의 루즈벨트 대통령이 20~30년간의 신탁통치안을 처음으로 제안하였다.

> <정답 및 해설> ②
> 자료는 1943년 카이로 회담의 내용이다. 처음으로 한국의 독립을 약속하였다.
> ① 1945년 7월 포츠담 회담, ③ 1945년 2월 얄타회담, ④ 1945년 2월 얄타회담에서 미소간의 구두약속이었다.

375 다음 결정문에 근거하여 실행된 사실로 옳은 것은?

16. 국가직

> 조선을 독립시키고 민주국가로 발전시키는 동시에, 가혹한 일본의 조선통치 잔재를 빨리 청
> 산하기 위해 조선에 임시 민주주의 정부를 수립한다.

① 미소공동위원회가 개최되었다.
② 서울에서 건국준비위원회가 조직되었다.
③ 유엔 감시 하에 남한에서 총선거가 실시되었다.
④ 한반도에서 미군과 소련군의 군정이 시작되었다.

> <정답 및 해설> ①
> 자료는 1945년 12월 모스크바 3상회의의 결정문이다.
> ② 1945년 8월 여운형과 안재홍, ③ 1948년 5월 10일, ④ 1945년 해방과 함께 남한과 북한에서 각각 실시되었
> 다.

376 (가)~(라)를 시기 순으로 바르게 나열한 것은?

19. 국가직

> (가) 좌우합작 7원칙이 발표되었다.
> (나) 조선건국준비위원회가 결성되었다.
> (다) 모스크바 3국 외상회의가 개최되었다.
> (라) 김구와 김규식이 남북협상을 제의하였다.

① (나),(가),(라),(다)　　　　　② (나),(다),(가),(라)
③ (다),(가),(나),(라)　　　　　④ (다),(나),(가),(라)

<정답 및 해설> ②
(나) 1945년 8월, (다) 1945년 12월, (가) 1946년 10월, (라) 1948년 2월에 제의하여 4월에 진행되었다.

377 밑줄 친 '그'에 대한 설명으로 옳은 것은?

18. 지방직

> 그는 신민회 회원으로 활동하면서 해서교육총회에 가담해 교육사업에 힘을 기울였으며, 안악사건에 연루되어 일제 경찰에 체포되었다. 1923년에 열린 국민대표회의에서 창조파와 개조파가 대립했을 때, 그는 국민대표회의의 해산을 명하는 내무부령을 공포하였다. 그 뒤 그는 한국국민당을 조직하는 등 독립운동 정당을 만들기 위해 노력하였다.

① 평양에서 열린 남북협상회의에 참석하였다.
② 조선민족혁명당을 조직하고 조선의용대를 이끌었다.
③ 안재홍과 함께 조선건국준비위원회를 주도적으로 조직하였다.
④ 대통령 직선제를 골자로 하는 발췌개헌안을 국회에 제출하였다.

<정답 및 해설> ①
「해서교육총회에 가담해」, 「내무부령을 공포」, 「한국국민당을 조직(1935)」 등에서 '김구'임을 알 수 있다.
② 김원봉, ③ 여운형, ④ 이승만

188 한국사 필수 기출문제 415제

378 **(가)와 (나)를 주장한 각 인물에 대한 설명으로 옳은 것은?**

18. 국가직

> (가) 우리는 남방만이라도 임시정부 혹은 위원회 같은 것을 조직하여 38도선 이북에서 소련
> 이 철퇴하도록 세계 공론에 호소해야 할 것이다.
> (나) 나는 통일된 조국을 달성하려다 38도선을 베고 쓰러질지언정 일신의 구차한 안일을 위
> 하여 단독정부를 세우는 데는 협력하지 아니하겠다.

① (가) - 5·10 총선거에 불참하였다.
② (가) - 좌우합작7원칙을 지지하였다.
③ (나) - 탁치반대국민총동원위원회를 조직하였다.
④ (나) - 남조선과도입법의원의 의장을 역임하였다.

<정답 및 해설> ③
(가)는 이승만의 정읍발언(1946. 6), (나)는 김구의 '삼천만 동포에게 읍고 함(1948. 2)'이다.
③항 김구와 이승만은 모스크바 3상 회의에서 결정된 신탁통치 반대운동을 주도하였다. 김구 등의 임시정부
계열은 반탁운동을 제2의 독립운동으로 규정하고, '신탁통치반대국민총동원위원회'를 결성하여 반탁운동을
대대적으로 전개하였다. ① 남북협상파인 김구 등이 불참하였다. 당시 이승만은 총선에 참여하여 서울 동대문
갑구에서 73세의 최고령으로 당선됨, ② 이승만은 반대함, ④ 남조선과도입법의원 의장은 김규식이었다.

379 **<보기>의 사실들을 시간 순으로 나열했을 때 세 번째에 해당하는 것은?**

19. 서울시

> <보기>
> ㄱ. 제2차 미소공동위원회 결렬
> ㄴ. 좌우합작위원회, '좌우합작7원칙'에 합의
> ㄷ. 이승만, 정읍발언에서 남한만의 정부수립 주장
> ㄹ. 유엔 소총회, 가능한 지역에서만 총선거 실시 결의

① ㄱ   ② ㄴ
③ ㄷ   ④ ㄹ

<정답 및 해설> ①
ㄱ) 1947년 5월, ㄴ) 1946년 10월, ㄷ) 1946년 6월 3일(6·3 정읍발언), ㄹ) 1948년 2월 26일

380 다음 원칙을 발표한 기구가 내세운 주장으로 옳은 것은?

15. 서울시

조선의 좌우합작은 민주독립의 단계요, 남북통일의 관건인 점에서 3천만 민족의 지상 명령이며 국제 민주화의 필연적 요청이었음에도 불구하고 저간의 복잡다단한 내외 정세로 오랫동안 파란곡절을 거듭해 오던바, 드디어 … (중략) … 다음과 같은 7원칙을 결정하였다.

① 외국 군대의 철수
② 미소공동위원회의 속개
③ 토지의 무상몰수, 무상분배
④ 유엔(UN) 감시 하의 남북한 총선거 실시

<정답 및 해설> ②
제시된 자료는 좌우합작위원회가 채택한 좌우합작 7원칙의 내용이다.
②항이 옳다. ① 1949년 국회 프락치 사건의 노일환, 김약수, 이문원 등이 주장, ③ 1946년 전국농민총동맹의 요구안 및 북한의 토지개혁안, ④ 1947년 11월 유엔총회의 결정안이다.

381 다음 자료에 나타난 사상을 정립한 인물에 대한 설명으로 옳지 않은 것은?

17. 지방직

우리나라의 건국정신은 삼균제도(三均制度)의 역사적 근거를 두었으니 선조들이 분명히 명한 바 수미균평위(首尾均平位)하야 흥방보태평(興邦保泰平)하리라 하였다. 이는 사회 각층 각급의 지력과 권력과 부력의 향유를 균평하게 하야 국가를 진흥하며 태평을 보유(保維)하려 함이니 홍익인간(弘益人間)과 이화세계(理化世界)하자는 우리 민족의 지킬 바 최고 공리(公理)임

① 한국독립당을 창당하였다.
② 임시정부의 국무위원이었다.
③ 제헌국회 의원에 당선되었다.
④ 정치, 경제, 교육의 균등을 주장하였다.

<정답 및 해설> ③
자료는 조소앙(趙素昻)의 삼균주의(三均主義)에 대한 설명이다.
조소앙은 남북협상파로 1948년 5·10 총선에 불참하여 제헌국회의원이 아니었다.

382 다음은 대한민국 수립 과정을 나타낸 것이다. ㈎ 시기에 일어난 사실이 아닌 것은?

14. 사회복지직

모스크바 3국 외상회의 → ㈎ → 대한민국 정부수립 선포

① 미소공동위원회가 결렬되었다.
② 반민족행위처벌법이 제정되었다.
③ 김구, 김규식 등이 남북협상을 추진하였다.
④ 5·10 총선거가 실시되었다.

<정답 및 해설> ②
자료의 대한민국 정부수립은 1948년 8월에 있었다.
② 1948년 9월, ① 1946년 1차·1947년 2차, ③ 1948년 4월, ④ 1948년 5월에 각각 해당한다.

383 모스크바 3국 외상회의에서 결정한 한국정부 수립 방안을 순서대로 바르게 나열한 것은?

17. 서울시

ㄱ. 미소공동위원회 개최
ㄴ. 미소공동위원회와 임시 민주정부 협의 하에 미, 영, 중, 소에 의한 신탁통치방안 결정
ㄷ. 미소공동위원회와 한국의 정당 및 사회단체의 협의
ㄹ. 임시 민주정부 수립

① ㄱ → ㄷ → ㄴ → ㄹ
② ㄱ → ㄷ → ㄹ → ㄴ
③ ㄷ → ㄱ → ㄹ → ㄴ
④ ㄷ → ㄹ → ㄱ → ㄴ

<정답 및 해설> ②
ㄱ)을 개최하여 ㄷ)의 단체를 참여시키고, ㄹ)의 정부 수립을 한 후, ㄴ) 탁치안을 구체적으로 결정 시행한다.

384 대한민국 정부 수립 이후에 일어난 사건을 <보기>에서 모두 고른 것은?

16. 서울시

<보기>
ㄱ. 반민족행위특별조사위원회 설치
ㄴ. 농지개혁법 시행
ㄷ. 안두희의 김구 암살
ㄹ. 제주 4·3 사건 발생
ㅁ. 여수·순천 10·19 사건 발생

① ㄱ, ㄴ, ㅁ
② ㄱ, ㄴ, ㄷ, ㅁ
③ ㄱ, ㄴ, ㄹ, ㅁ
④ ㄱ, ㄴ, ㄷ, ㄹ, ㅁ

<정답 및 해설> ②
대한민국 정부수립은 1948년 8월이다. 그 이후의 내용으로는 ②항이 옳다.
ㄱ)은 1948년 9월 29일 제헌국회에 설치된 특별기관, ㄴ)은 1950년 3월, ㄷ) 1949년 6월 26일, ㅁ)은 1948년 10월 19일, ㄹ)은 1948년 4월 3일이다.

385 다음 법령에 대한 설명으로 옳지 않은 것은?

17. 지방직

제1조 일본 정부와 통모하여 한·일 합병에 적극 협력한 자, 한국의 주권을 침해하는 조약 또는 문서에 조인한 자와 모의한 자는 사형 또는 무기 징역에 처하고, 그 재산과 유산의 전부 혹은 2분의 1 이상을 몰수한다.
제2조 일본 정부로부터 작위를 받은 자 또는 일본제국 의회의 의원이 되었던 자는 무기 또는 5년 이상의 징역에 처하고 그 재산과 유산의 전부 혹은 2분의 1 이상을 몰수한다.
제3조 일본 치하 독립운동자나 그 가족을 악의로 살상·박해한 자 또는 이를 지휘한 자는 사형, 무기 또는 5년 이상의 징역에 처하고 그 재산의 전부 혹은 일부를 몰수한다.

① 이 법령에 따라 특별재판부가 설치되었다.
② 이 법령의 제정은 제헌헌법에 명시된 사항이었다.
③ 이 법령에 따라 반민족행위자들이 실형을 선고받았다.
④ 이 법령은 여수·순천 10·9 사건 직후에 국회에서 통과되었다.

<정답 및 해설> ④
제시된 법령은 반민족행위처벌법(反民族行爲處罰法)이다.
제헌국회는 헌법 101조에 근거하여 반민족행위처벌법기초특별위원을 구성하고 특별법 제정에 착수하여, 1948년 9월 반민족행위처벌법을 제정하였다.
④항은 1948년 10월 19일에 있었던 사건으로, 이 사건을 계기로 1948년 12월 국가보안법(國家保安法)이 제정되었다.

386 다음 법령에 대한 설명으로 옳지 않은 것은?

19. 지역인재

> 제1조 일본정부와 통모하여 한일병합에 적극 협력한 자, 한국의 주권을 침해하는 조약 또
> 는 문서에 조인한 자와 이를 모의한 자는 사형 또는 무기징역에 처하고, 그 재산과 유산의
> 전부 혹은 2분의 1 이상을 몰수한다. … (중략) …
> 제3조 일제 치하 독립운동자와 그 가족을 악의로 살상, 박해한 자 또는 이를지휘한 자는
> 사형, 무기 또는 5년 이상의 징역에 처하고, 그 재산의 전부 혹은 일부를 몰수한다.

① 제헌국회가 제정하였다.
② 6·25 전쟁 이후 본격적으로 시행되었다.
③ 반민족행위특별조사위원회를 구성하도록 하였다.
④ 식민지 통치에 적극 협력하였던 친일파의 처벌이 목적이었다.

<정답 및 해설> ②
1948년 9월 제헌국회에서 제정된 반민족행위처벌법(反民族行爲處罰法)(1948.9.22. 법률 제3호)의 내용이다.
이승만 정부의 비협조로 1949년 6월 6일 반민특위조사위원회(반민특위) 사무국이 경찰의 습격을 받아 특위의
활동은 중단되고, 개정안의 가결로 1949년 8월 31일 반민특위의 활동은 종결되었다. 그 후 1950년 6월 6·25전
쟁이 발발하였다.

387 1950년대 정치와 사회에 대한 설명으로 가장 옳지 않은 것은?

16. 서울시

① 이승만 정권은 1951년 국민회, 대한청년당, 노동총연맹, 농민총연맹, 대한부인회 등 우익단
   체를 토대로 자유당을 조직하였다.
② 이승만 정권은 신국가보안법을 제정하였고 반공청년단을 조직하였으며, 진보당의 조봉암을
   간첩혐의로 사형에 처하였다.
③ 미국의 원조로 소비재공업이 성장하였고 밀가루, 설탕, 면화산업 등 삼백산업이 중심을 이
   루었다.
④ 이승만 정권은 1954년 의회에서 부결된 대통령 직선제 개헌안을 사사오입의 논리로 통과시
   켰다.

<정답 및 해설> ④
④ 대통령 직선제 개헌안은 1952년 발췌개헌으로 통과시킴, 1954년 사사오입 개헌은 대통령 중임제한 규정을
삭제하기 위함이었다. ① 1946년 이범석이 조직한 우익 민족청년운동 단체인 조선민족청년단을 흡수하여
1951년 자유당을 조직함, ②「국가보안법」은 1948년 10월 19일 여수·순천 사건 발발 이후, 이승만(李承晩,
1875~1965) 정권에 배치되는 세력을 탄압·제거하기 위해 제정된 후 1958년 12월 24일 자유당은 국회의사당에
서 농성하던 야당의원들을 감금한 채 법안처리를 강행하였다. 이를 '2·4파동'이라 하며 이 법이「신국가보안법」
이다. 조봉암의 사형은 1959년 7월 31일이다. ③ 1950년대는 미국의 원조경제에 힘입어 삼백산업(三白産業)과
삼분산업(三粉産業)이 중심이었다.

388 다음 자료에 해당하는 선거에 대한 설명으로 가장 옳지 않은 것은?

15. 서울시

> • 총 유권자의 40%에 해당하는 표를 자유당 후보에게 기표하여 투표 당일 투표함에 미리 넣어 놓는다.
> • 나머지 60%의 유권자는 3인, 5인, 9인조로 묶어 매수 혹은 위협을 통해 자유당 후보에게 투표하도록 한다.
> • 투표소 부근에 여당 완장을 착용한 완장부대를 배치하여 야당 성향의 유권자를 위협한다.
> • 야당 참관인은 적당한 구실을 만들어 투표소 밖으로 내쫓는다.
>
> -「동아일보」, 1960년 3월 4일

① 4·19 혁명 발발의 중요한 계기가 되었다.
② 장면 정부는 이 선거 결과를 무효로 하고 재선거를 실시하였다.
③ 이승만의 대통령 당선 가능성이 높은 상황에서 실시되었다.
④ 정부는 이 선거를 규탄하는 시위의 배후에 공산주의 세력이 개입되었다고 발표하였다.

<정답 및 해설> ②
1960년 제4대 정·부통령 선거 내용으로 3·15 부정선거가 되었다.
② 장면 정부는 3·15 부정선거를 무효로 하지도 못했고, 재선거를 실시하지도 않았다. 책임자인 이승만이 하와이로 망명할 수 있도록 하였다.
① 1960년 시민혁명. ③ 야당인 민주당의 대통령후보 조병옥(趙炳玉)이 사망함으로써 이승만의 당선 가능성이 높았다. 반면에 부통령은 이기붕 보다 민주당 후보인 장면의 당선 가능성이 높았기 때문에 여당인 자유당은 조직적 부정선거를 자행하였다. 곧, 고령인 이승만의 사후를 보장받으려는 속셈이었다. ④ 마산시위 및 학생시위에 대해 상투적인 조작극을 벌였다.

194　한국사 필수 기출문제 415제

389 <보기> 선언문의 발표 후에 있었던 사건으로 가장 적합하지 않은 것은?

19. 서울시

<보기>
상아의 진리탑을 박차고 거리에 나선 우리는 질풍과 같은 역사의 조류에 자신을 참여시킴으로써 이성과 진리, 그리고 자유의 대학정신을 현실의 참담한 박토에 뿌리려 하는 바이다. <중략> 무릇 모든 민주주의 정치사는 자유의 투쟁사다. 그것은 또한 여하한 형태의 전제로 민중 앞에 군림하든 '종이로 만든 호랑이'같이 헤슬픈 것임을 교시한다. <중략> 근대적 민주주의의 근간은 자유다. <하략>

-서울대학교 문리과대학 학생 일동

① 이승만 대통령이 하야하였다.
② 장면 정권이 수립되었다.
③ 민족자주통일중앙협의회가 조직되었다.
④ 조봉암이 진보당을 결성하였다.

<정답 및 해설> ④
자료는 1960년 학생들이 발표한 <4·19 혁명선언문>의 내용이다.
④ 1956년 11월 10일 강화도 출신의 조봉암을 비롯한 박기출·김달호 등이 중심이 되어 결성한 정당이었으나, 진보당사건(進步黨事件)으로 1958년 2월 소멸되었다. 조봉암은 1959년 7월 31일 사형되었다.

390 다음 자료와 관련된 사건을 순서대로 바르게 나열한 것은?

17. 서울시

㉠ 무엇보다 우리는 이른바 4·13 대통령의 특별조치를 국민의 이름으로 무효임을 선언한다.
㉡ 우리 시민군은 온갖 방해에도 불구하고 여러분의 안전을 끝까지 지킬 것입니다. 또한 협상이 올바른 방향대로 진행되면 우리는 즉각 총을 놓겠습니다.
㉢ 오늘의 이 시점에서 저는 사회적 혼란을 극복하고, 국민적 화해를 이룩하기 위하여 대통령 직선제를 택하지 않을 수 없다는 결론에 이르게 되었습니다.

① ㉠ - ㉡ - ㉢
② ㉡ - ㉠ - ㉢
③ ㉡ - ㉢ - ㉠
④ ㉢ - ㉡ - ㉠

<정답 및 해설> ②
㉡ 1980년 5·18 광주민주화운동, ㉠ 1987년 6·10 국민대회선언문, ㉢ 1987년 6·29 선언의 내용이다.

391 **1965년 6월 22일 체결된 한일기본조약에 대한 설명으로 가장 옳은 것은?**

18. 서울시

> 제2조 : 1910년 8월 22일 및 그 이전에 대한제국과 일본제국 간에 체결된 모든 조약 및 협
> 정이 이미 무효임을 확인한다.
> 제3조 : 대한민국 정부가 국제연합 총회의 결의 제195(Ⅲ)호에 명시된 바와 같이 한반도에
> 있어서의 유일한 합법정부임을 확인한다.

① 위안부 문제가 주요한 의제로 논의되었다.
② 조약에 반대하여 학생들이 6·10 민주항쟁을 일으켰다.
③ 조약 협의를 위해 중앙정보부장 이후락이 특사로 파견되었다.
④ 재일 교포의 법적지위 및 대우에 관한 협정도 함께 체결되었다.

> <정답 및 해설> ④
> ④ 조약의 부속협정으로는 '청구권·경제협력에 관한 협정', '재일교포의 법적지위와 대우에 관한 협정', '어업에
> 관한 협정', '문화재·문화협력에 관한 협정' 등이 있다. 반면, 일제 강점하의 피해자 보상과 위안부 보상문제
> 등은 배제되었다.
> ① 제외됨, ② 1964년 6·3 항쟁 전개, ③ 중앙정보부장 김종필이 특사로 파견되었다.

392 **<보기>와 같은 내용의 헌법으로 개정된 이후 발생한 사건으로 가장 옳은 것은?**

19. 서울시

> <보기>
> 제39조 대통령은 통일주체국민회의에서 토론 없이 무기명 투표로 선거한다.
> 제40조 통일주체국민회의는 국회의원 정수의 1/3에 해당하는 수의 국회의원을 선거한다.
> 제43조 대통령은 조국의 평화적 통일을 위한 성실한 의무를 진다.

① 굴욕적인 한일회담에 반대하는 학생시위가 전개되었다.
② 재야인사들이 명동성당에 모여 '3·1 민주구국선언'을 발표하였다.
③ 친일파 청산을 위해 반민족행위특별조사위원회를 설치하였다.
④ 민생안정을 위해 농가부채 탕감, 화폐개혁 등을 실시하였다.

> <정답 및 해설> ②
> 자료는 1972년에 제정된 유신헌법(維新憲法)의 내용을 제시하였다.
> ② 1976년 3월 1일 명동성당에서 윤보선, 김대중, 문익환, 함석헌 등 각계 지도층 인사들이 발표한 선언(명동사
> 건), ① 1964년, ③ 1948년, ④ 화폐개혁은 1950년, 1953년, 1962년에 시행되었다. ④ 1962년 박정희 정부와
> 관련된 내용이다.
>
> > ※3·1 민주구국선언의 주요 내용
> > • 이 나라는 민주주의 기반 위에 서야 한다.
> > • 경제입국의 구상과 자세가 근본적으로 재검토되어야 한다.
> > • 민족통일은 오늘 이 겨레가 짊어진 최대과업이다.

393 **<보기>의 북한정권 수립 과정을 시간 순으로 바르게 나열한 것은?**

18. 서울시

<보기>
ㄱ. 북조선임시인민위원회 성립
ㄴ. 조선인민군 창설
ㄷ. 토지개혁 실시
ㄹ. 최고인민회의 대의원 선거 실시
ㅁ. 북조선노동당 결성
ㅂ. 조선민주주의인민공화국 성립

① ㄱ - ㄴ - ㄷ - ㄹ - ㅁ - ㅂ
② ㄱ - ㄷ - ㅁ - ㄴ - ㄹ - ㅂ
③ ㄱ - ㅁ - ㄷ - ㄹ - ㄴ - ㅂ
④ ㄱ - ㅁ - ㄴ - ㄷ - ㄹ - ㅂ

<정답 및 해설> ②
ㄱ) 1946년 2월, ㄷ) 1946년 3월, ㅁ) 1946년 6월, ㄴ) 1948년 2월 8일, ㄹ) 1948년 8월 25일, ㅂ) 1948년 9월 9일

394 **다음과 같은 남북합의가 이루어진 정부에서 일어난 사실은?**

17. 서울시

제1조 남과 북은 서로 상대방의 체제를 인정하고 존중한다.
제2조 남과 북은 상대방의 내부 문제에 간섭하지 아니한다.
제3조 남과 북은 상대방에 대한 비방, 중상을 하지 아니한다.
제4조 남과 북은 상대방을 파괴, 전복하는 일체 행위를 하지 아니한다.

① 남북조절위원회 회담   ② 금융실명제 전면 실시
③ 남북정상회담 개최   ④ 북방외교의 적극 추진

<정답 및 해설> ④
자료는 1991년 12월 노태우 정부의 남북기본합의서의 내용이다.
① 7·4 남북공동성명과 관련됨, ② 1993년 김영삼 정부, ③ 김대중, 노무현, 문재인 정부와 관련된다.

395 남북관계에 대한 역대정부의 합의로 옳지 않은 것은?

17. 국가직

① 박정희 정부 - 7·4 남북공동선언
② 김영삼 정부 - 남북기본합의서
③ 김대중 정부 - 6·15 남북공동선언
④ 노무현 정부 - 10·4 남북공동선언

<정답 및 해설> ②
② 1991년 12월 노태우 정부와 관련된 통일정책 내용이다.
① 1972년, ③ 2000년, ④ 2007년

396 다음 법령의 시행 결과에 대한 설명으로 옳은 것은?

16. 지방직

> 제5조 정부는 다음에 의하여 농지를 매수한다.
> 1. 다음의 농지는 정부에 귀속한다.
> (가) 법령 및 조약에 의하여 몰수 또는 국유로 된 토지
> (나) 소유권의 명의가 분명하지 않은 농지
> 2. 다음의 농지는 본법 규정에 의하여 정부가 매수한다.
> ··· (중략) ···
> 제12조 농지의 분배는 1가구당 총 경영 면적 3정보를 초과하지 못한다.

① 협동조합이 모든 농지를 소유하게 되었다.
② 많은 일반 민유지가 총독부 소유로 되었다.
③ 소작지가 크게 줄어들고 자작지가 늘어났다.
④ 지주 소유 토지를 몰수하여 농민에게 무상으로 분배하였다.

<정답 및 해설> ③
제시된 자료는 농지개혁법(農地改革法)으로 1949년 6월에 공포되었다.
① 1954년 북한의 사회주의 경제체제(집단화·국유화), ② 1910년대 일제의 토지조사사업, ④ 1946년 3월
북조선의 토지개혁과 관련된 내용이다.

397 다음 법을 시행하기 이전 상황에 대한 설명으로 옳은 것은?

17. 국가직

> 제1조 본법은 헌법에 의거하여 농지를 농민에게 적절히 분배함으로써 농가경제의 자립과 농업 생산력의 증진으로 인한 농민생활의 향상 내지 국민경제의 균형과 발전을 기함을 목적으로 한다.
> 제17조 일체의 농지는 소작, 임대차 또는 위탁경영 등 행위를 금지한다.

① 반민족행위처벌법의 시효가 단축되었다.
② 제2대 국회의원 총선거가 실시되었다.
③ 미국의 공법 480호(PL480)에 따른 잉여농산물이 도입되었다.
④ 국민방위군사건이 일어났다.

<정답 및 해설> ①
자료는 농지개혁법으로 1950년 3월에 공포되었다.
① 1950년 6월 20일까지의 반민법(反民法) 시효를 1949년 8월 31일까지로 단축시키는 특별 법을 제정하였다.
② 1950년 5·30 총선, ③ 1956년, ④ 1951년 1·4 후퇴 당시 국민방위군의 일부 장교 사이에 일어난 부정사건이었다.

398 다음 법령과 관련한 설명으로 옳은 것은?

19. 지방직

> 제5조 정부는 다음에 의하여 농지를 취득한다.
> 1. 다음의 농지는 정부에 귀속한다.
> (가) 법령 및 조약에 의하여 몰수 또는 국유로 된 토지
> (나) 소유권의 명의가 분명하지 않은 농지

① 농지 이외 임야도 포함되었다.
② 신한공사가 보유하던 토지를 분배하였다.
③ 중앙토지행정처가 분배 업무를 주무하였다.
④ 분배받은 농민은 평년 생산량의 30%를 5년간 상환하였다.

<정답 및 해설> ④
자료는 1949년 6월 제헌국회에서 제정된 농지개혁법(農地改革法)의 내용이다.
① 전(田)과 답(畓)에 국한됨, ② 신한공사는 귀속재산을 관장하던 미군정청의 기관, ③ 동양척식주식회사(1908) → 신한공사(1946년 3월 3일) → 중앙토지행정처(1948년 3월 22일) 순으로 개편된 것이었다.

399 다음 법령에 대한 설명으로 옳지 않은 것은?

19. 국회직

> 제5조 정부는 농가가 아닌 자의 농지를 매수한다.
> 제12조 농지의 분배는 1가구당 총 경영 면적 3정보를 초과하지 못한다.
> 제13조 상환은 5년간 균분 연부로 하고 매년 정부에 납입해야 한다.

① 3정보 이상 농지는 국가에서 유상으로 몰수하였다.
② 유상매수와 유상분배 원칙을 적용하였다.
③ 상환자금을 대충자금으로 활용하였다.
④ 정부는 재정 부족으로 지가증권을 발행하였다.
⑤ 농지 매수자는 평년 생산량의 30%씩을 5년간 나누어 상환하였다.

> **<정답 및 해설> ③**
> 1949년 6월 제헌국회에서 제정된 농지개혁법의 내용이다.
> ③항의 대충자금(對充資金)은 미국의 원조물품을 판매한 대금으로 한국은행에 예치된 후 미국의 무기 등을 구입하는 비용으로 결제되었다. 한국정부가 임의로 처분할 수 없는 자금이었다.

400 다음은 1960년대 어느 일간지에 실린 사설이다. 밑줄 친 '파병'에 대한 설명으로 옳은 것만을 모두 고르면?

19. 지방직

> 우리는 원했든 원하지 안했든 이미 이 전쟁에 직접적인 관계를 맺었고 파병을 찬반(贊反)하던 국민이 이젠 다 힘과 마음을 합해서 파병된 용사들을 성원하고 있거니와 근대 전쟁이 전투하는 사람만의 전쟁이 아니라 온 국민이 참가하는 '총력전'이라는 것을 알고 이 전쟁의 승리를 위해 모든 국민의 단합을 호소하는 바이다.

> ㄱ. 발췌개헌안 통과에 영향을 주었다.
> ㄴ. 브라운 각서를 체결하는 이유가 되었다.
> ㄷ. 1960년대 경제개발계획의 추진에 기여하였다.
> ㄹ. 한·미 상호방위원조협정을 체결하는 계기가 되었다.

① ㄱ, ㄴ
② ㄱ, ㄷ
③ ㄴ, ㄷ
④ ㄷ, ㄹ

> **<정답 및 해설> ③**
> 제시된 '1960년대 파병'은 당연히 1964년부터 시작된 월남파병과 관련된 내용이다.
> ㄴ) 1966년, ㄷ) 경제개발에 필요한 미국의 차관제공 및 파병에 대한 전투수당과 베트남 특수효과에 따른 결과였다. ㄱ) 1952년 7월, ㄹ) 6·25 전쟁 직후인 1953년 10월에 체결되었다.

401 **김대중 정부시기에 일어난 일로 옳은 것은?**

19. 국회직

① 한민족공동체통일방안이 발표되었다.
② 고위급 회담을 통해 남북기본합의서가 채택되었다.
③ 남북 경제협력 사업으로 개성공단이 착공되었다.
④ 해로를 통한 금강산 관광이 시작되었다.
⑤ 분단 이후 최초로 이산가족 상봉행사가 개최되었다.

> **<정답 및 해설> ④**
> 제시된 김대중 정부는 1998년 2월부터 2003년 2월까지의 기간이다.
> ④ 1998년 11월(육로관광은 2003년 9월), ① 1989년 노태우 정부, ② 1991년 노태우 정부, ③ 2003년 6월,
> ⑤ 1985년 전두환 정부의 내용이다.

---

402 **대한민국의 민주화 여정에 대한 설명으로 가장 옳은 것은?**

18. 서울시

① 1960년대 : 장기집권을 획책한 박정희의 사사오입개헌에 맞서 학생들과 재야인사들이 그 반대투쟁을
   전개하였다.
② 1970년대 : 유신개헌을 통해 평화적으로 민주화를 추진할 수 있는 법률적 기틀을 제공하였다.
③ 1980년대 : 6월 민주항쟁을 통해 군사정권을 종식시키고 선거를 통해 문민정부가 출범하였다.
④ 1990년대 : 대선결과에 따라 평화적 정권교체가 실현되었다.

> **<정답 및 해설> ④**
> ④ 1998년 15대 대통령 김대중은 선거에 의한 최초의 여야 평화적 정권교체를 이루었다.
> ① 사사오입개헌은 1954년 11월 이승만 정부, ② 유신체제는 박정희의 장기집권을 가능하게 한 1인 지배체제
> 의 헌법이었다. 또한, 개인의 자유와 민주주의 정치활동을 제약한 독재체제였다. ③ 선거를 통한 문민정부의
> 출범은 1990년대 김영삼 정부에 해당한다.

---

403 **대한민국의 민주화과정에 대한 시기별 설명으로 옳은 것은?**

19. 국회직

① 1950년대 : 자유당 정권이 붕괴되고 민주당 정권이 등장하였다.
② 1960년대 : 장기집권을 획책한 3선 개헌에 맞서 3선 개헌 반대투쟁을 전개하였다.
③ 1970년대 : 유신헌법을 통해 대통령 단임제의 법률적 기틀을 제공하였다.
④ 1980년대 : 최초로 문민정부가 탄생함으로써 민주정치의 초석을 놓았다.
⑤ 1990년대 : 대통령직선제 개헌을 통해 마침내 군사정권을 종식시키고 국민의 정부를 출범
   시켰다.

> **<정답 및 해설> ②**
> ② 1969년 9월, ① 1960년 4·19혁명의 결과, ③ '대통령단임제'는 1987년 9차 개헌으로 현행헌법, ④ 최초의
> 문민정부 탄생은 김영삼 정부로 1993년. ⑤ '대통령직선제 개헌을 통해 마침내 군사정권을 종식'시킨 개헌은
> 1987년 9차 개헌의 내용이다.

404 다음 (가) ~ (라)를 내용으로 하는 헌법이 적용되던 시기에 일어난 사건으로 바르게 연결한 것은?

17. 지방직

> (가) 대통령의 임기는 7년이며 중임할 수 없다.
> (나) 대통령과 부통령은 국회에서 무기명 투표로 각각 선거한다.
> (다) 대통령과 부통령의 임기는 4년으로 하며, 1차 중임할 수 있다. 단, 이 헌법 공포 당시의 대통령에 대하여 중임제한을 적용하지 아니한다.
> (라) 6년 임기의 대통령은 통일주체국민회의에서 선출된다.

① (가) - 남한과 북한은 함께 유엔에 가입하였다.
② (나) - 판문점에서 휴전협정이 체결되었다.
③ (다) - 평화통일론을 주장한 진보당의 정당등록이 취소되었다.
④ (라) - 민족통일을 위한 남북공동성명이 발표되었다.

<정답 및 해설> ③
(가) 8차 개헌(1980), (나) 제헌헌법(1948), (다) 2차 개헌(1954, 사사오입개헌), (라) 7차 개헌(1972, 유신헌법)의 내용이다.
③ 진보당 사건은 1958년 7월이었다. ① 1991년 9월, ② 1953년 7월, ④ 1972년 7월

405 <보기>와 같은 내용의 헌법으로 개정된 이후 발생한 사건으로 가장 옳은 것은?

19. 보훈청

> <보기>
> 제39조 대통령은 통일주체국민회의에서 토론 없이 무기명 투표로 선거한다.
> 제40조 통일주체국민회의는 국회의원 정수의 1/3에 해당하는 수의 국회의원을 선거한다.
> 제43조 대통령은 조국의 평화적 통일을 위한 성실한 의무를 진다.

① 굴욕적인 한일회담에 반대하는 학생시위가 전개되었다.
② 재야인사들이 명동성당에 모여 '3·1 민주구국선언'을 발표하였다.
③ 친일파 청산을 위해 반민족행위특별조사위원회를 설치하였다.
④ 민생안정을 위해 농가부채 탕감, 화폐개혁 등을 실시하였다.

<정답 및 해설> ②
자료는 1972년에 제정된 유신헌법(維新憲法)의 내용을 제시하였다.
② 1976년 3월 1일 명동성당에서 윤보선, 김대중, 문익환, 함석헌 등 각계 지도층 인사들이 발표한 선언(명동사건), ① 1964년 6·3시위, ③ 반민특위 설치는 1949년, ④ 화폐개혁은 1950년, 1953년, 1962년(환을 원으로 개편)에 시행되었다. ④ 혁명공약에 따라 1962년 박정희 정부가 시행하였다.

> ※<3·1 민주구국선언>의 주요 내용
> • 이 나라는 민주주의 기반위에 서야한다.
> • 경제입국의 구상과 자세가 근본적으로 재검토되어야 한다.
> • 민족통일은 오늘 이 겨레가 짊어진 최대과업이다.

406 다음 합의문에 대한 설명으로 옳은 것은?

18. 지방직

> 쌍방은 오랫동안 서로 만나보지 못한 결과로 생긴 남북 사이의 오해와 불신을 풀고 긴장의 고조를 완화시키며 나아가서 조국 통일을 촉진시키기 위하여 다음과 같은 문제들에 완전한 견해의 일치를 보았다.
> 1. 쌍방은 다음과 같은 조국 통일 원칙들에 합의를 보았다.
>   첫째, 통일은 외세에 의존하거나 외세의 간섭을 받음이 없이 자주적으로 해결하여야 한다.
>   둘째, 통일은 서로 상대방을 반대하는 무력행사에 의거하지 않고 평화적 방법으로 실현
>   하여야 한다.
> …(중략)…
> 4. 쌍방은 지금 온 민족의 거대한 기대 속에 진행되고 있는 남북적십자회담이 하루빨리 성
>   사 되도록 적극 협조하는 데 합의하였다.
> …(후략)…

① 남북기본합의서와 동시에 작성된 문서이다.
② 남북조절위원회를 구성하기로 합의한 내용이 담겨있다.
③ 분단 후 최초로 열린 남북정상회담의 결과로 발표된 성명서이다.
④ 금강산 관광사업을 추진하기로 결정했다는 내용이 수록되어 있다.

<정답 및 해설> ②
자료는 1972년 '7·4 남북공동성명'의 내용이다.
① 한반도비핵화공동선언, ③ 6·15 공동선언, ④ 1989년 고 정주영 회장이 금강산남북공동개발의정서를 체결한 후, 1998년 6월 북한과 현대가 금강산관광사업 계약을 체결하면서 본격 추진되었다.

407 <보기1>의 (가)와 (나)가 발표된 시기의 사이에 있었던 사실을 <보기2>에서 모두 고른 것은?

18. 서울시

> <보기1>
> (가) 첫째, 통일은 외세에 의존하거나 외세의 간섭을 받음이 없이 자주적으로 해결하여야 한다.
>   둘째, 통일은 서로 상대방을 반대하는 무력행사에 의거하지 않고 평화방법으로 실현하여야 한다.
>   셋째, 사상과 이념, 제도의 차이를 초월하여 우선 하나의 민족으로서 민족적 대단결을 도모하여야 한다.
> (나) 1. 남과 북은 나라의 통일 문제를 그 주인인 우리 민족끼리 서로 힘을 합쳐 자주적으로 해결한다.
>   2. 남과 북은 남측의 연합제 안과 북측의 낮은 단계의 연방제안이 서로 공통성이 있다고 인정한다.

> <보기2>
> ㄱ. 금강산관광이 시작되었다.
> ㄴ. 남북조절위원회를 설치하였다.
> ㄷ. 경의선과 동해선 철도가 연결되었다.
> ㄹ. 남과 북이 동시에 유엔에 가입하였다.

① ㄱ, ㄴ, ㄷ   ② ㄱ, ㄴ, ㄹ
③ ㄱ, ㄷ, ㄹ   ④ ㄴ, ㄷ, ㄹ

<정답 및 해설> ②
(가)는 1972년 7·4 남북공동성명, (나)는 2000년 6·15 공동선언의 내용이다.
ㄷ) 경의선 2003년 연결개통, 동해선 철도는 2007년 5월 북측 금강산역과 남측 제진역의 단절노선(25.5km)을 복원해 한 차례 시범 운행한 뒤 운행 중단되었다.
판문점 선언에 포함된 동해선 및 경의선 철도와 도로연결은 2007년 10·4선언의 연장선이다. 10·4선언 5항에 '남북한은 개성-신의주 철도와 개성-평양고속도를 공동으로 이용하기 위해 개·보수 문제를 협의 추진해 가기로 했다'고 밝혔다. 판문점 선언이 10·4선언과의 차이점은 '연결'에서 끝나지 않고 '현대화하여 활용'한다는데 방점을 찍었다는 것이다.

408 다음 사건들을 일어난 순서대로 바르게 나열한 것은?

16. 서울시

> (가) 김영삼 신민당 당수 국회제명
> (나) 김대중 납치사건 발생
> (다) 유신헌법의 국민투표 통과
> (라) 국민교육헌장 제정
> (마) 7·4 남북공동성명 발표

① (라) – (마) – (다) – (가) – (나)
② (라) – (마) – (다) – (나) – (가)
③ (마) – (다) – (라) – (가) – (나)
④ (마) – (다) – (라) – (나) – (가)

<정답 및 해설> ②
(라) 1968년, (마) 1972년, (다) 1972년 12월, (나) 1973년 8월 8일 일본 도쿄의 한 호텔에서 당시 야당 지도자 김대중이 한국 중앙정보부의 주도하에 괴한들에 의해 납치된 사건, (가) 1979년 8월 11일 'YH무역 여성 노동자의 신민당사 점거농성'과 관련하여 신민당 총재 김영삼이 국회의원직에서 제명되었고, 이 사건은 부마민주항쟁 (1979.10)으로 이어지게 되었다.
※4대 민주항쟁 : 4·19 민주혁명(1960), 부마민주항쟁(1979), 5·18 광주민주화운동(1980), 6·10 민주항쟁(1987)

409 다음은 해방 이후 남한에서 실시된 농지개혁법의 일부이다. 이에 대한 설명으로 옳지 않은 것은?

2011. 기상직

> • 3정보 이상을 초과하는 농가의 토지나 부재지주의 토지를 국가에서 매수하고 이들에게 각자 증권을 발급하여 농지의 연 수확량의 150%를 한도로 5년 동안 보상하도록 한다.
> • 국가에서 매수한 농지는 영세 농민에게 3정보를 한도로 분배하고, 그 대가를 5년간에 걸쳐 수확량의 30%씩 상환곡으로 수납하게 한다.

① 유상매수, 유상분배를 원칙으로 하였다.
② 이 법의 실시 결과 많은 지주들이 몰락하였다.
③ 농민들이 자작농화 하여 자본주의로의 발전이 저해되었다.
④ 토지를 분배받은 농민은 다시 소작농으로 전락하기도 하였다.

<정답 및 해설> ③
자료는 1949년 6월에 제정된 농지개혁법에 관한 내용이다.
③ 농민의 자작농화는 곧 지주제의 폐지를 의미하므로, 오히려 민생을 안정시켜 자본주의 발전에 기초가 된다. 정부는 농지매수에 대한 보상으로 현금 대신 지가증권을 발급하고, 지가증권을 담보로 융자를 하도록 하여 공장을 불하받아 산업자본가로 전환시킬 의도였다. 지가증권은 국가에서 사들인 농지 값을 5년에 나누어 그해 공정미가로 계산하여 현금으로 보상하는 것이었으나, 당시 공정미가가 시중미가의 30%~40%에 지나지 않았기 때문에 지주에게는 매우 불리하였다. 전쟁과 인플레의 영향으로 지주들은 자신들의 생계를 유지하려고 지가증권을 액면가치의 30%~70%의 수준에서 팔아버리기도 하여, 결국 산업자본가로의 전환이라는 정부의 기대에 미치지 못하고 실패하였다.

410 시기별 정부의 경제정책으로 옳은 것은?

19. 지역인재

① 1960년대 - 원조물자를 이용한 삼백산업을 육성하였다.
② 1970년대 - 제1차 경제개발5개년계획을 실시하였다.
③ 1980년대 - 각 나라와 자유무역협정(FTA)을 체결하였다.
④ 1990년대 - 경제협력개발기구(OECD)에 가입하였다.

<정답 및 해설> ④
④ 1996년. ① 1950년대. ② 1960년대. ③ 2000년대의 상황이다. 우리나라 최초의 자유무역협정은 2004년 한·칠레 간에 체결되었다.

411 1960년대 정부의 경제정책에 대한 설명으로 가장 옳은 것은?

19. 서울시

① 귀속재산처리법을 공포하였다.
② 한미경제조정협정을 체결하였다.
③ 경제협력개발기구(OECD)에 가입하였다.
④ 제1차 경제개발5개년계획이 실시되었다.

<정답 및 해설> ④
④ 1962년부터 1966년까지 신발, 가발, 봉제 등 주로 수출산업을 육성하였다.
① 1949년 12월, ② <마이어협정>이라고도 하며 1952년 5월, ③ 1996년 12월에 가입하였다.

412 (가)와 (나)는 외국과 맺은 각서이다. 두 각서 사이에 있었던 사실로 옳은 것은?

18. 국가직

(가) 일본 측은 한국 측에 무상원조 3억 달러, 유상원조(해외경제협력기금) 2억 달러, 그리고 수출입 은행 차관 1억 달러 이상을 제공한다.
(나) 미국 정부가 한국과 약속했던 1억 5천만 달러 규모의 차관공여와 더불어 … (중략) … 한국의 경제발전을 돕기 위한 추가 AID차관을 제공한다.

① 유엔의 지원으로 충주에 비료공장을 설립하였다.
② 국가 기간산업인 울산정유공장이 가동되었다.
③ 마산에 수출자유지역이 건설되었다.
④ 경부고속국도가 개통되었다.

<정답 및 해설> ②
(가) 1962년 11월 김종필·오히라 메모(각서), (나) 1966년 3월 브라운각서
② 1964년, ① 1959년 인천 판유리, 문경 시멘트와 함께 UNKRA(국제연합한국재건단)의 경제원조로 시작된 3대 산업의 일환이었다. ③ 1970년 착공·1971년 2월 완공, ④ 1970년

206 한국사 필수 기출문제 415제

413 다음은 연대별 인구정책을 상징하는 표어이다. 각 연대별로 일어난 일에 대한 설명으로 옳은 것만을 <보기>에서 모두 고른 것은?

17. 국가직

연 대	표 어
(가)	덮어 놓고 낳다 보면 거지꼴을 못 면한다.
(나)	딸 아들 구별 말고 둘만 낳아 잘 기르자.
(다)	잘 키운 딸 하나 열 아들 안 부럽다.

<보 기>

ㄱ. (가) 군사정부가 '경제개발5개년계획'을 추진하였다.
ㄴ. (나) 유신체제가 성립되었고, 2차례의 오일쇼크와 중화학공업 과잉 중복투자에 따른 경제 불황이 있었다.
ㄷ. (다) 6월 민주항쟁과 저금리, 저유가, 저달러의 3저 호황이 있었다.

① ㄱ,ㄴ
② ㄱ,ㄷ
③ ㄴ,ㄷ
④ ㄱ,ㄴ,ㄷ

<정답 및 해설> ④
ㄱ) 1960년대, ㄴ) 1970년대, ㄷ) 1980년대의 표어였다.

414 시대별 교육문화의 변화에 대한 설명으로 옳지 않은 것은?

17. 지방직

① 미군정기 : 미국식 민주주의 교육과 6-3-3학제가 도입되었다.
② 1950년대 : 경제적 어려움 속에서도 초등학교 의무교육제가 시행되었다.
③ 1960년대 : 입시과열을 막기 위해 중학교 무시험 추첨제가 도입되었다.
④ 1970년대 : 국가주의 이념을 강조한 국민교육헌장이 제정되었다.

<정답 및 해설> ④
국민교육헌장은 1968년에 제정되었다.
① 미군정기에는 새로운 교육제도가 마련되어 남녀 공학제 도입, 미국식 민주주의 교육보급, 학제는 6-3-3학제, ② 초등학교 의무교육은 1950년 이승만 정권, ③ 교육의 과열로 1969부터 중학교 무시험 진학이 실시되었다.

415 다음 중 유네스코(UNESCO)에 등재된 우리나라의 세계기록유산이 아닌 것은?

15. 서울시

① 난중일기   ② 일성록
③ 동의보감   ④ 비변사등록

<정답 및 해설> ④
현재 우리나라의 세계기록문화유산은 총 16건으로 다음과 같다.

> 세계기록문화유산(총 16건)
> ① 백운화상초록불조직지심체요절
> ② 팔만대장경
> ③ 훈민정음(해례본)
> ④ 조선왕조실록
> ⑤ 조선왕조의궤
> ⑥ 승정원일기
> ⑦ 일성록
> ⑧ 난중일기
> ⑨ 동의보감
> ⑩ 새마을운동 기록물
> ⑪ 5·18 광주민주화운동 기록물
> ⑫ kbs 특별생방송 이산가족 찾기 기록물
> ⑬ 한국의 유교책판
> ⑭ 조선왕실 어보와 어책
> ⑮ 조선통신사 기록물
> ⑯ 국채보상운동 기록물 등

한국사 필수 기출문제 415제
합격을 위한 한국사 필수 기출문제풀이

초판   2020년 1월 15일

편저자   김유돈
            (전) 충북대, 한남대, 백석대, 단국대, 서울여대
                 숙명여대, 중앙대, 법무연수원 특강 담당
            (전) 남부행정고시학원, 서울고시학원,
                 이그잼고시학원, 에듀윌 등 강의
            (전) 노컷뉴스 역사칼럼 집필
            (현) 유캠퍼스 공무원학원 한국사 전임교수

발행인   이재선
발행처   ㈜한국융복합기술

주소   서울 영등포구 영신로 17길 3, 경산빌딩
대표전화   02) 836-3543~5
팩스   02) 835-8928
홈페이지   www.ucampus.ac
판매가격   17,000원
ISBN   979-11-87180-30-2(93910)

이 책의 저작권은 도서출판 NT미디어에 있으며, 무단복제 할 수 없습니다.

유캠퍼스 김기남공학원

상담전화 02) 836-3543~5
홈페이지 www.ucampus.ac